THE

TALMUD

OF JMMANUEL

DIE LEHREN
JMMANUELS

alias Jesus Christus

Erstübersetzung einer aramäischen
Originalschrift des Jmmanuel-Jüngers
Judas Ischarioth.
Aufgefunden im Jahre 1963 in der wirklichen
Grabhöhle Jmmanuels
durch Eduard Albert Meier

Übersetzt in die deutsche Sprache
von Isa Rashid,
und Eduard Albert Meier, genannt ‹Billy›

Übersetzt in die englische Sprache
von Julie H. Ziegler
und B.L. Greene

Wild Flower Press
Tigard, Oregon U.S.A. 1992

THE TALMUD OF JMMANUEL

The Clear Translation in English and German

First translation of the Aramaic script written by
Judas Iscariot, the disciple of Jmmanuel (Jesus),
discovered in 1963 in the burial cave of Jmmanuel
by Eduard Albert Meier

Translated into German
by Isa Rashid
and
Eduard Albert "Billy" Meier

and translated into English by
Julie H. Ziegler and B.L. Greene

Wild Flower Press
Tigard, Oregon U.S.A. 1992

Library of Congress Cataloging-in-Publication Data
Talmud Jmmanuel. English & German.
   The Talmud of Jmmanuel : the clear translation in
   English and German /
   translators, Rashid, Isa; Meier, Eduard A.; Ziegler,
   Julie H.; Greene, B. L. 1st ed.   p. cm.
   Parallel text in English and German of:
   Talmud Jmmanuel.
   ISBN 0-926524-12-7 : $15.95
   1. Jesus Christ--Miscellanea. 2. Bible. N.T. Matthew--
   Miscellanea. 3. Civilization, Ancient--Extraterrestrial
   influences--Miscellanea. 4. Unidentified Flying
   Objects. I. Rashid, Isa. II. Meier, Eduard A.. III.
   Ziegler, Julie H. 1919-.   IV. Greene, B.L., 1947-. V.
   Title. VI. Title: Talmud of Immanuel.
BT304.93.T3413 1990
232.9--dc20   90-34240
                                                      CIP

ISBN 0-926524-12-7
Library of Congress Catalog Cd. No. 90-34240 First Edition: 1992

COLOPHON: This book was created using Apple Macintosh® computers, Quark Xpress® software, and Apple LaserWriters. The body style is Bookman 9.5 point on variable leading. The cover design was produced with Adobe PhotoShop and Letraset LetraStudio.
COVER DESIGN: David K. Brunn received his MFA from the University of Oregon in 1986. He began designing art on the Macintosh when the machine was first released in 1984. David is currently a consultant to businesses and schools throughout the Pacific Northwest.

The Talmud of Jmmanuel:
The Clear Translation in English and German

Dedicated to the man known to many as Jesus, known herein as Jmmanuel, in the hope that the truths that he shared may be heard clearly today.

-- J.H.Z. and B.L.G.

Dem Mann gewidmet, den viele unter dem Namen Jesus kennen, der aber hier als Jmmanuel bekannt ist, in der Hoffnung, dass die Wahrheit, die er uns zugänglich machte, heute klar gehört wird.

-- J.H.Z. and B.L.G.

Für das Zustandekommen dieses kleinen Buches entbiete ich meinen sehr herzlichen Dank an die Geistformen *Petale* und *Arahat Athersata*.

Mein Dank gilt aber auch meinen lebenslangen Lehrern und Freunden *Sfaath, Asket, Semjase, Quetzal and Ptaah usw.*, die sich mir in liebevoller Form angenommen und mich in grossem Wissen unterrichtet haben, um mich so auf meine wichtige und schwere Aufgabe vorzubereiten. Möge mein Dank über unermessliche Distanzen zu ihnen dringen, womit ich ihnen ein dauerndes Andenken wahren möchte.

Gewidmet ist diese Schrift allen Menschen ohne Unterschied und im gesamtuniversellen Raume. Möge sie allen eine Form geistiger Werte sein, zum schnellen Fortschritt der Evolution, zur wahrlichen schöpfungsgesetzmässigen Liebe, Harmonie und Wahrheit und zur Erlangung von wahrlichem Wissen, von Weisheit und Frieden.

Meinen Dank spreche ich auch aus dem Finder der Grabhöhle Immanuels und dem Uebersetzer der durch mich (Billy) aufgefundenen Schrift, sowie meiner lieben Frau Kalliope und meinen Kindern Gilgamesha, Atlantis-Sokrates und Methusalem, durch deren Zusammensein und Liebe ich als grosse Hilfe meine schwere Aufgabe zu erfüllen vermochte und in Zukunft auch zu erfüllen vermag.

Recht herzlich danke ich auch allen folgenden Personen, die mir bei meiner schweren Aufgabe zur Seite gestanden und sehr hilfreiche Dienste geleistet und die Herausgabe der Schrift ermöglicht haben:

Frau Walder, Frl. Flammer, Frl. Stetter, Frl. Moser, J. Bertschinger, Fam. Wächter, H. Runkel, H. Proch, B. Brand, H. Schutzbach, Fam. Ventura, Frl. Rufer, E. & G. Moosbrugger, Frau Koye, S. Lehmann, A. Kropf, Ph. & W. Stauber, B. & H. Lanzendorfer, P. Petrizzo, A. Schubiger, M. Brügger, E. Beldi, S. Holler, A. Bieri, E. Bieri, H. Benz, E. Gruber, L. Memper, Ch. Frehner, Ch. Gasser, B. Keller.

Eduard A. ‹Billy› Meier

Wir sind James Deardorff zu tiefstem Dank verpflichtet, dessen Sorgfalt für Einzelheiten und zielbewusstes Streben nach überzeugender Wirkung des Talmud Jmmanuel die klare und konsequente Übersetzung ermöglicht hat, die der Leser hier vor sich sieht. Weiterhin danken wir Rechtsanwaltz, dessen sorgfältige Vorbereitung und Analyse der rechtsgültigen Fragen uns den Mut gegeben haben, dieses anfechtbare Dokument zu veröffentlichen. Endlich möchten wir unsere Dankbarkeit gegenüber allen Personen ausdrücken, die durch ihr Vertrauen auf uns und ihre Geduld mit uns dieses Werk ermöglicht haben.

Wild Flower Press

For the materialization of this small book I wish to express my sincere gratitude to the spiritual forms *Petale* and *Arahat Athersata*.

In addition, my gratitude is also extended to my life-long teachers and friends *Sfaath, Asket, Semjase, Quetzal and Ptaah*, etc., who took an interest in me in a loving way and taught me great knowledge, in order to prepare me for my important and difficult task. May my gratitude reach them across immeasurable distances, thus enabling me to maintain a lasting memory.

This book is being dedicated without distinction to all human beings in the whole universe. May it be a form of spiritual values to all of them and expedite the progress of evolution, the truly lawful love emanating from creation, harmony and truth and to the attainment of true knowledge, wisdom and peace.

I also express my thanks to the discoverer of Jmmanuel's funeral vault and to the translator of the text that I found, as well as to my dear wife Kalliope and my children Gilgamesha, Atlantis-Sokrates and Methusalem, through whose companionship and love I was able to fulfill my difficult task and continue to fulfill it in the future.

I also thank the following persons who stood by my side as I carried out my difficult task, have rendered valuable services and made possible the publication of the work:

Mrs. Walder, Miss Flammer, Miss Stetter, Miss Moser, J. Bertschinger, the Wächter family, H. Runkel, H. Proch, B. Brand, H. Schutzbach, the Ventura family, Miss Rufer, E. and G. Moosbrugger, Mrs. Koye, S. Lehmann, A. Kropf, Ph. and W. Stauber, B. and H. Lanzendorfer, P. Petrizzo, A. Schubiger, M. Brügger, E. Beldi, S. Holler, A. Bieri, E. Bieri, H. Benz, E. Gruber, L. Memper, Ch. Frehner, Ch. Gasser, B. Keller.

Eduard A. "Billy" Meier

We are in deepest gratitude to James Deardorff for his detailed investigation of the genuineness of the 1978 German version of *Talmud of Jmmanuel* (TJ), which has enabled the clear and consistent translation that you see before you. Additionally we thank Eduard Meier, for his early encouragement of our efforts and his faith in our abilities. We thank our most able attorney, whose careful preparation and analysis of the legal issues have given us the courage to publish this controversial document. Finally, we wish to express our gratitude to all those persons who, through their faith in us and patience with us, have made this work possible.

Wild Flower Press

The opposite portrait is of Jmmanuel, known to most people as Jesus Christ. It was prepared by a woman designer from Rheintal, Switzerland in December 1976, after an original pen drawing by Semjase, the pilot of a beamship, whose home planet, Erra in the Pleiades, is about 500 light years from our solar system.

The spelling of Jmmanuel with a "J" is no mistake, for according to the Pleiadians, this name is traced back to their forefathers, who spelled the name Jmmanuel in written language with a "J".

The portrait of Jmmanuel on page x was drawn by Semjase on December 31, 1975, from old pictures dating back to the time when Jmmanuel was active in Palestine. These old pictures of Jmmanuel, in the Pleiadians' possession, show characteristics that differ significantly from commonly accepted images of Jesus.

Comparisons of these portraits to the Shroud of Turin, preserved at the Vatican, reveal clearly that the pictures reproduced here are not identical to the features in the picture on the shroud, which allegedly shows the image of Jmmanuel during the time after the crucifixion

---

Nebenstehendes Bild von Jmmanuel (fälschlich Jesus Christus genannt) wurde angefertigt von einer jungen Rheintaler Zeichnerin (Dezember 1976) nach einer Federzeichnung der Strahlschiffpilotin Semjase (beheimatet auf Erra, im Sternhaufen der Plejaden, rund 500 Lichtjahre vom Solsystem entfernt).

Die Schreibweise Jmmanuel mit einem J entspricht keinem Schreibfehler, denn den Angaben der Plejadier gemäss entstammt dieser Name ihren Vorfahren, die in der Schriftsprache den Namen Jmmanuel in vorgenannter Form schreiben.

Das Portrait Jmmanuels (umseitig) wurde von Semjase am 31.12.1975 angefertigt, nach alten Bildern aus der Zeit seines Wirkens in Palästina. Diese alten Bilder Jmmanuels, die sich im Besitze der Plejadier befinden, beweisen, dass auf der Erde bis anhin ein völlig falsches Bild von ihm gemacht wurde. Bildvergleiche mit dem Portrait und dem vom Vatikan verwahrten sogenannten Turiner-Totentuch ergeben eindeutig, dass das hier wiedergegebene Bild nicht identisch ist mit den Gesichtszügen usw. des Bildes auf dem Totentuch, das angeblich Jmmanuels Abbild aufzeigen soll während der Ohnmachtszeit nach der Kreuzigung.

The Talmud of Jmmanuel

Vorwort

Foreword

Vorwort

Im Jahre 1963 wurde vorliegende Schrift in Form von in Harz eingegossenen Schriftrollen aufgefunden von Eduard Albert ‹Billy› Meier, nach dem Auffinden der wirklichen Grabhöhle Jmmanuels durch einen katholischen Priester namens Isa Rashid. Geschrieben in altaramäischer Schriftsprache, war sie vergraben im wirklichen Grabe (Grabhöhle) Jmmanuels (fälschlicherweise genannt *Jesus Christus*), unter einer Felsplatte eingelegt. Der Finder der Grabhöhle war ein griechisch-katholischer Priester, wie bereits erwähnt, dessen Name erstlich leider nach seinem Wunsche nicht genannt werden sollte (er befürchtete, und zwar mit Recht, wie sich später ergab, dass er von der Kirche sowie von den Juden verfolgt und vielleicht gar von Meuchelmördern getötet würde, was sich dann leider auch bewahrheitete).

Der Urheber der Schriftrollen war ein Zeitgenosse und Jünger Jmmanuels, der bekannt ist unter dem Namen *Judas Ischarioth*, und der fälschlicherweise seit rund 2000 Jahren als Jmmanuels Verräter angeprangert wird, obwohl dieser mit dem Verrat nichts zu tun hatte, da dieses greuliche Tun wahrheitlich einem Pharisäersohn namens *Juda Iharioth* zusteht.

Wohl werden die heute noch herrschende orthodoxe und konservative Geistlichkeit und ihre irregeleitete Anhängerschaft versuchen, vorliegende Schrift mit allen möglichen Mitteln zu dementieren, sie zu zerstören und der Lüge zu bezichtigen, wie sie dies mit vielen andern alten Schriften, die von der wahrheitlichen Wahrheit zeugten, ebenso getan haben (siehe z. B. die Bücher *Henoch* und *Jezihra* usw., die aus der Bibel entfernt wurden, weil sie zu wahrheitsgetreu überliefert waren), um ihren bedrohten Irrglauben zu retten. Wie jeher wird es daher auch jetzt so sein, dass diese Schrift vernichtet und wohl auch aus dem Verkehr gezogen werden soll. Es wird wohl aber auch so sein, dass auf den Herausgeber der Schrift von vielen Seiten ein Druck ausgeübt werden wird, oder dass man ihn sogar verfolgt und ihn vielleicht durch Meuchelmörder umbringen lässt, um die ‹wahre Religion› zu wahren (drei Mordversuche wurden bereits im Jahre 1976 auf ihn unternommen, sogar im Beisein von Zeugen wie später auch. Bis zum Ende des Jahres 1990 wuchs die Zahl der Mordversuche auf deren 13 an). So werden sicher auch Schritte zur Polizei, zu Behörden, zum Staatsanwalt und Richter und zu Gerichten aller Art unternommen, um vorliegende Schrift zu verbieten, unmöglich zu machen, der Lüge zu bezichtigen oder sie zu vernichten, was an der Wahrheit der Schrift jedoch in keiner Weise auch nur ein Jota Ablass tun kann. Mit Sicherheit werden die diesbezüglich beauftragten Dunkelmänner mit aller Umsicht und Geschicklichkeit und voller Intrigen vorgehen, damit die Schrift aberkannt, als Lüge bezichtigt und vernichtet werde, wie dies auch beim Erscheinen anderer Schriften der Fall war, deren Originale dann aber der vatikanischen Bibliothek in Rom einverleibt wurden.

Es werden aber auch kultreligiöse Fanatiker und andere Irregeleitete wider diese Schrift Zeter und Mordio schreien und mit allen Mitteln gegen

Foreword

In 1963 the text presented in this book was discovered by Eduard Albert "Billy" Meier in the form of scrolls encased in preservative resin, after a Greek Catholic priest by the name of Isa Rashid discovered the actual burial cave of Jmmanuel (who has been erroneously called *Jesus Christ*). Written in the literary language of Old Aramaic, the document was buried under a flat rock in the tomb. It was Rashid's wish that his name not be publicized. He feared, and rightfully so, that he would be persecuted by the Church and the Jews and perhaps even be assassinated, a possibility that unfortunately became true later.

The author of the scrolls was a contemporary and disciple of Jmmanuel who was known by the name of *Judas Iscariot*. For about 2000 years he has been wrongly denounced as the traitor of Jmmanuel, although he had nothing to do with the betrayal. This ugly deed was actually carried out by *Juda Ihariot*, the son of a Pharisee.

In order to save their threatened heresy, today's still-dominant orthodox and conservative clergy and their naïve followers will probably attempt to deny the scrolls, destroy this book and denounce it as lies, as they have done with many other ancient writings that bore witness to the truth. (See, for example, the books *Henoch* and *Jezihra*, among others, which were removed from the Bible because they had been too close to the truth when handed down). As before, it will happen again that this writing will be attacked and probably taken out of circulation. It will probably happen that pressure from many sides will be exercised on the editor of the writing, or he may be persecuted or assassinated in order to preserve the "true religion." (Three attempts on his life were made in 1976, once even in the presence of witnesses. By the end of 1990 the number of murder attempts had increased to 13.) Certainly efforts will be made to induce police, authorities, public prosecutors, judges and courts of all kinds to prohibit this book, to ridicule it, to repudiate it or to suppress it, actions which, however, will not detract one iota from its veracity. The obscurantists in charge certainly will proceed with all circumspection, skill and intrigues to have the document dismissed, denounced as a hoax and quashed, as has been the case upon publication of other writings whose original scripts, however, were then hidden in the Vatican Library in Rome.

But there will also ensue an outcry against the text from the religious fanatics and other misled persons who will want to proceed with all means against its existence and the editor. It has always been like that, as everyone knows–there is no shying away from murder, assassination

ihre Existenz und den Herausgeber vorgehen. Doch dem war ja bekannterweise seit jeher so, ohne irgendwelche Scheu vor Mord und Meuchelmord und dergleichen. Diese Tatsache ist dem Herausgeber wohlbekannt, so er sich bestens darauf vorbereitet hat. Wie aber z.b. das sogenannte ‹Heilige Amt›, der ‹Heilige Stuhl zu Rom› und der Papst verfahren, um die Irr-Kultreligion Christentum aufzubauen oder zu retten, dafür mögen die Leserinnen und Leser nur an die Inquisitionszeit denken (die vom ‹Heiligen Stuhl› angeordnet wurde), durch die im Auftrage des ‹Heiligen Stuhles› allein in Europa Millionen von Menschen bestialisch abgeschlachtet, gefoltert und ermordet wurden (allein die durch Aufzeichnungen festgehaltenen Morde im Auftrage des ‹Heiligen Stuhles› belaufen sich für die Inquisitionszeit auf neun (9) Millionen, während die unaufgezeichneten Fälle mindestens nochmals mit einer Dunkelziffer von ebenfalls 9 Millionen zu verzeichnen sind).

Vorliegende Uebersetzung beweist eindeutig, dass die kultreligiösen Irrlehren jeder Wahrheit entbehren, und dass sie das unverantwortliche Machwerk von skrupellosen Kreaturen sind, die teils im Solde des ‹Heiligen Stuhles› standen, oder aber die unverständig, fanatisch, bewusstseinsmässig irre oder machtgierig waren. Menschen, die über Jahrtausende hinweg bedenkenlos und skrupellos die Menschheit in die Irre führten, und die mörderisch und millionenfach Menschenblut vergossen. Jedoch nicht genug damit, denn die Nachfolger dieser mörderischen und skrupellosen Kreaturen schufen über die Jahrhunderte und Jahrtausende hinweg eine gewaltige kultreligiöse Macht, die den gesamten irdischen Menschheitsbestand zu beherrschen vermag. Im Verlaufe der verflossenen Jahrtausende kämpften sich die Kultreligionen rücksichtslos durch blutiges und bestialisches Morden zu den gewaltigsten Mächten der Erde empor, vor denen sich selbst brutale und diktatorische Regierungen beugten und beugen.

Kultreligion:

> Schmutzigster Deckmantel gewaltigster Macht unter dem Namen falscher und verlogener Liebe, die bedenkenlos und ohne jegliche Skrupel wörtlich genommen über Leichen geht.

Mit der neutestamentlichen Irrlehre im Rücken, fingert die christliche Kultreligion hinein in die Politik aller Länder. Sie geniert sich aber auch nicht, in das intimste Familienleben des Menschen einzugreifen - bis ins Bett der Ehepartner, um selbst da das letzte und privateste Geheimnis des Menschen anzugreifen und in den kultreligiösen Kirchenschmutz zu ziehen und alles zu zerstören.

Nun endlich ist die Zeit gekommen, da diesem Schmutztreiben ein Ende bereitet werden kann, wenn der Mensch vernünftig genug wird, umdenkt und sich der wirklichen Lehre Jmmanuels widmet. Wohl werden alle jene, die sich in den lügnerischen Wahnsinn der Kultreligionen verrannt haben und deshalb eines normalen und vernünftigen Denkens nicht mehr fähig sind, sich dagegen mit allen Mitteln sträuben und auflehnen, doch wird ihr Wahnsinnskampf umsonst sein, denn die Wahrheit wird stärker sein als aller kultreligiöse Wahnsinn und jede schmutzige Lüge, selbst wenn diese Lüge bis anhin Jahrtausende gedauert hat. Die schmutzige Lüge der Kultreligionen wird nun endgültig zerbrochen und zerstört, auch wenn sich diese selbst und alle ihre Anhänger und Verfechter noch so sehr dagegen auflehnen. Die Wahrheit wird nun endlich siegen, auch wenn sie sehr hart errungen werden muss, wie es in der Schrift geschrieben steht, die da sagt, dass

or anything similar. The editor is well acquainted with this fact and consequently has taken necessary precautions. But the "Holy Ministry," the "Holy See in Rome" and the Pope have always taken steps to build up or to save the erroneous sect of Christianity. In this connection the readers need only to think of the Inquisition (ordered by the "Holy See"), through whose command millions of people in Europe alone were brutally slaughtered, tortured and murdered. The number of murders on record committed by the "Holy See" amounted to nine million during the Inquisition, while the number of undocumented murders adds at least another nine million.

This translation provides strong evidence that the cult religions' heretic doctrines have manipulated the truth and that they are the irresponsible machinations of unscrupulous men, some of whom were hired by the "Holy See." Others were foolish, fanatical, in a deranged state of consciousness, or power-hungry human beings who, without hesitation or scruple, misled humanity for thousands of years, shedding the blood of millions through murder. Furthermore, the descendants of these murderers and unscrupulous men established over the centuries and millennia a mighty cult-religious power capable of ruling over all humanity. In the course of past millennia the cult religions ruthlessly, and through bloody and brutal murders, fought their way to become the most powerful forces of the earth, to which even brutal and dictatorial governments bowed down and still do.

Cult Religion:

> The most sordid pretext of maximum power in the name of false and mendacious love that literally walks over dead bodies without hesitation or scruple.

Backed by the false doctrine of the New Testament, the Christian cult religion meddles in the politics of all countries. Moreover, it is not embarrassed to interfere in the most intimate family life of human beings–even in the bed of marriage partners–in order even there to attack and destroy the last and most private secrets of human beings.

Now finally has come the time when a stop can be put to all these unscrupulous activities, if man becomes sensible enough, revises his thinking and devotes himself to the real teachings of Jmmanuel. In all likelihood, all those who have bashed their heads against the brick wall of the cult religions' deceitful madness and are therefore no longer capable of normal and sensible thinking, will fight and oppose it with all means; and yet, their desperate fight will be in vain because truth will be stronger than any cult-religious mania or dirty lie, even though the lie has been in existence for thousands of years. The scandalous falsehoods of cult religions will now be shattered and destroyed for good, no matter how much the cult religions and all their followers and advocates rebel against it. Finally truth will be victorious, even though it must be secured

die Wahrheit eine weltweite Katastrophe hervorrufen wird. Die Wahrheit ist aber von Not, und so darf sie nicht länger verschwiegen werden. Eine Katastrophe wird aber verständlich sein, wenn man bedenkt, dass die Kultreligionen zu ungeheurer Macht gelangt sind, wodurch sie bisher alle gegen sie gerichteten Wahrheiten mit allen mörderischen und schmutzigen Mitteln zu unterdrücken vermochten und dies auch neuerlich versuchen werden, wobei sie auch diesmal nicht vor Mord zuückschrecken werden, wie dies ohne Unterlass in aller vergangenen Zeit immer der Fall war. Aus diesem Grunde läuft auch der Herausgeber dieser Schrift Gefahr, dass er im Auftrage der Kultreligionen, privater Fanatiker und Sektenmitglieder verfolgt und vielleicht gar ermordet wird, oder aber dass er den Gerichten überantwortet werden soll.

Aus all dem heraus merke der Erdenmensch endlich, was die Kultreligionen sind und mit welchen blutigen Mitteln sie gegen die Wahrheit angehen, denn nur durch sie vermögen sie ihre Gewalt und Macht über den in jeglicher Beziehung versklavten Menschen zu behaupten.

Mitläufer und Anhänger der wirklichen Lehre Jmmanuels sind aber ebenso gefährdet, wie der Herausgeber dieser Schrift selbst, was hier unbedingt klargestellt sein muss. Der Herausgeber dieser Schrift ist jedoch nicht nur ihretwegen gefährdet, sondern auch darum, weil er Kontaktmann ist zu ausserirdischen Intelligenzen und zu sehr hohen Geistformen höherer Ebenen, die die wahrheitliche Lehre des Geistes übermitteln, die er unverfälscht neu verbreitet und damit die Lügen der Kultreligionen aufdeckt, was zu deren langsamen aber sicheren Ausradierung führt.

Ebenso gefährdet war aber auch der Finder der Grabhöhle und Uebersetzer der Originalrollen dieser Schrift, so er sich bereits vor Jahren vorsorglicherweise von der Kirche losgesagt hatte, um irgendwo unerkannt mit seiner inzwischen gegründeten Familie zu leben. Sich der ungeheuren Macht der Kultreligionen bewusst, wollte er seinen Namen nicht der Oeffentlichkeit preisgeben, so aber auch nicht die Originalschriften. Mit Recht nämlich fürchtete er um sein Leben und um das seiner teuren Familie, die allesamt inzwischen doch den kultreligiösen Häschern zum Opfer fielen und meuchlings ermordet wurden. Lange vor diesem Zeitpunkt jedoch, gab der Mann unter dem Siegel der Verschwiegenheit, dass sein Name nicht genannt würde, die Uebersetzung vorliegender Schrift seinem guten Freund, so nämlich dem Herausgeber. Erst aber im Jahre 1974 erhielt dieser von der Ebene Arahat Athersata die Erlaubnis, die Schrift weiteren und interessierten Kreisen zugänglich zu machen.

Im Jahre 1963 führte der Finder der Grabhöhle und Uebersetzer der Originalrollen dieser Schrift seinen Freund, den Herausgeber Eduard Meier, verschiedentlich in die eigentliche und wirkliche Grabhöhle Jmmanuels, die bereits mit viel Sand und Erde angefüllt war. Bei Ausgrabungen fand E. Meier dann auch verschiedene Dinge, die den Inhalt der Schrift bestätigten.

Leider muss zur vorliegenden Schrift noch gesagt werden, dass sie nicht mehr vollständig ist, da verschiedene Stücke der Schriftrollen völlig unleserlich oder zerfallen waren. Auch fehlten ganz offenbar verschiedene davon. Nichtsdestoweniger jedoch legt das noch Vorhandene ein erschütterndes Zeugnis davon ab, dass um die Person Jmmanuels und seine Lehre im Verlaufe von zwei Jahrtausenden eine infame kultreligiöse

through great struggles, as it has been written in the Scriptures, which say that the truth will provoke a worldwide catastrophe. However, truth is required and must no longer be silenced. A catastrophe will be understandable if one considers that the cult religions have attained immense power, which so far has enabled them to suppress, with murderous and sordid means, all truths directed against them. They will again attempt to do this, even if it means indulging in murder as has often been the case in the past. For this reason, the editor of this work will run the risk of being persecuted by order of the cult religions, private fanatics and sect members, to be murdered or be handed over to the courts.

From all this may the earthling at last realize what the cult religions are and with what type of bloody means they fight the truth, as it is only in this way that they are capable of maintaining their full power and control over the enslaved human beings.

Here it must be pointed out emphatically that followers and supporters of the true teachings of Jmmanuel are just as much at risk as is the editor of this document himself. However, the editor is even more endangered because he is the contact man for extraterrestrial intelligences and very highly developed spiritual entities on exalted planes who transmit to him true spiritual teachings that he disseminates without modification, thereby exposing the lies of the cult religions, which will lead to their slow but certain eradication.

Isa Rashid, the discoverer of the burial cave and translator of the original scrolls, was equally endangered, so that several years prior to his assassination he took the precaution of withdrawing from the Church and living incognito somewhere with the family he had started in the interim. Conscious of the immense power of the cult religions, he wanted to conceal both his name and the original scripts from the public. He rightfully feared for his life and for those of his beloved family, all of whom since that time have become victims of the cult religions' persecutors, by whom they were assassinated. Long before this point in time, Rashid, under the seal of secrecy that his name not be mentioned, gave the translation of the scrolls to his good friend, the editor, Eduard Meier. But it was not until 1974 that Meier, in turn, received permission from the plane of Arahat Athersata to make the scrolls accessible to other interested circles.

In 1963, Rashid on various occasions took his friend, Eduard Meier, to the actual burial cave of Jmmanuel, which was practically filled with a great deal of sand and dirt. In the course of excavations Meier subsequently found various items that confirmed the contents of the scripts.

Unfortunately it must be mentioned that the document is no longer complete, since various pieces of the scrolls were completely illegible and decayed. Furthermore, some were obviously missing. What was preserved nevertheless bears shocking witness that in the course of two

Irrlehre gemacht worden ist, ein Lügengewebe ohnegleichen, um eine kultreligiöse Macht aufzubauen und um den Erdenmenschen skrupellos zu versklaven - wahrlich, alles nur auf Kosten des irregeführten, gutgläubigen und unwissenden Menschen der Erde, und auf Kosten seines Hab und Gutes, vor allem aber auf Kosten seines unschuldig vergossenen Blutes, das gewaltsam von ihm geflossen ist durch die schmutzigen Machenschaften des ‹Heiligen Stuhles›, der lügnerisch Liebe predigt, zum Zwecke der Ausbeutung, Versklavung und Vergewaltigung des Erdenmenschen.

Nur sehr selten gelingt es einem einzelnen Menschen, Themen und Wahrheiten zur Veröffentlichung zu bringen, die ursächliche Zusammenhänge aufhellen oder auch nur schwach in diese hineinleuchten, wenn es sich um kultreligiöse oder politische Belange handelt. Die bisherige Praxis beweist, dass in der Regel solche Menschen skrupellos verfolgt, gefoltert und ermordet wurden und werden, weil sofort immer Kräfte in Erscheinung treten und auf den Plan gerufen werden, die den Wahrheitsgehalt einer Aussage nicht nur in diffuses Licht zu stellen wissen, sondern denen jedes Mittel recht ist, die Wahrheit selbst ad absurdum zu führen. Aber damit noch nicht genug, denn sobald etwas veröffentlicht und verbreitet wird, was ursächliche Zusammenhänge und Wahrheiten klären kann im Bezug auf kultreligöse oder politische Belange, dann werden mit Hilfe von Seelsorgern, Polizei, Behörden, Gerichten und den Mächtigen der Kultreligionen und deren fanatischen Anhängern die Schriften aus dem Verkehr gezogen, ‹sichergestellt› oder vernichtet, um dem Erdenmenschen weiterhin die wahrheitliche Wahrheit zu entziehen und ihn weiterhin im Elend seines Falschdenkens und seiner Irrlehren darben und elend verkommen zu lassen, weil er nur dadurch weiterhin bis zum letzten Blutstropfen ausgebeutet werden kann, besonders eben von Regierungen und Kultreligionen.

Die deutsche Version des *Talmud Jmmanuel* entspricht nicht dem Uebersetzungs-Original aus dem Altaramäischen, denn Isa Rashid war der deutschen Sprache nicht derart mächtig und mit dem Code der Mission in keiner Weise vertraut, so er die deutsche Endfassung nicht anfertigen konnte. Wohl handelt es sich bei der deutschen Fassung um eine Abschrift der Uebersetzung aus dem Altaramäischen, doch in einer von Eduard A. "Billy" Meier vervollständigten Form und mit dem missionbedingten Code versehen.

Bei der deutschen Version handelt es sich also um ein Produkt, das im Stil und in der Satzbildung zu etwa 80% von Eduard A. Meier erarbeitet wurde, während die restlichen 20% als Werk der Uebersetzungsarbeit von Isa Rashid betrachtet werden müssen.

Die Deutsch-Version-Schreibung in korrekter Form und gemäss der alten Sprachweise sowie die Codierung in missionsbedingter Form umfassen etwas mehr als das Vierfache an Arbeitsleistung und Aufwand, als dies für die Uebersetzung aus dem Altaramäischen benötigt wurde.

Der Herausgeber Eduard Albert ‹Billy› Meier

Original-Unterschrift:

millennia an infamous false doctrine, a web of unequalled lies, was manufactured around the person of Jmmanuel in order to erect a cult-religious power and unscrupulously enslave earthlings–all this truly at the cost of misled, trusting and unaware human beings and their belongings, and above all at the cost of innocently spilled blood through the dirty intrigues of the "Holy See," which deceitfully preaches love for the purpose of exploitation, enslavement and assault of people on earth.

It is very rare that one individual succeeds in publicizing themes and truths that clarify causal connections or at the least shed some light on them when they pertain to cult religions or political matters. The existing practice proves that, as a rule, such human beings were unscrupulously persecuted, tortured and murdered. Forces called to the fore appear promptly, knowing how to place the truthful contents of a statement into a dim light. To them any means is justifiable to make truth itself into a travesty. But that is not all, because as soon as anything is published and disseminated that clarifies causal relationships and truths concerning cult religions or political matters, then, the publications are taken out of circulation with the help of clergy, police, government agencies, courts, the powerful of the cult religions and their fanatical followers. The publications are "safeguarded" or destroyed, to continue depriving the earthling of the real truth, letting him starve and perish woefully in his misery of false thinking and false teachings, because only in so doing can he be further exploited to his last drop of blood, particularly by governments and cult religions.

The German version of the Talmud Jmmanuel does not correspond to the original translation from ancient Aramaic because Isa Rashid neither mastered the German language sufficiently nor was he familiar with the code of the Mission to the point that he could have drawn up the German version. The German version does represent a copy of the translation from ancient Aramaic, but in a form that has been corrected by Eduard A. "Billy" Meier and supplied with the code required by the Mission.

Thus, the German version represents a product 80% of whose style and sentence structure was achieved by Eduard A. Meier, while the remaining 20% must be considered Isa Rashid's translation effort.

Getting the German version spelled correctly, according to the ancient linguistic form, as well as the Mission's required codex, comprised slightly more than four times the work input and energy required for the translation from ancient Aramaic.

The editor, Eduard Albert "Billy" Meier

Original Signature:

Talmud Jmmanuel

von Judas Ischarioth

Das 1. Kapitel

DER STAMMBAUM JMMANUELS

1. Das ist das Buch und Arkanum Jmmanuels, der da heisst «Der mit göttlichem Wissen», und der da ist ein Sohn Josephs, des Jakob, der fernen Nachkommen Davids, der da war ein Nachfahre Abrams, dessen Geschlecht zurückreicht zu Adam, dem Vater eines irdischen Menschengeschlechtes, der gezeugt war von Semjasa, dem Anführer der Himmelssöhne, die da waren die Wächterengel Gottes, des grossen Herrschers der Weithergereisten.

2. Semjasa, der Himmelssohn und Wächterengel Gottes, des grossen Herrschers der Weithergereisten durch die Weiten des Universums, zeugte mit einem irdischen Weibe Adam, den Vater des weissen Menschengeschlechtes.

3. Adam nahm sich ein irdisches Weib und zeugte Seth.

4. Seth zeugte Enos.

5. Enos zeugte Akjbeel.

6. Akjbeel zeugte Aruseak.

7. Aruseak zeugte Kenan.

8. Kenan zeugte Mahalaleel.

9. Mahalaleel zeugte Urakjbarameel.

10. Urakjbarameel zeugte Jared.

11. Jared zeugte Henoch.

12. Henoch zeugte Methusalah.

13. Methusalah zeugte Lamech.

14. Lamech zeugte Tamjel.

15. Tamjel zeugte Danel.

16. Danel zeugte Asael.

17. Asael zeugte Samsafeel.

The Talmud of Jmmanuel

by Judas Iscariot

CHAPTER 1

THE GENEALOGICAL TREE OF JMMANUEL

1. This is the book and mystery of Jmmanuel, which means "the one with godly knowledge," who is a son of Joseph, of Jacob, the distant descendant of David, who was a descendant of Abraham, whose lineage traces back to Adam, the father of one of Earth's human races, who was begotten by Semjasa, the leader of the celestial sons who were the guardian angels of god, the great ruler of the distant travelers.

2. Semjasa, the celestial son and guardian angel of god, the great ruler of the distant travelers who traversed the expanse of the universe, together with a terrestrial woman, begot Adam, the father of the white human race.

3. Adam took for himself an earth wife and begot Seth.

4. Seth begot Enos.

5. Enos begot Akjbeel.

6. Akjbeel begot Aruseak.

7. Aruseak begot Kenan.

8. Kenan begot Mahalaleel.

9. Mahalaleel begot Urakjbarameel.

10. Urakjbarameel begot Jared.

11. Jared begot Enoch.

12. Enoch begot Methusalah.

13. Methusalah begot Lamech.

14. Lamech begot Tamjel.

15. Tamjel begot Danel.

16. Danel begot Asael.

17. Asael begot Samsafeel.

18. Samsafeel zeugte Jomjael.
19. Jomjael zeugte Turel.
20. Turel zeugte Hamech.
21. Hamech zeugte Noah.
22. Noah zeugte Sem.
23. Sem zeugte Arpachsad.
24. Arpachsad zeugte Batraal.
25. Batraal zeugte Ramuel.
26. Ramuel zeugte Askeel.
27. Askeel zeugte Armers.
28. Armers zeugte Salah.
29. Salah zeugte Eber.
30. Eber zeugte Peleg.
31. Peleg zeugte Regu.
32. Regu zeugte Serug.
33. Serug zeugte Araseal.
34. Araseal zeugte Nahor.
35. Nahor zeugte Thara.
36. Thara zeugte Abram.
37. Abram zeugte Jsaak.
38. Jsaak zeugte Jakob.
39. Jakob zeugte Juda.
40. Juda zeugte Ananj.
41. Ananj zeugte Ertael.
42. Ertael zeugte Perez.
43. Perez zeugte Hezron.
44. Hezron zeugte Ram.
45. Ram zeugte Amjnadab.
46. Amjnadab zeugte Savebe.
47. Savebe zeugte Nahesson.
48. Nahesson zeugte Sahna.
49. Sahna zeugte Boas.
50. Boas zeugte Obed.
51. Obed zeugte Jesse.
52. Jesse zeugte Davjd.
53. Davjd zeugte Salomo.
54. Salomo zeugte Asa.

18. Samsafeel begot Jomjael.
19. Jomjael begot Turel.
20. Turel begot Hamech.
21. Hamech begot Noah.
22. Noah begot Sem.
23. Sem begot Arpachsad.
24. Arpachsad begot Batraal.
25. Batraal begot Ramuel.
26. Ramuel begot Askeel.
27. Askeel begot Armers.
28. Armers begot Salah.
29. Salah begot Eber.
30. Eber begot Peleg.
31. Peleg begot Regu.
32. Regu begot Serug.
33. Serug begot Araseal.
34. Araseal begot Nahor.
35. Nahor begot Thara.
36. Thara begot Abraham.
37. Abraham begot Jsaak.
38. Jsaak begot Jacob.
39. Jacob begot Juda.
40. Juda begot Ananj.
41. Ananj begot Ertael.
42. Ertael begot Perez.
43. Perez begot Hezron.
44. Hezron begot Ram.
45. Ram begot Amjnadab.
46. Amjnadab begot Savebe.
47. Savebe begot Nahesson.
48. Nahesson begot Sahna.
49. Sahna begot Boas.
50. Boas begot Obed.
51. Obed begot Jesse.
52. Jesse begot Davjd.
53. Davjd begot Solomon.
54. Solomon begot Asa.

55. Asa zeugte Gadaeel.

56. Gadaeel zeugte Josaphat.

57. Josaphat zeugte Jora.

58. Jora zeugte Armeneel.

59. Armeneel zeugte Usja.

60. Usja zeugte Jothan.

61. Jothan zeugte Gadreel.

62. Gadreel zeugte Ahas.

63. Ahas zeugte Jtjskja.

64. Jtjskja zeugte Manasse.

65. Manasse zeugte Amon.

66. Amon zeugte Josja.

67. Josja zeugte Jojachjn.

68. Jojachjn zeugte Sealthjel.

69. Sealthjel zeugte Jequn.

70. Jequn zeugte Serubabel.

71. Serubabel zeugte Abjud.

72. Abjud zeugte Eljakjm.

73. Eljakjm zeugte Asor.

74. Asor zeugte Zadok.

75. Zadok zeugte Achjm.

76. Achjm zeugte Eljud.

77. Eljud zeugte Eleasar.

78. Eleasar zeugte Matthan.

79. Matthan zeugte Jakob.

80. Jakob zeugte Joseph.

81. Joseph war der Mann der Maria, der Mutter Jmmanuels, die da ward geschwängert von einem fernen Nachfahren des Himmelssohnes Rasiel, des Wächterengels des Geheimnisses.

82. Als Joseph erfuhr von der heimlichen Schwängerung Marias durch einen Nachfahren der Himmelssöhne aus dem Geschlecht Rasiel, siehe, da war er in Zorn erwallt und gedachte Maria zu verlassen, noch ehe er ihr vertrauet wäre vor dem Volke.

55. Asa begot Gadaeel.

56. Gadaeel begot Josaphat.

57. Josaphat begot Jora.

58. Jora begot Armeneel.

59. Armeneel begot Usja.

60. Usja begot Jothan.

61. Jothan begot Gadreel.

62. Gadreel begot Ahas.

63. Ahas begot Jtjskja.

64. Jtjskja begot Manasse.

65. Manasse begot Amon.

66. Amon begot Josja.

67. Josja begot Jojachjn.

68. Jojachjn begot Sealthjel.

69. Sealthjel begot Jequn.

70. Jequn begot Serubabel.

71. Serubabel begot Abjud.

72. Abjud begot Eljakjm.

73. Eljakjm begot Asor.

74. Asor begot Zadok.

75. Zadok begot Achjm.

76. Achjm begot Eljud.

77. Eljud begot Eleasar.

78. Eleasar begot Matthan.

79. Matthan begot Jacob.

80. Jacob begot Joseph.

81. Joseph was the husband of Mary, the mother of Jmmanuel, who became pregnant by a distant descendant of the celestial son, Rasiel, who was the guardian angel of the secret.

82. When Joseph heard of Mary's secret impregnation by a descendant of the celestial sons, from the lineage of Rasiel, behold, he was filled with wrath and thought of leaving Mary, before he would be married to her in front of the people.

83. Indes Joseph aber also gedachte, siehe, da erschien ein abgesandter Wächterengel des Himmelssohnes Gabriel, der Maria geschwängert hatte, und sprach also:

84. «Joseph, Maria ist dir vertrauet und du seiest ihr Gemahl, verlasse sie nicht, denn die Frucht ihres Leibes ist zu Grossem ausersehen; vertraue dich in aller Offenheit mit ihr, so ihr vor dem Volke Mann und Weib seid.

85. Siehe, die Schwängerung Marias geschah also elftausend Jahre nach der Zeugung Adams durch den Himmelssohn Semjasa, so das Wort erfüllet würde, was Gott, der Herrscher der Weithergereisten, durch den Propheten Jesaja gesagt hat, der da spricht:

86. ‹Siehe, eine Jungfrau wird durch einen Himmelssohn geschwängert werden, noch ehe sie vor dem Volke einem Mann vertrauet ist.

87. Die Frucht ihres Leibes werden sie beim Namen Jmmanuel heissen, das gedolmetscht ist 'der mit göttlichem Wissen', zum Zeichen und der Ehre Gottes, durch dessen Kraft und Vorsorge die Erde mit intelligentem menschlichem Leben befruchtet wurde, durch die Begattung der irdischen Weiber durch die Himmelssöhne, die Weithergereisten aus dem Universum›.

88. Siehe, Gott und sein Gefolge kamen weither aus den Tiefen des Alls, wo sie sich von einer strengen Knechtschaft erlösten und mit den frühen Weibern dieser Erde eine neue Rasse und Heimat zeugten.

89. Gott gebührt die Ehre der irdischen Menschen, denn siehe also: Er ist der wahre Zeuger des weissen und der farbigen irdischen Menschengeschlechter, und ihm soll Ehre gebührt sein.

90. Ausser ihm ist nichts in gleicher Form für diese von ihm gezeugten Menschengeschlechter, daher der Mensch keine anderen Götter neben sich haben soll, die andere Menschengeschlechter an anderen Orten der Erde zeugten.

91. Ausser Gott ist nichts in gleicher Form, das des Ansehens würdig wäre; über ihm und seinen Himmelssöhnen herrscht allein die Allmacht aller Schöpfung; die Schöpfung selbst, die verehrt werden soll.

83. While Joseph was thinking in this manner, behold, a guardian angel, sent by the celestial son, Gabriel, who had impregnated Mary, appeared and said,

84. "Joseph, Mary is betrothed to you and you are her consort; do not leave her, because the fruit of her womb is chosen for a great purpose. Marry her in all candor, so that you may be husband and wife before the people.

85. "Behold, the impregnation of Mary occurred eleven thousand years after the procreation of Adam through the celestial son, Semjasa, to fulfill the word of god, the ruler of those who traveled from afar, who said through the prophet Isaiah,

86. "'Behold, a virgin will be impregnated by a celestial son before she is married to a man before the people.

87. "'They will name the fruit of her womb Jmmanuel, which translated means 'the one with godly knowledge,' as a symbol and honor to god, through whose power and providential care the earth was made to bear intelligent human life, through the pairing of the women of earth with the celestial sons, the distant travelers of the universe.'

88. "Behold, god and his followers came from out of the depths of space, delivering themselves from a strong bondage, and creating a new race and home with the early women of this earth.

89. "God deserves the honor of people of earth, for behold: He is the true originator of the white and of the colored human races of Earth, and to him honor should be given.

90. "There is no form comparable to him for this human race created by him; therefore, people should have no other gods besides him, who created other human races in other parts of the earth.

91. "Outside of god there is nothing of comparable form worthy of reputation. Only the omnipotence of all creation reigns over him and his celestial sons: Creation itself, which should be revered.

92. Siehe also; über die Erde herrscht Gott, der Herr der Himmelssöhne und der Menschen dieses weissen und der farbigen Geschlechter.

93. Gott ist der Gesetzgeber für diese Menschengeschlechter, und seine Wünsche sollen erfüllt sein also von Mann und Weib.

94. Gott, der Herr, ist grossmütig in seiner Liebe, also aber furchtbar in seinem Zorn, so seine Gesetze missachtet werden.

95. Die Schwängerung Marias ist Gottes Gesetz also, so du Joseph, als ihr Gemahl ihr vertrauet seist».

JMMANUELS GEBURT

96. Joseph aber, indem er also hörte, gedachte seiner Frömmigkeit in den Gesetzen Gottes, so er Maria heimholte und sich ihr vertrauete vor dem Volke.

97. Zu der Zeit begab es sich aber, dass ein Gebot von Kaiser Augustus ausging, dass alle Welt geschätzet würde.

98. Also war diese Schätzung die allererste dieser Art und geschah zu der Zeit, da Cyrenius Landpfleger in Syrien war.

99. Und jedermann ging, dass er sich schätzen liesse, ein jeglicher in seine Stadt.

100. Also machte sich auch auf Joseph aus Galiläa, aus der Stadt Nazareth, mit seinem Weibe Maria, in das jüdische Land zur Stadt Davids, die da heisst Bethlehem, darum, dass er von dem Hause und dem Geschlecht Davids war.

101. Darum, auf dass er sich schätzen liesse mit seinem ihm vertraueten Weibe Maria, das geschwängert war vom Himmelssohne Gabriel aus dem Geschlecht Rasiel.

102. Und als sie daselbst waren, kam die Zeit, da sie gebären sollte.

103. Also sie aber keine Unterkunft fanden, nachteten sie in einem Stall.

104. Und Maria gebar ihren ersten Sohn im Stroh und wickelte ihn in Tücher und legte ihn in eine Krippe beim Viehzeug, denn sie hatte sonst keinen Raum in der Herberge.

92. "Behold, therefore; over the earth reigns god, the master of the celestial sons and the people of the white and of the colored races.

93. "God is the lawgiver of this human race, and therefore, his wishes should be fulfilled by man and woman.

94. "God, the lord, is generous in his love, but also terrible in his anger when his laws are disobeyed.

95. "Mary's impregnation is god's law, so you, Joseph, are to be her husband in matrimony."

THE BIRTH OF JMMANUEL

96. Joseph, however, when he heard that, was mindful of his devoutness to god's laws, so he brought Mary home and married her before the people.

97. At that time a decree went out from Emperor Augustus, that all the world should be taxed.

98. This census was the first of its kind and occurred at the time that Cyrenius was governor in Syria.

99. All went to their own towns, so that they could be counted.

100. Joseph of Galilee, of the town of Nazareth, also went with his wife Mary to the Judaic land of the city of David, which is called Bethlehem, because he was of the house and lineage of David,

101. in order to be counted with his wife Mary, who was pregnant by the celestial son Gabriel from the lineage of Rasiel.

102. When they were there, the time came for her to give birth.

103. Since they could find no shelter, they spent the night in a stable.

104. And Mary bore her first son in the straw, wrapped him in cloth, and put him in a manger near the animals, because otherwise there was no room in the inn.

Das 2. Kapitel

DIE WEISEN AUS DEM MORGENLAND

1. Da Jmmanuel geboren war im Stall zu Bethlehem, in der Herberge im jüdischen Lande zur Zeit Herodes Antipas', Tetrarch von Galiläa und Peräa, siehe, da kamen Weise vom Morgenland nach Jerusalem und sprachen:

2. «Wo ist der neugeborene Weisheitskönig der Juden?

3. Wir haben am Himmel ein starkes Licht gesehen und eine Stimme gehört, die sprach:

4. ‹Folget dem Schweif des Lichtes, denn der Weisheitskönig der Juden ist geboren, der also wird grosses Wissen bringen›.

5. So sind wir gekommen, den neugeborenen Weisheitskönig anzubeten.

6. Er soll das Wissen Gottes besitzen und ein Sohn des Himmelssohnes Gabriel sein.

7. Sein Wissen soll grenzenlos sein und seine Macht den Geist der Menschen beherrschen, auf dass sie lernen und der Schöpfung dienen».

8. Da das Herodes Antipas hörte, erschrak er und mit ihm das ganze Jerusalem, denn sie ängstigten, dass das neugeborene Kind greuliche Macht ausüben könnte.

9. Herodes Antipas liess versammeln alle Hohenpriester und Schriftgelehrten unter dem Volke und erforschte von ihnen, wo der Jmmanuel sollte geboren sein.

10. Und sie sagten ihm: «Zu Bethlehem im jüdischen Lande, denn also steht es geschrieben durch den Propheten Micha:

11. ‹Und du Bethlehem im jüdischen Lande bist mitnichten die Kleinste unter den Städten in Juda, denn aus dir soll kommen der Weisheitskönig, der grosses Wissen zum Volke Israel bringt, auf dass es lerne und der Schöpfung diene›».

12. Da berief Herodes Antipas die Weisen heimlich und erkundete mit Fleiss von ihnen, wann das starke Licht mit dem langen Schweif am Himmel erschienen wäre.

CHAPTER 2

THE WISE MEN FROM THE ORIENT

1. When Jmmanuel was born in the stable at Bethlehem, in the shelter in the land of the Jews at the time of Herod Antipas, Tetrarch of Galilee and Peraea, behold, there came wise men from the Orient to Jerusalem, saying,

2. "Where is the newborn king of wisdom of the Jews?

3. "We have seen a bright light in the sky and heard a voice saying,

4. "'Follow the tail of the light, because the king of wisdom of the Jews is born, who will bring great knowledge.'

5. "Therefore we have come to adore the newborn king of wisdom.

6. "He shall possess the knowledge of god and be a son of the celestial son Gabriel.

7. "His knowledge will be boundless and his power will rule the spirit of human beings, so that they may learn and serve Creation."

8. When Herod Antipas heard this, he was frightened, and with him all of Jerusalem, because they feared that the newborn child might exercise dreadful power.

9. Herod Antipas called together all the chief priests and scribes among the people and inquired of them where Jmmanuel had been born.

10. And they said to him, "In Bethlehem, in the Jewish land; for thus it is written by the prophet Micah:

11. "'And you, Bethlehem, in the land of the Jews, are by no means the least among the cities in Judea, for out of you shall come the king of wisdom, who will bring great knowledge to the people of Israel so that they may learn and serve Creation.'"

12. Thereupon, Herod Antipas called the wise men secretly and diligently inquired of them when the bright light with the long tail had appeared in the sky.

13. Danach wies er sie nach Bethlehem und sprach: «Ziehet hin und forschet fleissig nach dem Kindlein, und wenn ihr's findet, so sagt mir's wieder, dass auch ich komme und es anbete». 14. Als sie nun Herodes Antipas gehört hatten, zogen sie hin; und siehe, das Licht mit dem langen Schweif, das sie im Morgenland gesehen hatten, zog mit hohem Singen vor ihnen her, bis dass es kam und stand zu Bethlehem senkrecht über dem Stall, da das Kindlein geboren war. 15. Da sie dies sahen, wurden sie hocherfreut. 16. Alsdann gingen sie in den Stall und fanden das Kindlein mit seiner Mutter Maria und dem Joseph, und sie fielen nieder und beteten es an und brachten ihre Schätze dar, die da bestanden aus Gold, Weihrauch und Myrrhe. 17. Also aber erklang wieder die Stimme hoch oben vom Lichte her, dass sie nicht wieder sollten zu Herodes Antipas gehen, da er Böses für das Kindlein sinne. 18. Und sie zogen auf einem anderen Weg wieder in ihr Land. 19. Da die drei Weisen aber hinweggezogen waren, siehe, da erschien der Himmelssohn Gabriel dem Joseph und sprach: 20. «Stehe auf und nimm das Kindlein und seine Mutter Maria zu dir und fliehe nach Ägyptenland und bleibe allda, bis ich dir's sage, denn Herodes Antipas geht damit um, dass er das Kindlein suche und es töte, da er fürchtet, das Neugeborene möge schreckliche Macht ausüben. 21. Derweil du in Ägyptenland weilst, sende ich meinen Abgesandten zu Herodes Antipas, ihn der Wahrheit zu belehren». 22. Und Joseph stand auf und nahm das Kindlein und seine Mutter zu sich in der Nacht und entwich unter Führung des Himmelssohnes Gabriel in das niedersinkende Licht, das mit ihnen nach Ägyptenland entfloh. 23. Sie blieben allda, bis Herodes Antipas Gesinnungswandel trieb und sich die Angst in ihm verflüchtigte.

13. Later he directed them to Bethlehem, saying, "Go and search diligently for the young child, and when you find him, let me know so that I may come and adore him."

14. When they had heard Herod Antipas, they departed. And behold, the light with the long tail, which they had seen in the Orient, went ahead of them with a high-pitched singing sound until it came to Bethlehem and stood directly over the stable where the infant was born.

15. When they saw this they rejoiced exceedingly.

16. They went into the stable and found the young child with his mother, Mary, and Joseph. They fell down and worshiped the infant and offered their treasures, which were gold, frankincense and myrrh.

17. However, the voice again rang out from the light high above, saying that they should not return to Herod Antipas because he planned evil for the young child.

18. So they returned to their country by another route.

19. After the three wise men had left, behold, the celestial son Gabriel appeared to Joseph, saying,

20. "Rise and take the infant and his mother Mary with you and flee to Egypt. Stay there until I tell you, because Herod Antipas is planning to seek out the young child to kill him, since he fears that the little child might wield terrible power.

21. "While you are in Egypt, I will send my messenger to Herod Antipas to teach him the truth."

22. And Joseph rose and took the young child and his mother by night and escaped under the guidance of the celestial son Gabriel in the descending light, which fled to Egypt along with them.

23. They remained there until Herod Antipas had a change of mind and the fear in him abated.

24. Da Herodes Antipas nun sah, dass er von dem Knäblein nichts zu befürchten hatte und dass ihm nur grosse Weisheit und Wissen zugeredet war, fühlte er sich ungefährdet in seinem Reich, so er dem Abgesandten des Himmelssohnes Gabriel zusagte, Maria und Joseph und Jmmanuel nicht weiter zu verfolgen.

25. Da aber Herodes Antipas und sein Gefolge anderer Gesinnung geworden waren, siehe, da erschien der Himmelssohn Gabriel wieder bei Joseph in Ägyptenland und sprach:

26. «Stehe auf und nimm das Kindlein und seine Mutter Maria zu dir und ziehe hin in das Land Israel; sie alle sind anderer Gesinnung geworden, die dem Kinde nach dem Leben standen».

27. Und Joseph stand auf, nahm das Kindlein und seine Mutter und ging wieder hinein in das wieder erschienene Licht, das sie nach Israel brachte.

28. Der Himmelssohn Gabriel brachte sie zurück ins galiläische Land.

29. Daselbst wohnten sie in der Stadt, die da heisst Nazareth, auf dass erfüllet würde, was da gesagt ist durch die Propheten: Jmmanuel soll der Nazarener heissen.

24. When Herod Antipas saw that he had nothing to fear from the young boy to whom only great wisdom and knowledge was attributed, he felt safe within his realm. Thus, he promised the ambassador of the celestial son Gabriel not to pursue Mary, Joseph and Jmmanuel further.

25. When Herod Antipas and his followers had had a change of mind, behold, the celestial son Gabriel appeared again before Joseph in Egypt, saying,

26. "Arise and take the young child and his mother Mary and move back to the land of Israel; all those who sought the child's life have had a change of heart."

27. And Joseph rose, took the child and his mother, and returned into the light that had once more appeared; it took them to Israel.

28. The celestial son Gabriel took them back into the land of Galilee.

29. There they dwelled in the city called Nazareth, so that what was spoken by the prophets might be fulfilled: "Jmmanuel shall be called the Nazarene."

Das 3. Kapitel

JOHANNES DER TÄUFER

1. Zu gegebener Zeit kam Johannes der Täufer und predigte an den Ufern des Jordans, am Rande der Wüste.

2. Johannes der Täufer predigte die Taufe nach den alten Gesetzen Gottes, wonach der Weg zum Wissen bereitet werde.

3. Er predigte, dass Gottes Gesetze zu befolgen seien, da er für dieses Menschengeschlecht der alleinige Herrscher sei.

4. Er lehrte aber, dass über Gott die Schöpfung stehe, die Gebärung der Welten, Universen und Lebewesen.

5. Und also lehrte er, dass die geschlechtslose Schöpfung das Geheimnis aller Geheimnisse sei, der Tod und das Leben, das Licht und die Finsternis, das Sein und das Nichtsein.

6. Und also lehrte er ein andermal, dass Gott, der Herr, der Herrscher dieses Menschengeschlechts und der Weithergereisten, der Himmelssöhne, die Schöpfung in Ehrfurcht achte.

7. Und es ging zu Johannes dem Täufer hinaus das ganze jüdische Land und alle Leute von Jerusalem und bekannten sich zum Wissen der alten Gesetze Gottes und liessen sich von ihm taufen im Jordan.

8. Er aber, Johannes, hatte ein Kleid von Kamelhaaren und einen ledernen Gürtel um seine Lenden; seine Speise aber war Heuschrecken und wilder Honig.

9. Als er viel des Volkes taufte, also kamen viele Pharisäer und Sadduzäer zu ihm, die ihn mit ihren bösen Reden beschämten.

10. Johannes der Täufer aber sprach: «Ihr Otterngezücht, wer hat denn euch gewiesen, dass ihr dem künftigen Zorne entrinnen werdet, wenn eure irren Lehren erkannt sind?

11. Sehet zu; tut rechtschaffene Frucht der Busse und lernet die Wahrheit.

12. Kehret ab vom Übel eurer irren Lehren, die ihr in Hochmut und im Sinne eurer Machtgier und Schatzgier betreibt.

CHAPTER 3

JOHN THE BAPTIST

1. John the Baptist came at a certain time to the edge of the wilderness, preaching at the banks of the Jordan.

2. He preached the baptism according to the old laws of god, according to which the way to knowledge was to be prepared.

3. He preached that god's laws have to be followed because he is the only ruler for this human race.

4. He preached that above god, however, stands Creation, the maker of the worlds, universes and all living things.

5. And so he taught that the genderless Creation is the secret of all secrets: death and life, light and darkness, being and non-being.

6. And so he taught once again that god, the lord, the ruler of this human race and of those who traveled from afar, the celestial sons, holds Creation in high esteem.

7. All Judea and all the people of Jerusalem went out to John the Baptist, acknowledging the wisdom of the old laws of god and allowing him to baptize them in the river Jordan.

8. John had a coat of camel's hair and a leather belt around his loins; his food was locusts and wild honey.

9. When he was baptizing many of the people, there came many Pharisees and Sadducees to him, taunting him with malicious talk.

10. But John the Baptist spoke, "You brood of vipers, who told you that you will escape from future wrath, once your false teachings are detected?

11. "See to it that you bear righteous fruit of repentance and learn the truth.

12. "Turn away from the evil of your false teachings, which you carry out with arrogance and motivations of your power and greed.

13. Denket nur nicht, dass ihr bei euch wollt sagen: ‹Wir haben Abram zum Vater›.

14. Ich sage euch: Gott vermag mit seinem Wissen und seiner Kraft Abram aus diesen Steinen Kinder zu erwecken, weil er um das Geheimnis der Schöpfung weiss.

15. Es ist schon die Axt den Bäumen an die Wurzel gelegt; darum, welcher Baum nicht gute Frucht bringt, wird abgehauen und ins Feuer geworfen.

16. Ihr Otterngezücht, in zweimal tausend Jahren werdet ihr und eure Nachfahren, die ihr irre Lehren zu eurem eigenen Hochmut in Machtgier und Schatzgier betreibt, vernichtet und der Lüge bestraft werden.

17. So wird es sein, wenn die Menschengeschlechter zu wissen beginnen und die Spreu vom Korne sich scheidet.

18. Es wird die Zeit sein, wenn eure irren Lehren belacht werden und die Menschengeschlechter die Wahrheit finden.

19. So wird es geschehen, wenn die Menschengeschlechter die singenden Lichter und die Feuerwagen bauen, mit denen sie also in den Weltenraum entrücken, so es Gott und sein Gefolge, die Himmelssöhne, tun.

20. So nämlich jene, die uns die Weisheit und das Wissen der Schöpfung lehrten.

21. Jene also, die uns nahelegten, die Naturgesetze zu befolgen und nach ihnen zu leben.

22. Oh ihr Abtrünnigen, ihr Otterngezücht, weicht von diesem Ort, denn ihr seid unrein und verflucht in euren irrigen Lehren.

23. Weichet von diesem Ort, denn ich vermag euch mit Willen nur mit Wasser zur Busse zu taufen; der aber nach mir kommt, ist stärker als ich, und ich bin nicht genug, ihm die Schuhe abzunehmen; er wird euch mit dem Wissen des Geistes taufen und mit dem Feuer der Wahrheit.

24. Und er hat seine Worfschaufel in der Hand; er wird seine Tenne fegen und den Weizen in seine Speicher sammeln; die Spreu aber wird er verbrennen mit unauslöschlichem Feuer.

25. Die Lüge widersteht niemals der Wahrheit, die in ihrem Feuer das Übel vernichtet».

13. "Do not think just of saying to each other: 'We have Abraham as father.'

14. "I say to you, god is able, with his knowledge and his power, to raise up children to Abraham out of these stones, because he knows about the secret of Creation.

15. "Already the axe has been laid to the root of the trees. Therefore, any tree that does not bring forth good fruit will be hewn down and thrown into the fire.

16. "You brood of vipers, in two times a thousand years you and your descendants, who carry on false teaching out of your own pride from motives of power and greed, shall be punished and your lies destroyed.

17. "So it will be when the human race begins to comprehend and separate the wheat from the chaff.

18. "The time will be when your false teachings will be laughed at and the human race finds the truth.

19. "So it will happen when the human race builds singing lights and fire wagons, with which they can move into outer space, as is done by god and his followers, the celestial sons,

20. "namely those who taught us the wisdom and knowledge of Creation,

21. "and who urge us to obey the law of nature and live according to it.

22. "Oh you renegades, you brood of vipers, get away from this place, because you are impure and cursed in your false teachings.

23. "Get away from this place, because I can by my own accord baptize you into repentance only with water; but he who comes after me is stronger than I, and I am not worthy to take off his sandals. He will baptize you with the knowledge of the spirit and with the fire of truth.

24. "He has his winnowing fork in his hand; he will sweep his threshing floor and gather the wheat into his granary, but he will burn the chaff with unquenchable fire.

25. "The lie can never withstand the truth, which destroys evil in its fire."

26. Wie aber Johannes der Täufer so sprach, siehe, zu der Zeit kam Jmmanuel aus Galiläa an den Jordan zu Johannes, dass er sich von ihm taufen liesse.

27. Johannes aber wehrte ihm und sprach: «Ich bedarf wohl, dass ich von dir getauft werde, denn du bist wissender als ich, und du kommst zu mir»?

28. Jmmanuel aber antwortete ihm und sprach: «Lass es jetzt also geschehen, denn so gebühret es uns, alle Gerechtigkeit zu erfüllen, da wir beide irdische Söhne sind».

29. Da liess Johannes es zu und taufte ihn.

30. Und da Jmmanuel getauft war, stieg er alsbald aus dem Wasser des Jordans; und siehe, da fiel ein metallenes Licht aus dem Himmel und stürzte über den Jordan.

31. Also fielen sie alle auf ihr Angesicht und gruben es in den Sand, derweil eine Stimme aus dem metallenen Lichte sprach:

32. «Dies ist mein lieber Sohn, an welchem ich Wohlgefallen habe; er wird der König der Wahrheit sein, durch die sich die irdischen Menschengeschlechter zu Wissenden erheben sollen».

33. Siehe, nach diesen Worten begab sich Jmmanuel in das metallene Licht, das unter Feuer und Rauch in den Himmel stieg und über das leblose Meer hinwegglitt, so also das Singen des metallenen Lichtes bald verstummte.

34. Danach ward Jmmanuel vierzig Tage und vierzig Nächte nicht mehr gesehen.

26. As John the Baptist thus spoke, behold, Jmmanuel of Galilee then came to him at the Jordan, to be baptized by him.

27. John, however, refused him and spoke, "I certainly need to be baptized by you, because you possess greater knowledge than I, and you come to me?"

28. But Jmmanuel answered him, "Let it happen so now, because it is fitting for us to fulfill all justice, since we are both sons of the earth."

29. So John consented and baptized him.

30. When Jmmanuel had been baptized, he soon came out of the water of the Jordan, and behold, a metallic light dropped from the sky and descended steeply over the Jordan.

31. Consequently they all fell on their faces and pressed them into the sand while a voice from the metallic light spoke,

32. "This is my beloved son with whom I am well pleased. He will be the king of truth who will lift this human race to knowledge."

33. Behold, after these words Jmmanuel entered into the metallic light, which climbed into the sky, surrounded by fire and smoke, and passed over the lifeless sea, as the singing of the metallic light soon faded away.

34. After that, Jmmanuel was no longer seen for forty days and nights.

Das 4. Kapitel

JMMANUELS ARKANUM

1. Und von diesem Tage an weilte Jmmanuel nicht mehr unter den Menschenkindern dieser Menschengeschlechter.

2. Jmmanuel ward von der Erde aufgehoben, und keiner wusste, wohin er aufgehoben worden und also was ihm auch widerfahren war.

3. Er ward dann aber abgesetzt von dem metallenen Lichte zwischen Nord und West, dort, wo die Wächterengel Schnüre empfangen hatten, also sie damit den Ort für die Auserwählten messen mussten.

4. So lebte er vierzig Tage und vierzig Nächte zwischen den Winden von Nord und West, wo er das Arkanum des Wissens empfing.

5. Er verbrachte in Belehrung seine Tage bei den weisen Heiligen Gottes und bei den Wächterengeln, den Himmelssöhnen.

6. Diese lehrten ihn die Weisheit des Wissens.

7. Sie lehrten ihn die Herrschaft Gottes über die irdischen Menschengeschlechter und über seine Himmelssöhne.

8. Also erklärten sie ihm auch die Allmacht der Schöpfung der Universen.

9. Ebenso belehrten sie ihn über die Unsterblichkeit des Geistes durch die Wiedergeburt.

10. Dort sah er die ersten Väter also, die Heiligen von uralter Zeit, die da waren die Väter der irdischen Menschengeschlechter: Die Himmelssöhne.

11. Von da an ging er gen Norden an den Enden der Erde hin, wo die metallenen Lichter und die Feuerwagen aus dem Himmel kamen oder singend in Rauch und Feuer gehüllt emporschossen.

12. Dort sah er ein grosses und herrliches Wunder an den Enden der ganzen Erde.

13. Er sah daselbst die Himmelstore offen, von denen es drei verschiedene gab.

Chapter 4

JMMANUEL'S SECRET

1. From this day on Jmmanuel no longer lived among humankind of these human races.

2. Jmmanuel was lifted up from the earth, and no one knew where he had been taken or what had happened to him.

3. But then he was let off by the metallic light between North and West, where the guardian angels had received cords with which they had to measure the place for the chosen ones.

4. Thus, he lived for forty days and nights between the winds of the north and the west, where he received the secret of knowledge.

5. Meanwhile, he spent his days with the wise saints of god and with the guardian angels, the celestial sons.

6. They taught him the wisdom of knowledge.

7. They taught him the dominion of god over this human race and his celestial sons.

8. They also explained to him the omnipotence of the Creation of the universes.

9. They also taught him about the immortality of the spirit through rebirth.

10. There he saw the forefathers, the saints of ancient times, who were the fathers of the human races, the celestial sons.

11. From there he went to the North at the ends of the earth, where the metallic lights and fire wagons rushed out of the sky or, singing, shot up into the sky, covered with smoke and fire.

12. There, at the ends of the entire earth, he saw a great and marvelous wonder.

13. Here, he saw the celestial gates open, of which there were three different ones.

14. Gross wie die Fläche des leblosen Meeres am Jordan strahlten die Himmelstore in hellstem Sohar.

15. Darin war wirklich strahlend das ganze Land Israel lebendig und wahr, Mensch und Tier und alles was da stand.

16. In diesem ersten Himmelstor also, ward kein Geheimnis verborgen, denn der Sohar drang in den kleinsten Raum der Hütten und offenbarte das letzte Vertraute.

17. Im zweiten Himmelstor erhoben sich mächtige Berge, deren Gipfel also in den Himmel reichten und in den Wolken verschwanden.

18. Bis tief hinunter lag viel Masse tiefer Schnee, an dessen Grenzen ein anderes Menschengeschlecht von brauner Hautfarbe seine Hütten erbaute.

19. Das dritte Himmelstor offenbarte also ein Land von riesigen Ausmassen, gebirgig, mit Flüssen, Seen und Meeren durchzogen, da wieder ein anderes Menschengeschlecht wohnte.

20. Unweit dieser drei Himmelstore war der Palast Gottes erbaut, des Herrschers dieser Menschengeschlechter und der Weithergereisten, der Himmelssöhne, der Wächterengel.

21. In seinem Palast herrschte Gott über die drei von ihm gezeugten Menschengeschlechter und über sein Gefolge, die Himmelssöhne.

22. Unsterblich und uralt war er von riesenhaftem Wuchs wie die Himmelssöhne.

23. Im Palaste Gottes erschienen Jmmanuel zwei sehr grosse Männer, wie er solche niemals auf der Erde gesehen hatte.

24. Ihr Angesicht leuchtete wie die Sonne, ihre Augen glichen brennenden Fackeln; und aus ihrem Munde ging Feuer hervor; ihre Kleidung ähnelte einer Verteilung von Schaum; und ihre Arme waren wie goldene Flügel.

25. Sie lebten in einer ihnen eigenen Welt, weil die Luft dieser Erdenwelt sie getötet hätte.

26. Diese beiden Siebengestirnmänner waren heilige Lehrer, zusammen mit zwei kleiner gewachsenen Männern, die also sprachen, dass sie Baawimänner seien.

14. The celestial gates radiated in brightest Sohar an area great as the lifeless sea near the river Jordan.

15. Actually radiating therein was the whole land of Israel, alive and true, humans and animals and everything that was there.

16. In this first celestial gate, there was no concealed secret, because the Sohar entered into the smallest room of the cottages and revealed the last hidden thing.

17. Inside the second celestial gate, there rose mighty mountains, whose tops reached into the sky and disappeared into the clouds.

18. Far below lay deep masses of snow, at whose edges another human race, of brown skin, built their huts.

19. The third celestial portal revealed a land of gigantic dimensions, mountainous and interspersed with rivers, lakes and seas, where again another human race dwelled.

20. Not far from these three celestial gates was the palace of god, the ruler of these human races and those who had traveled from afar, the celestial sons, or guardian angels.

21. In his palace god ruled over the three human races created by him and over his following, the celestial sons.

22. He was immortal, ancient and of giant size like the celestial sons.

23. In the palace of god there appeared to Jmmanuel two very tall men, the likes of which he had never seen on earth.

24. Their faces shone like the sun, and their eyes looked like burning torches. Out of their mouths issued fire. Their clothing resembled a covering of foam, and their arms were like golden wings.

25. They lived in their own world, because the air of this earthly world would have killed them.

26. These two men from the constellation of the seven stars were venerable teachers and were together with two smaller men who said that they were from Baawi.

27. Sie sprachen: «Menschen sind vom Himmel zur Erde gekommen, und andere Menschen sind von der Erde in den Himmel aufgehoben worden, und die vom Himmel gekommenen Menschen sind lange auf der Erde geblieben und haben die intelligenten Menschengeschlechter gezeugt.

28. Siehe, die von den Himmelssöhnen gezeugten Menschenkinder waren eigentümlich von den alten Erdenmenschen verschieden.

29. Sie waren nicht wie ein Mensch der Erde, sondern gleich den Kindern der Engel des Himmels, und anders geartet.

30. Ihr Leib war weiss wie Schnee und rot wie Rosenblüte, und die Haupthaare und Scheitelhaare weiss wie Wolle, und die Augen schön.

3l. Die Menschengeschlechter nun werden also das Erbe dieser Schönheit behalten und weiterzeugen.

32. Sie werden sich aber im Laufe der Jahrhunderte und Jahrtausende zusammentun mit anderen Menschengeschlechtern der Erde und der Himmel, so sie neue Menschengeschlechter zeugen und spezielle Rassen, wie die Himmelssöhne mit den Erdenmenschen.

33. Jmmanuel, du bist ein Wissender, aus unseren Reihen gezeugt von einem Himmelssohne.

34. Mit deinem Wissen wirst du Unmögliches möglich machen und Dinge vollbringen, die von den Menschengeschlechtern als Wunder bezeugt werden.

35. Du kennst die Kraft des Geistes, doch hüte dich, sie missbräuchlich anzuwenden.

36. Dein eigenes weises und das durch uns erlangte Wissen soll zum Wohle der Menschengeschlechter gereichen, doch wird der Weg dahin für sie und für dich sehr schwer sein.

37. Du wirst verkannt und verleugnet werden, denn die Menschengeschlechter sind noch unwissend und dem Wahnglauben verfallen.

38. Sie glauben, dass Gott die Schöpfung selbst wäre und nicht der Herrscher der Himmelssöhne und dieser Menschengeschlechter.

27. They said, "People have come from the heavens to earth, and other people have been lifted from earth into the heavens, and the people coming from the heavens remained on earth a long time and have created the intelligent human races.

28. "Behold, humans begotten by the celestial sons were different in a specific way from other people on Earth.

29. "They were not like Earth humans, but like the children of the celestial angels, a different kind.

30. "Their bodies were white as snow and red as the rose blossom, their hair at the top of the head white as wool and their eyes beautiful.

31. "The human races will now retain their inherited beauty and propagate it further.

32. "But in the course of centuries and millennia they will mix with other races of the earth and the heavens, so as to generate new human races and special lineages, as the celestial sons did with the Earth people.

33. "Jmmanuel, you are in on the secret, begotten from among our ranks by a celestial son.

34. "With your knowledge you will make the impossible possible and accomplish things that the human races will attest to as miracles.

35. "You know the power of the spirit, but beware of abusing it.

36. "Your own wisdom and knowledge obtained through us will contribute to the well-being of the human races, though the road leading thereto will be very difficult for them and you.

37. "You will be misunderstood and renounced, because the human races are still ignorant and given to superstition.

38. "They believe that god is Creation itself and not the ruler of the celestial sons and these human races.

39. Die Erdenmenschen dichten ihm die Allmacht der Schöpfung an und verherrlichen ihn als die Schöpfung selbst.

40. Gott aber ist ein Mensch wie alle Himmelssöhne und die Menschengeschlechter, nur, er ist bewusstseinsmässig ungeheuer viel grösser als sie.

41. Die Schöpfung steht also unmessbar viel höher als Gott, der Herr über Himmelssöhne und Menschengeschlechter, denn die Schöpfung ist das unmessbare Geheimnis.

42. Auch dich, Jmmanuel, werden sie als Gott und seinen eingeborenen Sohn beschimpfen, und auch dich also der geheimnisvollen Schöpfung gleichstellen.

43. Achte dich dieser irren Lehren jedoch nicht, denn es wird Jahrtausende dauern, ehe die Menschenkinder dieser Menschengeschlechter die Wahrheit zu erkennen vermögen.

44. Es wird viel Menschenblut fliessen deinetwegen, deines also, wie das unzähliger Generationen.

45. Ungeachtet dessen: Erfülle deine Mission als Weisheitskönig, als Sohn Gabriels, des Himmelssohnes.

46. Im Namen Gottes wurde das Gesetz erlassen dich zu zeugen, so du also als Prophet und Wegbereiter des weisen Wissens diesen Menschengeschlechtern wirkend sein sollst.

47. Erfülle deine Mission unbeirrbar, wider alle Unvernunft und wider alle irren Lehren der Schriftgelehrten und Pharisäer und also wider das ungläubige Volk.

48. Also werden nach Erfüllung deiner Mission Jahrhunderte und zwei Jahrtausende vergehen, ehe die Wahrheit deines unter das Volk gebrachten Wissens von einigen Menschenkindern erkannt und verbreitet werden wird.

49. Erst zur Zeit der himmelstürmenden Maschinen wird die Wahrheit durchbrechen, und also die irre Lehre langsam ins Wanken geraten, dass du Gottes Sohn oder die Schöpfung wärest.

50. Dies aber wird also die Zeit sein, da wir Himmelssöhne uns den Menschengeschlechtern neu zu offenbaren beginnen, wenn sie wissend geworden sind und mit ihrer gewonnenen Macht die Gefüge der Himmel bedrohen werden».

39. "Earth people attribute to him the omnipotence of Creation and glorify him as Creation itself.

40. "But god is a person, like all the celestial sons and the human races, except vastly greater in consciousness than they.

41. "Creation, however, is of immeasurably higher standing than god, the lord over the celestial sons and human races, because Creation is the immeasurable secret.

42. "Jmmanuel, they will also taunt you as god and his only-begotten son, and you, too, will be set equal to the mysterious Creation.

43. "Nevertheless, do not heed these false teachings, because millennia will pass before the people of these human races will be able to recognize the truth.

44. "Much human blood will be shed on your account, yours as well as that of countless generations.

45. "Notwithstanding, fulfill your mission as the king of wisdom, as the son of Gabriel, the celestial son.

46. "In the name of god the law was issued to create you so that you may serve as prophet and pioneer of wisdom for these human races.

47. "Fulfill your mission unperturbed in the face of irrationality, disbelieving people and false teachings of the scribes and Pharisees.

48. "Hence, following the fulfillment of your mission, centuries and two millennia will pass before the truth of your knowledge brought among the people will be recognized and disseminated by some humans.

49. "Not until the time of space-traveling machines will the truth break through and gradually shake the false teaching that you are the son of god or Creation.

50. "However, this will be the time when we celestial sons begin to reveal ourselves anew to the human races, since they will have become knowing and with their acquired power threaten the structure of the heavens."

51. So sprachen sie, die Himmelssöhne zwischen Nord und West, ehe sie Jmmanuel im metallenen Licht zurückbrachten nach Israel, ins galiläische Land also.

52. Da nun Jmmanuel hörte, dass Johannes der Täufer gefangengelegt war, verliess er die Stadt Nazareth, kam und wohnte zu Kapernaum, das da liegt am See im Lande Sebulon und Naphtali.

53. Seit der Zeit fing Jmmanuel an zu predigen und sagte: «Tuet Busse und kehret euch der Wahrheit und dem Wissen zu, denn sie allein bringen das Leben»!

54. Als nun Jmmanuel am galiläischen Meer ging, sah er zwei Brüder, Simon, der da heisst Petrus, und Andreas, seinen Bruder; die warfen ihre Netze ins Meer, denn sie waren Fischer.

55. Und er sprach zu ihnen: «Folget mir nach; ich will euch das Wissen lehren und euch zu Menschenfischern machen».

56. Alsbald verliessen sie ihre Netze und folgten ihm nach.

57. Und als er von dannen weiterging, sah er zwei andere Brüder, Jakobus, den Sohn des Zebedäus, und Johannes, seinen Bruder, im Schiff mit ihrem Vater Zebedäus, dass sie ihre Netze flickten.

58. Und er rief sie.

59. Alsbald verliessen sie das Schiff und ihren Vater und folgten ihm nach.

60. Und Jmmanuel ging umher im ganzen galiläischen Lande, lehrte in ihren Synagogen und predigte das Wissen des Geistes und heilte alle Krankheit und alle Gebrechen im Volk.

61. Und die Kunde von ihm erscholl in ganz Syrienland, und sie brachten zu ihm alle Kranken, mit mancherlei Leiden und Plagen behaftet, die Besessenen, die Mondsüchtigen und die Gichtbrüchigen; und er machte sie gesund.

62. Und es folgte ihm nach viel Volk aus Galiäa, aus den zehn Städten, von Jerusalem, aus dem jüdischen Lande und von jenseits des Jordans.

51. Thus they spoke, the celestial sons between the North and the West, before they took Jmmanuel in the metallic light back to Israel, to the land of Galilee.

52. When Jmmanuel heard that John the Baptist had been imprisoned, he left the town of Nazareth, came and lived in Capernaum, which lies on the sea in the land of Sebulon and Naphtali.

53. From that time Jmmanuel began to preach, saying, "Repent and turn to the truth and knowledge, because they alone bring you life!"

54. When Jmmanuel went by the Sea of Galilee, he saw two brothers, Simon who is called Peter, and Andrew, his brother, casting their nets into the sea because they were fishermen.

55. And he said to them, "Follow me; I will teach you knowledge and make you fishers of men."

56. Immediately they left their nets and followed him.

57. As he went on farther, he saw two other brothers, Jacob, the son of Zebedee, and John, his brother, in the boat with Zebedee, their father, mending their nets.

58. And he called them.

59. Immediately they left the boat and their father and followed him.

60. Jmmanuel went about in the whole land of Galilee, teaching in their synagogues, preaching the knowledge of the spirit and healing all diseases and infirmities among the people.

61. The news of him spread over the whole land of Syria, and they brought to him all the sick, demoniacs, sleepwalkers and paralytics, afflicted with various diseases and torments; and he made them well.

62. And many people followed him, from Galilee, from the Decapolis, from Jerusalem, from Judea and from beyond the Jordan.

Das 5. Kapitel

DIE BERGPREDIGT

1. Da Jmmanuel aber das Volk sah, das ihm nachfolgte, ging er auf einen Berg und setzte sich; und seine Jünger traten zu ihm.

2. Und er lehrte sie und sprach:

3. «Selig sind die, die geistig reich sind und die Wahrheit erkennen, denn das Leben ist ihrer.

4. Selig sind die, die da Leid tragen, denn daraus erkennen sie die Wahrheit und sollen getröstet werden.

5. Selig sind die geistig Ausgeglichenen, denn sie werden das Wissen besitzen.

6. Selig sind die, die da hungert und dürstet nach Wahrheit und Wissen, denn sie sollen satt werden.

7. Selig sind die, die den Naturgesetzen nachleben, denn sie leben nach dem Schöpfungsplan.

8. Selig sind die, die reinen Gewissens sind, denn sie brauchen sich nicht zu fürchten.

9. Selig sind die Schöpfungswissenden, denn sie frönen nicht einer irren Lehre.

10. Selig sind die Gerechten, denn ihnen ist die Natur untertan.

11. Selig seid ihr, wenn euch die Menschen um meinetwillen und um unserer Lehre willen schmähen und verfolgen und reden allerlei Übles wider euch, so sie daran lügen.

12. Seid fröhlich und getrost; das Leben und das Wiederleben wird es euch wohl lohnen; denn also haben die Wahrheitsschmähenden verfolgt die Propheten, die vor euch gewesen sind, und also werden sie auch euch verfolgen.

13. Ihr seid das Salz der Erde, und wenn nun das Salz kraftlos wird, womit soll man salzen?, es ist zu nichts hinfort nütze, denn dass man es hinausschütte und lasse es die Leute zertreten.

14. Ihr seid das Licht der Welt und bedenket: Es kann die Stadt, die auf einem Berge liegt, nicht verborgen sein.

Chapter 5

THE SERMON ON THE MOUNT

1. When Jmmanuel saw the people following him, he went up a hill and sat down; and his disciples came to him.

2. And he taught them, saying,

3. "Blessed are those who are rich in spirit and recognize the truth, for life is theirs.

4. "Blessed are those who mourn, for they shall thus recognize truth and be comforted.

5. "Blessed are the spiritually balanced, for they shall possess knowledge.

6. "Blessed are those who hunger and thirst for truth and knowledge, for they shall be satisfied.

7. "Blessed are those who live according to the laws of nature, for they live according to the plan of Creation.

8. "Blessed are those who have a clear conscience, for they need not fear.

9. "Blessed are those who know about Creation, for they do not follow false teachings.

10. "Blessed are the righteous, for nature is subject to them.

11. "Blessed are you if, on my account and because of our teachings, men revile and persecute you and falsely speak all manner of evil against you.

12. "Thus those who belittle the truth have persecuted the prophets who were before you, so rejoice and be of good cheer; life and the next life will reward you.

13. "You are the salt of the earth, and if the salt loses its flavor, with what should one salt? It is henceforth useless, except to be thrown out and stepped on by the people.

14. "You are the light of the world, and consider: the city that lies on top of a mountain cannot be hidden.

15. Man zündet auch nicht ein Licht an und stellt es unter einen Scheffel, sondern auf einen Leuchter; so leuchtet es allen, die im Hause sind.

16. So soll euer Licht leuchten vor den Leuten, dass sie eure guten Werke sehen und die Wahrheit eures Wissens erkennen.

17. Ihr sollt nicht wähnen, dass ich gekommen bin, das Gesetz oder die Propheten aufzulösen; ich bin nicht gekommen aufzulösen, sondern zu erfüllen und das Wissen zu offenbaren.

18. Denn wahrlich, ich sage euch: Bis dass Himmel und Erde vergehen, wird nicht vergehen der kleinste Buchstabe noch ein Tüpfelchen vom Gesetze der Schöpfung und den Gesetzen der Natur, bis dass es alles geschehe.

19. Wer eines der kleinsten Gesetze oder Gebote auflöst und die Leute die Lehre irrig lehrt, der wird der Kleinste heissen; wer die Lehre aber wahrlich verbreitet, der wird gross heissen und den Dank des Geistes erhalten.

20. Denn ich sage euch: Es sei, wenn eure Gerechtigkeit nicht besser ist als die der Schriftgelehrten und Pharisäer, so werdet ihr nicht den Dank des Geistes und des Lebens erhalten.

21. Ihr habt gehört, dass zu den Alten gesagt ist: ‹Du sollst nicht töten; wer aber tötet, der soll des Gerichts schuldig sein›.

22. Ich aber sage euch: Übt Gerechtigkeit nach dem Naturgesetz der Schöpfung, so ihr das Urteil in der Logik findet.

23. Schuldig sind alle, die nicht aus Notwehr oder nach einem in Notwehr gegebenen Gesetzesurteil handeln, wenn sie töten; oder schuldig sind alle, die üble Reden und Handlungen führen.

24. Gerechtigkeit nach den Naturgesetzen der Schöpfung allein ergibt ein Urteil in Logik.

25. Seid nicht willfährig euren Widersachern, wenn ihr im Recht seid und der Richter voraussichtlich zu euren Gunsten entscheiden muss.

26. Wahrlich, ich sage euch: Ihr werdet nur dann Gerechtigkeit erlangen, wenn ihr sie selbst findet und euren Nächsten verständlich machen könnt.

15. "Nor does one light a candle and place it under a bushel, but on a candlestick; thus it illuminates all those who are in the house.

16. "Likewise your light should shine before the people, so that they see your good works and recognize the truth of your knowledge.

17. "Do not think that I have come to abolish the law or the prophets; I have come not to abolish, but to fulfill and to reveal knowledge.

18. "Truly, I say to you: Until the heavens and the earth vanish, neither an iota nor a dot of the law of Creation and the laws of nature will vanish, until all has been fulfilled.

19. "Whoever violates one of the smallest of the laws or commandments and teaches the people falsely, will be called the smallest; but whoever spreads the teachings truthfully will be called great and will receive the thanks of the spirit.

20. "I tell you: If your righteousness does not exceed that of the scribes and Pharisees, you will not receive the thanks of the spirit and of life.

21. "You have heard that it was said to the men of old, 'You should not kill; but whoever kills shall be found guilty by the courts.'

22. "However, I say to you: Exercise justice according to the natural law of Creation, so that the judgment is found in logic.

23. "Guilty are all who do not act in self-defense or according to a prescribed judgment of the law, if they kill or engage in evil speech and actions.

24. "Justice according to the natural laws of Creation alone elevates a verdict into logic.

25. "Do not accommodate your adversaries, if you are in the right, and the judge will probably have to decide in your favor.

26. "Truly, I say to you: You will achieve justice only when you find it yourself and can make your fellow human understand it.

27. Ihr habt gehört, dass gesagt ist: Du sollst nicht ehebrechen.

28. Ich aber sage euch: Wer ausser seinem eigenen Gemahl beischläft, der oder die soll den Gerichten überantwortet werden, denn es ist menschlich unwürdig, verachtenswert und verstösst wider die Gesetze der Natur.

29. Wenn dir aber dein rechtes oder linkes Auge Ärgernis schafft, so reiss es aus und wirf es von dir, denn es ist dir besser, dass eins deiner Glieder verderbe und nicht der ganze Leib.

30. Wenn dir ein Gedanke Ärgernis schafft, dann vernichte ihn und verbanne ihn aus deinem Hirn, denn es ist besser einen ärgerniserregenden Gedanken zu verderben und nicht die ganze Gedankenwelt in Aufruhr zu bringen.

31. Es ist auch gesagt: Wer sich von seinem Gemahl scheidet, der soll einen Scheidebrief aushändigen.

32. Ich aber sage euch: Wer sich von seinem Gespan scheidet, es sei denn wegen Ehebruchs, der macht, dass die Ehe bricht; wer einen schuldig geschiedenen Gespan freit, der begeht Ehebruch also.

33. Ihr habt weiter gehört, dass zu den Alten gesagt ist: Du sollst keinen falschen Eid tun und sollst Gott deinen Eid halten.

34. Ich aber sage euch, dass ihr überhaupt nicht schwören sollt; so schwört nicht beim Himmel, denn er ist unendlich und unmessbar.

35. Und schwört nicht bei der Erde, denn sie ist vergänglich; auch schwört nicht bei Jerusalem, denn sie ist eine vergängliche Stadt, erbaut von Menschenhand.

36. Auch sollst du nicht bei deinem Haupte schwören, denn du vermagst nicht ein einziges Haar in seiner Farbe zu ändern.

37. Schwöre auch nicht beim Andenken an einen Menschen oder einen Gegenstand, denn alle sind sie vergänglich.

38. Eure Rede sei in jedem Fall nur: Ja, ja oder nein, nein, denn was darüber ist, verstösst wider die Gesetze.

39. Ihr habt gehört, dass da gesagt ist: Auge um Auge und Zahn um Zahn.

27. "You have heard that it was said, you should not commit adultery.

28. "But I say to you: Whoever cohabits with someone other than their spouse should be delivered up to the courts, because it is unworthy of humans, contemptible and an offense to the laws of nature.

29. "If, however, your right or left eye causes annoyance, tear it out and throw it away, because it is better for you that just one of your members be destroyed than your whole body.

30. "If a thought causes you annoyance, eradicate it and ban it from your brain. It is better to destroy a thought that incites annoyance than to bring the whole world of thought into an uproar.

31. "It has also been said, whoever divorces his spouse should hand over a certificate of divorce.

32. "However, I say to you: Whoever separates from their spouse, except in case of adultery, causes the marriage to break; whoever marries a divorced person that is guilty also commits adultery.

33. "You have further heard it said to the men of old, you shall take no false oath and keep your oath to god.

34. "However, I say to you that you should not swear at all; swear not by the heavens, because they are infinite and immeasurable.

35. "Neither swear by the Earth, because it is impermanent, nor swear by Jerusalem, because it is an impermanent city built by the hand of man.

36. "You should also not swear by your head, because you cannot change the color of a single hair.

37. "Also do not swear by the memory of a person or a thing, because all are impermanent.

38. "Let your speech at all times simply be: Yes, yes or no, no. Anything beyond that goes against the laws.

39. "You have heard that it was said, an eye for an eye, and a tooth for a tooth.

40. Ich aber sage euch: Übet Gerechtigkeit nach dem Naturgesetz der Schöpfung, so ihr das Urteil in der Logik findet.

41. Entbiete deine Liebe rundum da, da sie gerechtfertigt ist, und strafe allda, da das Naturgesetz Strafe fordert.

42. Gebe dem, der dich bittet, wenn er in Ehrlichkeit seine Bitte darbringt, und wende dich von dem, der dir in Unehrlichkeit abborgen will.

43. Ihr habt gehört, dass gesagt ist: Du sollst deinen Nächsten lieben und deinen Feind hassen.

44. Ich aber sage euch: Übet Liebe und Verständnis nach dem Naturgesetz der Schöpfung, so ihr das richtige Handeln und Empfinden in der Logik findet.

45. Entbiete deine Liebe rundum da, da sie gerechtfertigt ist, und verachte allda, da das Naturgesetz es fordert.

46. Ihr sollt weise sein und das Wissen lernen, denn ihr sollt vollkommen werden im Geiste wie die Schöpfung, die euch erschuf.

47. Ihr sollt im Laufe der Wiederleben euren Geist und euer Bewusstsein schulen und vollkommen werden lassen, also ihr eins werdet mit der Schöpfung».

40. "But I say to you: Exercise justice according to the natural law of Creation, so that you find the verdict in logic.

41. "Offer your love wherever it is warranted, and punish wherever the law of nature demands punishment.

42. "Give to them who ask of you, if they make their requests in honesty, and turn away from them who want to borrow from you in a dishonest way.

43. "You have heard that it was said, you shall love your neighbor and hate your enemy.

44. "However, I say to you: Exercise love and understanding according to the natural law of Creation, so that in logic you find the right behavior and feeling.

45. "Offer your love where it is warranted, and despise where the law of nature demands it.

46. "You should be wise and learn knowledge, because you will become perfect in spirit like Creation, which conceived you.

47. "You should train your spirit and your consciousness in the course of incarnations and let them become perfect, so that you become one with Creation."

Das 6. Kapitel

DAS ALMOSEN

DAS FASTEN

DIE SCHÄTZE

DAS SORGEN

1. «Habt acht auf eure Frömmigkeit, dass ihr sie mit richtigen Worten übet vor den Leuten, auf dass ihr nicht von ihnen der Lüge beschimpfet werdet, dadurch ihr keinen Lohn bei ihnen findet.

2. Wählet eure Worte in natürlicher Logik und berufet euch auf das Wissen und Handeln der Natur.

3. Wenn du nun Almosen gibst, sollst du nicht lassen von dir posaunen, wie die Heuchler tun in den Synagogen und auf den Gassen, auf dass sie von den Leuten gepriesen werden; wahrlich, ich sage euch: Sie haben ihren Lohn dahin, denn ihr Almosen gilt nur der Selbstsucht.

4. Und wenn ihr betet, sollt ihr nicht sein wie die Heuchler, die da gerne stehen und beten in den Synagogen und an den Ecken auf den Gassen, auf dass sie beten nur für ihre Selbstsucht und das Ansehen vor den Leuten.

5. Und wenn ihr betet, sollt ihr die Allmacht des Geistes anrufen, und ihr sollt nicht irres Zeug plappern wie die Götzenanbeter, Unverständigen und Selbstsüchtigen, denn sie meinen, sie werden erhöret, wenn sie viele Worte machen.

6. Des Menschen Schöpfungs-Geist-Teil bedarf nicht vieler Worte, jedoch des Wissens darum, dass er machtvoll ist.

7. Betet darum im Wissen zur Allmacht des Geistes, dass seine Grösse und Kraft unendlich ist.

8. Verstehet ihr nicht direkt zur Allmacht des Geistes zu beten, dann behelfet euch mit einem Heiligtum, über das ihr in den Geist gelanget.

9. Gleichet aber auch niemals den Unverständigen, Heuchlern, Götzenanbetern und Selbstsüchtigen, die ein Heiligtum verehren im Glauben, dass die Allmacht des Geistes darinnen wohne.

10. Seid wissend, dass auch durch ein Heiligtum die Allmacht des Geistes stets in euch selbst wohnet.

CHAPTER 6

ALMS

FASTING

TREASURES

CARES

1. "Take care regarding your piety, that you practice it before the people with correct words, lest you be accused of lying, thereby finding no reward from them.

2. "Choose your words using unsophisticated logic, and draw upon the knowledge and behavior of nature.

3. "When you give alms, you should not proclaim it, as do the hypocrites in the synagogues and on the streets, that they may be praised by the people; truly, I say to you: They have forfeited their reward, because their alms serve only their selfishness.

4. "When you pray, you should not be like the hypocrites, who enjoy standing and praying in the synagogues and on the corners of the streets only for the sake of their selfishness and to be seen by the people.

5. "When you pray, you should call upon the omnipotence of the spirit and not babble like the idol worshippers, the ignorant and selfish, because they think they are heard when they use many words.

6. "The human spirit does not need many words, however it needs knowledge to be powerful.

7. "Pray therefore to the omnipotence of the spirit, in the knowledge that its greatness and power are infinite.

8. "If you do not know how to pray directly to the almighty power of the spirit, make use of something sacred by which to reach the spirit.

9. "But never be like the ignorant, the hypocrites, the idol worshippers and the selfish, who worship something sacred in the belief that the omnipotence of the spirit dwells in it.

10. "Be aware also, that through this sacred thing the almighty power of the spirit always dwells within yourself.

11. Betet daher als Wissende, und darum sollt ihr also beten:

12. ‹Mein Geist, der du bist in Allmacht.

13. Dein Name sei geheiligt.

14. Dein Reich inkarniere sich in mir.

15. Deine Kraft entfalte sich in mir, auf Erden und in den Himmeln.

16. Mein tägliches Brot gib mir heute, so ich erkenne meine Schuld, und ich erkenne die Wahrheit.

17. Und führe mich nicht in Versuchung und Verwirrung, sondern erlöse mich vom Irrtum.

18. Denn dein ist das Reich in mir und die Kraft und das Wissen in Ewigkeit. Amen›.

19. Denn wenn ihr betet zu eurem Geist, so wird er euch geben, was ihr erbittet, denn wisset in Wissen, so werdet ihr's empfangen.

20. Wenn ihr aber glaubet an irrige Lehren, dass die Kraft und der Geist nicht in euch selbst wohnen, dann werdet ihr ohne Wissen sein und geistig in Armut leben.

21. Wohl werdet ihr auch hie und da empfangen, was ihr in irrem Glauben von zweckentfremdeten Heiligtümern, von Götzen und Göttern erbittet, doch empfanget ihr dabei nur aus starkem irren Glauben heraus, ohne Wissen der wirklichen Wahrheit.

22. Denn wahrlich, ich sage euch: Selig sind nur die, die der wirklichen Wahrheit und dem Wissen frönen, denn nur sie empfangen in Ehrlichkeit.

23. Wenn ihr fastet, sollt ihr nicht sauer sehen wie die Heuchler, denn sie verstellen ihr Angesicht, auf dass sie vor den Leuten scheinen mit ihrem Fasten.

24. Wahrlich, ich sage euch: Sie haben ihren Lohn dahin, denn sie fasten nur um ihres selbstsüchtigen Ansehens willen.

25. Wenn du aber fastest, so salbe dein Haupt und wasche dein Angesicht, auf dass du nicht scheinest vor den Leuten mit deinem Fasten, sondern vor deinem eigenen Geiste, welcher im Verborgenen ist.

26. Du fastest ja um deiner Gesundheit willen und um die Erweiterung deines Bewusstseins und deines Geistes und Wissens.

11. "Therefore pray as one who knows, and thus pray as follows:

12. "'My spirit, you are omnipotent.

13. "'Your name be holy.

14. "'Let your kingdom incarnate itself in me.

15. "'Let your power unfold itself within me, on Earth and in the heavens.

16. "'Give me today my daily bread, so that I recognize my guilt and the truth.

17. "'And lead me not into temptation and confusion, but deliver me from error.

18. "'For yours is the kingdom within me and the power and the knowledge forever. Amen.'

19. "When you pray to your spirit, it will give you what you request; trust with knowledge, and you will receive.

20. "However, if you believe in the false teachings that the power and spirit do not dwell within you, then you will be without knowledge and will live in spiritual poverty.

21. "Though you will also receive now and then what you in your false belief request from misused sacred things, idols and gods, you will receive only out of your strong false belief, without knowledge of the real truth.

22. "Truly, I say to you: Blessed are only those who serve the actual truth and knowledge, because only they receive in honesty.

23. "When you fast, you should not look sour like the hypocrites, because they put on scowls so that their fasting will be noticed by the people.

24. "Truly, I say to you: They forfeit their reward therein, because they fast only for the self-seeking sake of appearances.

25. "But when you fast, anoint your head and wash your face, that you do not appear before the people with your fasting, but before your own spirit, which is hidden.

26. "You fast for the sake of your health and for the expansion of your spirit and knowledge.

27. Ihr sollt euch auch nicht grosse Schätze sammeln auf Erden, wo sie die Motten und der Rost fressen und wo die Diebe nachgraben und stehlen.

28. Sammelt euch aber Schätze im Geiste und im Bewusstsein, wo sie weder von Motten noch von Rost gefressen werden, und wo die Diebe nicht nachgraben noch stehlen.

29. Denn wo euer Schatz ist, da ist auch euer Herz; und der wahre Schatz ist die Weisheit und das Wissen.

30. Das Auge ist deines Leibes Leuchte.

31. Wenn dein Auge lauter ist, so wird dein ganzer Leib Licht sein.

32. Wenn aber dein Auge böse ist, so wird dein ganzer Leib finster sein.

33. Wenn nun das Licht in dir duster ist, wie gross wird dann die Finsternis sein!

34. Niemand kann zwei Herren dienen; entweder er wird den einen hassen und den anderen lieben, oder er wird dem einen anhangen und den anderen verachten.

35. Ihr könnt nicht eurem Geiste dienen und dem Mammon.

36. Darum sage ich euch: Sorget euch um das Wissen eures Geistes, und um das, was ihr essen und trinken werdet, und sorget euch um euren Leib, was ihr anziehen werdet.

37. Denn sind nicht der Geist, das Leben und der Leib mehr als alle Schätze der Welt?

38. Der nach Wahrheit und Wissen dürstende Geist des Menschen vermag ohne seinen Leib das irdische Leben nicht zu fristen, denn sie beide sind zusammen eins.

39. So sei der Mensch besorget um wachsendes Wissen für seinen Geist, um die Gesetze des Lebens und um Speise, Trank und Kleidung für seinen Leib.

40. Sehet die Vögel unter dem Himmel an: Sie säen nicht, sie ernten nicht, sie sammeln nicht in die Scheunen, und die Schöpfung nähret sie doch.

41. Seid ihr denn nicht viel mehr als sie?

27. "Neither should you amass great treasures on Earth, where moths and rust consume them and thieves break in and steal them.

28. "But collect treasures in the spirit and in consciousness, where neither moths nor rust consumes them and where thieves neither break in nor steal.

29. "For where your treasure is, there your heart is also; and the true treasure is wisdom and knowledge.

30. "The eye is the light of your body.

31. "If your eye is clear, your whole body will be light.

32. "But if your eye is evil, your whole body will be dark.

33. "If the light within you is dark, how great will the darkness be!

34. "No one can serve two masters: either he will hate the one and love the other, or he will adhere to the one and despise the other.

35. "You cannot serve your spirit and mammon.

36. "Therefore, I say to you: Be concerned about the knowledge of your spirit, food and drink, your body and your clothes.

37. "For are not the spirit, life and body more important than all the treasures of the world?

38. "Without the body, the human spirit, which is thirsting for truth and knowledge, is incapable of preserving its earthly life, because body and spirit are one.

39. "Thus you should be concerned about increasing the knowledge of your spirit, about the laws of life and about food, drink and clothing for your body.

40. "Look at the birds in the sky: They do not sow, they do not reap, they do not gather into barns, and yet Creation feeds them.

41. "Are you not much more than they?

42. Sehet die Vögel unter dem Himmel an: Sie vertilgen die schädlichen Insekten und sie haben ihr Federkleid, sie haben jedoch keinen sich weiterentwickelnden Geist.

43. Sie arbeiten, weil sie ihrer Pflicht obliegen, und sie werden genähret und gekleidet von der Schöpfung.

44. Seid ihr denn nicht viel mehr als sie?

45. Ihr vermöget selbständig zu denken durch euer freies Bewusstsein, ihr vermöget selbständig zu arbeiten, und ihr vermöget selbständig Speise und Trank zu bereiten und euren Leib zu kleiden.

46. Schauet die Lilien im Sumpfe, wie sie wachsen; sie arbeiten nicht, auch spinnen sie nicht, doch wahrlich, ich sage euch: Auch Lilien erfüllen ihre Aufgabe, wenn sie mit ihrer Schönheit das Auge erfreuen.

47. Ich sage euch, dass auch Salomo in aller seiner Herrlichkeit nicht bekleidet gewesen ist wie derselben eine.

48. So denn die Schöpfung das Gras auf dem Felde nährt und kleidet, das doch heute steht und morgen in den Ofen geworfen wird; solltet ihr da nicht viel mehr für euch selbst tun?

49. Das Gras erfüllet seine Aufgabe, indem es als Futter und zur Heizung dienet; seid ihr aber nicht viel mehr als das Gras, oh, ihr Kleinwissenden?

50. Darum sollt ihr euch sorgen um die Weisheit und das Wissen eures Geistes und darum, dass ihr nicht an Speis und Trank und Kleidung leidet.

51. Wahrlich, ich sage euch: Wenn ihr an Hunger, Durst und Nacktheit leidet, dann werden Weisheit und Wissen durch Sorgen verdrängt.

52. Trachtet am ersten nach dem Reiche eures Geistes und nach seinem Wissen, und nach der Labung eures Leibes für Speis und Trank und Kleidung.

53. Darum sorget für den andern Morgen, denn der morgige Tag wird nicht alleine für euch sorgen.

54. Es ist genug, dass jeder Tag seine eigene Plage habe, also ihr euch nicht noch in Not des leiblichen Wohles erbarmen müsst».

42. "Look at the birds in the sky: They wipe out the harmful insects, and they have plumage for clothing, yet they have no spirit.

43. "They work because they carry out their duty, and they are fed and clothed by Creation.

44. "Are you not much more than they?

45. "You can think independently through your free consciousness, you can work independently and you can independently prepare food and drink and clothe your bodies.

46. "Behold the lilies in the marsh as they grow; they neither toil nor spin, yet truly, I say to you: The lilies also fulfill their mission, when they give pleasure to the eye with their beauty.

47. "I tell you, even Solomon in all his splendor was not arrayed as one of these.

48. "Creation nourishes and clothes the grass in the field, which today is living and tomorrow is thrown into the stove; should you then not do much more for yourselves?

49. "The grass fulfills its mission by serving as fodder and fuel; but are you not of much more value than grass, oh you of little faith?

50. "Therefore, you should care for the wisdom and knowledge of your spirit, and take care that you do not suffer from lack of food, drink and clothing.

51. "Truly, I say unto you: If you suffer from hunger, thirst and nakedness, then wisdom and knowledge will be crowded out by worry.

52. "First seek the realm of your spirit and its knowledge, and then seek to comfort your body with food, drink and clothing.

53. "Therefore, take care for the next day, for tomorrow will not take care of you by itself.

54. "It is enough that each day has its own cares, so that you should not have to worry about your physical welfare."

Das 7. Kapitel

DER RICHTGEIST

1. «Richtet nicht falsch, auf dass ihr nicht falsch gerichtet werdet.

2. Denn mit welcherlei Gericht ihr richtet, werdet ihr gerichtet werden; und mit welchem Mass ihr messet, werdet ihr gemessen werden.

3. Richtet nach der Logik der Naturgesetze, die von der Schöpfung sind, denn sie allein haben ihre Wahrheit und ihre Richtigkeit.

4. Was siehst du aber den Splitter in deines Bruders Auge und wirst nicht gewahr des Balkens in deinem Auge?

5. Oder, wie darfst du sagen zu deinem Bruder: Halt, ich will dir den Splitter aus deinem Auge ziehen, und siehe, ein Balken ist in deinem Auge.

6. Du Heuchler, zieh zuerst den Balken aus deinem Auge, danach sieh zu, wie du den Splitter aus deines Bruders Auge ziehst.

7. Erlerne zuerst die Gesetze der Natur und der Schöpfung, ihre Logik, ehe du richtest und urteilst und die Fehler an deinem Nächsten sehen willst.

8. Erlerne zuerst im Gesetz der Natur und der Schöpfung deine eigenen Fehler erkennen, so du dann also die Fehler deiner Nächsten beheben kannst.

9. Ihr sollt das Heilige nicht den Hunden geben und eure Perlen nicht vor die Säue werfen, auf dass sie dieselben nicht zertreten mit ihren Füssen und sich wenden und euch zerreissen.

10. Wahrlich, ich sage euch: Werfet nicht euer geistiges Gut in den Schmutz und verschwendet es nicht an Unwürdige, denn sie danken es euch nicht und zerreissen euch, denn ihr Verstand ist klein und ihr Geist ist schwach.»

DIE GEBETSERHÖRUNG

11. «Bittet, so wird euch gegeben; suchet, so werdet ihr finden; klopfet an, so wird euch aufgetan.

CHAPTER 7

THE SPIRIT OF JUDGMENT

1. "Judge not falsely, lest you be falsely judged.

2. "For with whatever judgment you judge, you will be judged, and with whatever measure you measure, you will be measured.

3. "Judge according to the logic of the laws of nature, which are from Creation, because only they possess truth and accuracy.

4. "Why do you see the splinter in your brother's eye and are not aware of the beam in your own eye?

5. "Or, how can you say to your brother: Wait, I will take the splinter out of your eye? And behold, there is a beam in your eye.

6. "You hypocrites, first take the beam out of your own eye, then see how you can take the splinter out of your brother's eye.

7. "Learn first the laws of nature and of Creation, their logic, before you condemn and pass judgment and desire to see the mistakes of your neighbor.

8. "Learn first through the laws of nature and of Creation to recognize your own mistakes, so that you can then correct the mistakes of your neighbors.

9. "You should not give sacred things to the dogs, nor throw your pearls before the swine, lest they trample them with their feet and turn on you and tear you apart.

10. For truly, I say to you: "Do not throw your spiritual treasure into the dirt and do not waste it on the unworthy, because they will not thank you and will tear you apart, for their understanding is small and their spirit is weak.

THE HEARING OF THE PRAYER

11. "Ask, and it will be given to you; seek and you will find; knock, and it will be opened to you.

12. Denn wer da bittet seinen Geist, der empfängt, und wer da durch die Kraft seines Geistes suchet, der findet; und wer da bei seinem Geiste anklopfet, dem wird aufgetan.

13. Welcher ist unter euch, so ihn sein Sohn bittet um's Brot, der ihm einen Stein reicht?

14. Oder, so er ihn bittet um einen Fisch, der ihm eine Schlange bietet?

15. So nun ihr, die ihr doch arg seid, könnt dennoch euren Kindern gute Gaben geben, wieviel mehr wird euch euer Geist geben, wenn ihr darum bittet.

DER GEISTIGE WILLE

16. Alles nun, was ihr wollt, das euch die Leute tun sollen, das tut ihnen auch.

17. Das ist das Gesetz, gesagt durch die Propheten.

18. Gehet ein durch die enge Pforte.

19. Die Pforte ist weit und der Pfad ist breit, der zur Verdammnis führt, und ihrer sind viele, die darauf wandeln.

20. Und die Pforte ist eng, und der Weg ist schmal, der zum Leben und zum Wissen führt, und nur wenige sind ihrer, die ihn finden.

21. Sehet euch vor vor den falschen Propheten und Schriftgelehrten, die in Schafskleidern zu euch kommen, inwendig aber sind sie reissende Wölfe, und predigen euch Demut vor Heiligtümern, Götzen und Göttern und predigen euch Demut vor Idolen und irren Lehren.

22. Sehet euch vor vor denen, die euch die Weisheit und das Wissen verbieten, denn sie sprechen zu euch nur, um Macht über euch zu erlangen und euer Hab und Gut an sich zu reissen.

23. An ihren Früchten sollt ihr sie erkennen.

24. Kann man auch Trauben von den Dornen, oder Feigen von den Disteln lesen?

25. Also, eine jegliche gute Saat bringt gute Ernte, aber ein faule Saat bringt arge Ernte.

26. Ein guter Baum kann nie arge Früchte bringen, und ein fauler Baum kann nie gute Früchte bringen.

27. Darum: An ihren Früchten sollt ihr sie erkennen.

12. "For those who ask of their spirits, receive; and those who seek through the power of their spirits, find; and those who knock at the door of their spirits, to them it will be opened.

13. "Which man among you would hand his son a stone if he asks for bread?

14. "Or offer him a snake if he asks for a fish?

15. "So if you, now, though being wicked, can nevertheless give your children good gifts, how much more will your spirit give you, if you ask for it.

THE WILL OF THE SPIRIT

16. "Everything that you wish people would do to you, do likewise to them.

17. "This is the law as spoken by the prophets.

18. "Enter through the narrow portal.

19. "The portal and path leading to condemnation are wide, and there are many who travel that route.

20. "The portal and the way leading to life and to knowledge are narrow, and there are only a few who find it.

21. "Beware of false prophets and scribes, who come to you in sheep's clothing but inwardly are like ravenous wolves, preaching to you humility before shrines, false deities and gods, and preaching submissiveness to idols and false teachings.

22. "Beware of those who forbid you access to wisdom and knowledge, for they speak to you only to attain power over you and to seize your goods and belongings.

23. "You will know them by their fruits.

24. "Can one gather grapes from the thorns, or figs from the thistles?

25. "Every good seed brings forth a good harvest, but a rotten seed brings forth a bad harvest.

26. "A good tree cannot bear bad fruit, and a bad tree cannot bear good fruit.

27. "Therefore, by their fruit you will know them.

28. Darum, wer diese meine Rede hört und tut, der gleicht einem klugen Manne, der sein Haus auf den Felsen baute.

29. Da nun ein Platzregen fiel und die Wasser kamen und wehten die Winde und stiessen an das Haus, fiel es doch nicht, denn es war auf Felsen gegründet.

30. Und wer diese Rede hört und tut sie nicht, der ist einem törichten Manne gleich, der sein Haus auf Sand baute.

31. Da nun ein Platzregen kam und die Wasser und wehten die Winde und stiessen an das Haus, da fiel es und tat einen grossen Fall».

32. Und es begab sich, da Jmmanuel diese Rede vollendet hatte, entsetzte sich das Volk über seine Lehre.

33. Er lehrte nämlich mit Vollmacht eine neue Lehre, und dies nicht wie die Schriftgelehrten.

28. "Therefore, whoever hears these words of mine and acts upon them will be like an intelligent man who built his house on the rock.

29. "When a heavy rain fell and the waters came and winds blew and beat upon the house, still it did not fall, because it had been founded on rock.

30. "Whoever hears these words and does not act upon them is like a foolish man who built his house on sand.

31. "When a downpour came and flooding occurred, and the winds blew and beat upon the house, it collapsed, and it was a great fall."

32. And it happened that after Jmmanuel had finished his talk, the people were shocked over his teachings.

33. He taught with authority a new doctrine unlike that of their scribes.

Das 8. Kapitel

HEILUNG EINES AUSSÄTZIGEN

1. Als er aber vom Berge herabging, folgte ihm viel Volks nach.

2. Und siehe, ein Aussätziger kam und fiel vor ihm nieder und sprach: «Herr, so du willst, kannst du mich wohl reinigen».

3. Und Jmmanuel streckte seine Hand aus, rührte ihn an und sprach: «Ich will's tun: Sei gereinigt», und alsbald ward er von seinem Aussatz rein.

4. Und Jmmanuel sprach zu ihm: «Siehe zu, sage es niemand, sondern gehe hin und zeige dich dem Priester.

5. Du wurdest geheilt durch die Kraft des Geistes und durch die Weisheit des Wissens».

DER HAUPTMANN ZU KAPERNAUM

6. Da aber Jmmanuel hineinging nach Kapernaum, trat ein Hauptmann zu ihm, der ihn bat und sprach:

7. «Herr, mein Knecht liegt zu Hause und ist gichtbrüchig und hat grosse Qual.

8. Herr, ich habe deine neue Lehre gehört, und ich weiss um die Wahrheit deiner Weisheit, die da sagt, dass des Menschen Geist Wunder zu vollbringen vermöge durch das Wissen der Wahrheit».

9. Jmmanuel sprach zu ihm: «Ich will kommen und ihn gesund machen».

10. Der Hauptmann antwortete und sprach: «Herr, ich bin nicht wert, dass du unter mein Dach gehst, sondern sprich nur ein Wort, so wird mein Knecht gesund.

11. Auch ich bin ein Mensch, der Obrigkeit untertan, und ich habe unter mir Kriegsknechte; und wenn ich sage zu einem: ‹Gehe hin›! so geht er hin; und zum andern: ‹Komm her›! so kommt er; und zu meinem Knecht: ‹Tu das›! so tut er's».

CHAPTER 8

THE HEALING OF A LEPER

1. When he went down from the mountain, many people followed him.

2. Behold, a leper came and knelt before him, saying, "Master, if you will, you can make me clean."

3. Jmmanuel stretched out his hand and touched him, saying, "I will do it. Be cleansed," and immediately he was cleansed of his leprosy.

4. Jmmanuel spoke to him, "See to it that you tell no one. Instead, go and present yourself to the priest.

5. "You were healed through the power of the spirit and the wisdom of knowledge."

THE CENTURION AT CAPERNAUM

6. When Jmmanuel went to Capernaum, a centurion walked up to him with a request, saying,

7. "Master, my servant lies at home incapacitated with gout and is in great distress.

8. "Master, I have heard your new teachings and I know the truth of your wisdom, which says that the human spirit can perform miracles through knowledge of the truth."

9. Jmmanuel spoke to him, "I will come and make him well."

10. The centurion answered, "Master, I am not worthy to have you enter under my roof, but only say the word and my servant will be well.

11. "I am also a man subject to authority, and I also have soldiers under me; and if I say to one 'Go' he goes, and to another 'Come here,' he comes; and to my servant 'Do this,' he does it."

12. Da das Jmmanuel hörte, verwunderte er sich und sprach zu denen, die ihm nachfolgten: «Wahrlich, ich sage euch: Solches Vertrauen habe ich in Israel bei keinem gefunden.

13. Aber ich sage euch: Viele werden kommen vom Osten und vom Westen, vom Süden und vom Norden, und sie werden meine Lehre verstehen und ihre Weishcit im Wissen erkennen.

14. Die Kinder Israels aber werden ausgestossen in die Finsternis hinaus; da wird sein Heulen und Zähneklappern.

15. Die irren Lehren Israels werden Blutvergiessen bringen über Jahrtausende hinweg, denn die machtgierige Selbstsucht und Selbstherrlichkeit Israels wird bringen Tod und Verderben über das Land und über alle Welt.

16. Kehret ab von den irren Lehren der israelitischen Obrigkeit und deren Schriftgelehrten, denn sie bringen Verderben in die Reihen der Menschengeschlechter.

17. Israel glaubt das auserwählte Menschengeschlecht zu sein; jedoch mitnichten ist es das, denn es ist abtrünniger und unwissender als die Unwissenden selbst, denen das Geheimnis der Schöpfungsgesetze fehlt».

18. Und Jmmanuel sprach zu dem Hauptmann: «Gehe hin, dir geschehe, wie du angenommen hast»; und sein Knecht ward gesund zu derselben Stunde.

JMMANUEL IM HAUSE PETRUS

19. Und Jmmanuel kam in des Petrus Haus und sah, dass dessen Schwiegermutter lag und hatte das Fieber.

20. Da ergriff er ihre Hand, und das Fieber verliess sie; und sie stand auf und diente ihm.

21. Am Abend aber brachten sie viele Besessene zu ihm; und er trieb die bösen Geister aus durch sein Wort und machte alle Kranken gesund.

22. Dies, auf dass erfüllet würde, was gesagt ist durch den Propheten Jesaja, der da sprach: «Er hat uns die neue Lehre des Wissens gebracht und unsere Schwachheit auf sich genommen, und unsere Kranken hat er geheilt».

12. When Jmmanuel heard this, he marveled and spoke to those who followed him, "Truly, I say to you: Such trust I have found in no one in Israel.

13. "But I say to you: Many will come from the East and the West, from the South and the North, and they will understand my teaching and recognize its wisdom in knowledge.

14. "However, the children of Israel will be expelled into darkness; there will be wailing and chattering of teeth.

15. "The false teachings of Israel will bring bloodshed over the millennia, because the power-hungry selfishness and self-glorification of Israel will bring death and destruction over the land and all the world.

16. "Turn away from the false teachings of the Israelite authorities and their scribes, because they will bring destruction to generations of human races.

17. "Israel believes itself to be the chosen human race; by no means, because they are more faithless and ignorant than the heathen, who lack the secret of the laws."

18. Jmmanuel spoke to the centurion, "Go, be it done for you as you have believed," and his servant became well the same hour.

JMMANUEL IN THE HOUSE OF PETER

19. Jmmanuel came to Peter's house and saw that his mother-in-law lay sick with a fever.

20. He touched her hand, the fever left her and she got up and served him.

21. In the evening, however, they brought to him many who were possessed; and he drove out the evil spirits through his word and made all the sick well.

22. So it happened that what was said through the prophet Isaiah would be fulfilled, who spoke, "He brought us new teachings of knowledge and took our infirmities upon himself, and he healed our sick."

VOM ERNST DER NACHFOLGE

23. Und da Jmmanuel viel Volks um sich sah, hiess er hinüber ans andere Ufer zu fahren.

24. Und es trat zu ihm ein Schriftgelehrter, der sprach zu ihm: «Meister, ich will dir folgen, wo du hingehst».

25. Jmmanuel sprach zu ihm: «Die Füchse haben Höhlen, und die Vögel unter dem Himmel haben Nester, ich aber habe nichts Festes, da ich mein Haupt hinlege.

26. Ich habe die Mission, Weisheit und Wissen zu predigen, also ich rastlos durch die Lande ziehe».

27. Und ein anderer, einer seiner Jünger, sprach zu ihm: «Herr, erlaube mir, dass ich hingehe und meinen verstorbenen Vater begrabe».

28. Jmmanuel aber sprach zu ihm: «Folge mir nach und lass die Toten ihre Toten begraben».

HEILUNG ZWEIER BESESSENER

29. Und er kam ans andere Ufer in die Gegend der Gadarener; da liefen ihm entgegen zwei Besessene, die kamen aus den Grabhöhlen und waren sehr gefährlich, so, dass niemand diese Strasse gehen konnte.

30. Und siehe, sie schrien und sprachen: «Was willst du von uns, du Sohn Gabriels des Himmelssohnes.

31. Bist du gekommen uns zu quälen, ehe denn es Zeit ist»?

32. Da aber baten ihn die bösen Geister in den Besessenen: «Herr, willst du uns austreiben, so lass uns in die Herde Säue fahren, die unweit dort drüben weidet».

33. Und er sprach: «So fahret hin».

34. Da fuhren sie aus in die Säue, und siehe, die ganze Herde stürzte hinunter zu den Wassern und ersoff.

35. Und die Säuehirten flohen und gingen hin in die Stadt und sagten alles und wie es mit den Besessenen gegangen war.

36. Und siehe, da ging die ganze Stadt hinaus, Jmmanuel entgegen.

37. Und da sie ihn sahen, baten sie ihn, dass er aus ihrer Gegend weichen möchte.

ON THE SERIOUSNESS OF DISCIPLESHIP

23. When Jmmanuel saw many people around him, he gave orders to go across to the other side.

24. A scribe walked up to him and spoke, "Master, I will follow you wherever you go."

25. Jmmanuel spoke to him, "Foxes have hollows and birds of the air have nests, but I have no fixed place where I can lay my head.

26. "I have the mission to preach wisdom and knowledge, therefore I am moving through the lands, restless."

27. One of his disciples spoke to him, "Master, permit me to go and bury my father who just died."

28. But Jmmanuel said to him, "Follow me and let the dead bury their dead."

THE HEALING OF TWO POSSESSED PEOPLE

29. He came to the other side, to the country of the Gadarenes. There, two possessed persons ran up to him; they came out of the burial caves and were very dangerous, so that no one could walk on this street.

30. And behold, they cried out, saying, "What do you want of us, you son of Gabriel, the celestial son?

31. "Have you come to torment us before it is time?"

32. Then the evil spirits in the possessed asked him, "Master, please drive us out, so that we may go into the herd of swine grazing over there."

33. And he spoke, "Go there."

34. Then they went out into the swine, and behold, the whole herd rushed down to the water and drowned.

35. The swineherds fled, going into the town and telling everything, including what had happened to the possessed.

36. And behold, the whole town came out towards Jmmanuel.

37. And when they saw him, they asked him to leave their area.

Das 9. Kapitel

HEILUNG DES GICHTBRÜCHIGEN

1. Da trat er in das Schiff und fuhr wieder hinüber und kam in seine Stadt.

2. Und siehe, da brachten sie zu ihm einen Gichtbrüchigen, der lag auf einem Bette, und da nun Jmmanuel ihr Vertrauen sah, sprach er zu dem Gichtbrüchigen: «Sei getrost, denn dein Vertrauen an die Kraft meines Geistes und dein Vertrauen an meine Weisheitslehre, die die Lehre der Natur und der Schöpfung ist, hat dir geholfen».

3. Und siehe, etliche unter den Schriftgelehrten schürten im Volke die Rede: «Dieser Mann lästert Gott und unsere heiligen Lehren».

4. Da aber Jmmanuel ihre Gedanken erfasste, sprach er: «Warum denkt ihr so Arges und wider euer besseres Wissen?

5. Doch was ist leichter zu sagen: Dein Vertrauen hat dir geholfen, oder zu sagen: Stehe auf und wandle?

6. Auf dass ihr aber wisset, dass ich ein Mensch bin wie ihr seid, dass ich aber die Kraft meines Geistes durch mein Wissen zu nutzen weiss, so befehle ich dem Gichtbrüchigen: ‹Stehe auf, hebe dein Bett und gehe heim›»!

7. Und er stand auf, nahm sein Bett auf und ging heim.

8. Da das Volk das sah, fürchtete es sich und pries die neue wunderbare Lehre Jmmanuels, die solche Macht den Menschen zu geben vermochte.

MATTHÄUS

9. Und da Jmmanuel von dannen ging, sah er einen Menschen am Zoll sitzen, der hiess Matthäus und sprach zu ihm: «Folge mir nach!», und er stand auf und folgte ihm nach.

10. Und es begab sich, als er zu Tische sass zu Hause, siehe, da kamen viele Zöllner und Unwissende und Wahrheitssucher und sassen zu Tische mit Jmmanuel und seinen Jüngern.

CHAPTER 9

THE HEALING OF THE MAN WITH GOUT

1. Then he stepped into the boat, went back across again and came to his town.

2. And behold, they brought him a man suffering from gout, lying on a bed. When Jmmanuel saw their trust, he spoke to the man with gout, "Be comforted, because your trust in the power of my spirit and in my teaching of wisdom, which is the teaching of nature and Creation, has helped you."

3. Behold, some of the scribes stirred up talk among the people, "This man blasphemes God and our holy teachings."

4. But since Jmmanuel understood their thoughts, he spoke, "Why do you think such evil thoughts against your better knowledge?

5. "Yet, what is easier, to say: 'Your belief has helped you,' or: 'Stand up and walk?'

6. "So that you may know that I am a person like you and yet know how to use the power of my spirit through my knowledge, I command the man with the gout: 'Get up, pick up your bed, and go home.'"

7. And he stood up, took up his bed, and went home.

8. When the people saw that, they were afraid and praised the amazing new teaching of Jmmanuel, which gave such power to the people.

MATTHEW

9. As Jmmanuel left there, he saw a man named Matthew sitting at the tax office. He spoke to him: "Follow me!" and he rose and followed him.

10. It happened, as he sat at a table in a house, behold, many tax collectors, ignorant people and seekers of the truth came and sat down at the table with Jmmanuel and his disciples.

11. Da das die Pharisäer sahen, sprachen sie zu seinen Jüngern: «Warum isst euer Meister mit den Zöllnern und den Unwissenden»?

12. Da das Jmmanuel hörte, sprach er: «Die Gesunden bedürfen des Arztes nicht, sondern die Kranken, und die Wissenden bedürfen der Lehre nicht, sondern die Unwissenden, und die Nichtirregeleiteten bedürfen der Belehrung nicht, sondern die Irregeleiteten.

13. Gehet aber hin und erkennet die Falschheit eurer irrigen Lehren, so ihr damit nicht Menschen irreleitet, die nach der Wahrheit dürsten».

DAS FASTEN

14. Da kamen die Jünger des Johannes zu ihm und sprachen: «Herr, warum fasten wir und die Pharisäer, und du und deine Jünger fasten nicht»?

15. Jmmanuel aber sprach zu ihnen: «Wie können die Unwissenden fasten und Leid tragen, solange sie des Wissens belehrt werden?

16. Und wie kann der Lehrer fasten, wenn er die Unwissenden des Wissens belehren muss?

17. Wahrlich, ich sage euch: Eure Lehren sind falsch, wenn ihr nach den Gesetzen eines Kultes fastet; das Fasten dient nur der Gesundheit des Leibes und der Bildung des Geistes.

18. Niemand flickt ein altes Kleid mit einem neuen Lappen Tuchs, denn der Lappen reisst doch wieder vom Kleid, und der Riss wird ärger.

19. Man füllet auch nicht jungen Wein in alte Schläuche, sonst zerreissen die Schläuche, und der Wein wird verschüttet, und die Schläuche kommen um, sondern man füllet jungen Wein in neue Schläuche, so werden sie beide miteinander erhalten».

DES JAIRUS TOCHTER
DIE BLUTFLÜSSIGE FRAU

20. Da er solches mit ihnen redete, siehe, da kam einer der Obersten der Gemeinde und fiel vor ihm nieder und sprach: «Meine Tochter ist soeben gestorben, aber komm und lege deine Hand auf, so wird sie leben».

11. When the Pharisees saw that, they spoke to his disciples, "Why is your master eating with the tax collectors and the ignorant?"

12. When Jmmanuel heard that, he spoke, "The healthy do not need a physician, but the sick do, and the knowledgeable do not need the teachings, but the ignorant do, and those who were not falsely taught do not need the teaching, but those who were falsely taught do.

13. "Go and recognize the falseness of your wrong teachings, so you don't mislead those people who thirst for the truth."

FASTING

14. Then the disciples of John came to him, saying, "Master, why do we and the Pharisees fast and you and your disciples do not fast?"

15. Jmmanuel said to them, "How can the ignorant fast and suffer while they are being taught knowledge?

16. "And how can the teacher fast, if he has to teach knowledge to the ignorant?

17. "Truly, I say to you: Your teachings are false if you fast according to the laws of a cult; fasting serves only the health of the body and the growth of the spirit.

18. "No one mends an old garment with a new patch of cloth, because the patch will tear off again from the garment, and the rip will become worse.

19. "Neither is new wine poured into old wineskins, or the skins will tear and the wine spill, and the wineskins will be ruined. Instead, new wine is put into new wineskins, so they are both preserved."

THE DAUGHTER OF JAIRUS
THE WOMAN WITH HEMOPHILIA

20. While he was talking with them, behold, one of the rulers of the community came and knelt before him, saying, "My daughter has just died, but come and lay your hand on her so she will live."

21. Und Jmmanuel stand auf und seine Jünger folgten ihm.

22. Und siehe, die, die zwölf Jahre den Blutfluss gehabt, trat von hinten zu ihm und rührte seines Kleides Saum an.

23. Denn sie sprach bei sich selbst: «Könnte ich nur sein Kleid anrühren, so würde ich gesund».

24. Da wandte sich Jmmanuel um und sah sie und sprach: «Sei getrost, dein Vertrauen hat dir geholfen», und die Frau ward gesund von Stunde an.

25. Und als er in des Obersten Haus kam und sah die Pfeifer und das Getümmel des Volkes, sprach er:

26. «Weichet, denn das Mägdlein ist nicht tot, sondern es schläft», und sie verlachten ihn.

27. Als aber das Volk hinausgetrieben war, ging er hinein und ergriff es bei der Hand und sprach: «Ich befehle dir, erhebe dich und gehe».

28. Da stand das Mägdlein auf und ging, und alsbald erscholl diese Kunde in jenes ganze Land.

EIN BLINDER UND ZWEI STUMME

29. Und als Jmmanuel von dannen weiterging, folgte ihm ein Blinder nach und schrie: «Ach Herr, du Sohn der Weisheit und des Wissens, der du die Kraft deines Geistes zu nutzen vermagst, erbarme dich meiner».

30. Und da er heimkam, trat der Blinde zu ihm, und Jmmanuel sprach zu ihm: «Vertraust du, dass ich solches tun kann»?, und da sprach dieser zu ihm: «Ja, Herr».

31. Da rührte er seine Augen an und sprach: «Dir geschehe nach deinem Vertrauen».

32. Und seine Augen wurden geöffnet und er sah.

33. Da bedrohte ihn Jmmanuel und sprach: «Sehe zu, dass niemand erfahre, was dir widerfahren ist».

34. Aber der Mann ging hinaus und verbreitete die Kunde von ihm in jenem ganzen Land.

35. Da nun dieser war hinausgegangen, siehe, da brachten sie zu ihm zwei Menschen, die waren stumm und besessen.

21. And Jmmanuel stood up and, with his disciples, followed him.

22. Behold, a woman who had hemophilia for twelve years stepped up behind him and touched the fringe of his garment.

23. She spoke to herself, "If only I could touch his garment, I would be cured."

24. Then Jmmanuel turned around and saw her, saying, "Be comforted, your confidence has helped you." And the woman was well from that hour on.

25. When he came to the ruler's house and saw the fife players and the turmoil of the people, he spoke,

26. "Depart, because the girl is not dead but is asleep." And they laughed at him.

27. However, when the people had been driven outside, he went in and took her by the hand, saying, "I order you, get up and walk."

28. And the young girl got up and walked, and soon the news of this spread throughout the whole land.

A BLIND MAN AND TWO MUTES

29. As Jmmanuel went on from there, a blind man followed him, crying, "Oh Lord, you son of wisdom and knowledge who can use the power of your spirit, take pity on me."

30. When he came to the house, the blind man stepped up to him, and Jmmanuel spoke to him, "Do you have confidence that I can do this?" and he said to him, "Yes, master."

31. Then he touched his eyes, saying, "Be it done to you according to your faith."

32. And his eyes were opened and he saw.

33. Then Jmmanuel warned him, saying, "See to it that no one learns what happened to you."

34. However, the man went out and spread the news of him throughout that whole country.

35. After the man had left, behold, they brought him two people who were mute and possessed.

36. Und da die bösen Selbstwahnwesen waren ausgetrieben, siehe, da redeten die Stummen.

37. Und das Volk verwunderte sich und sprach: «Solches ist noch nie in Israel gesehen worden, wie mächtig ist nur diese neue Lehre über die Kraft des Geistes, dass sie solche Wunder zu vollbringen vermag».

38. Aber die Pharisäer sprachen: «Er treibt die bösen Geister aus durch ihren Obersten, und er lästert Gott, unsern Herrn».

39. Unter sich aber sprachen sie: «Wer ist dieser Jmmanuel, denn er besitzt grössere Weisheit und grössere Kenntnisse als wir!

40. Seine Lehren sind mächtiger und wahrer als die unseren, so er für uns Gefahr bringt.

41. Wir müssen ihn zu haschen versuchen, so er den Tod erleide».

DIE GROSSE ERNTE

42. Und Jmmanuel ging umher in alle Städte und Dörfer, lehrte in ihren Synagogen und predigte das Geheimnis der Schöpfung und der Gesetze der Natur, so der Geist zur Allmacht gelange.

43. Er predigte das geistige Reich im Menschen und heilte alle Krankheit und alle Gebrechen.

44. Und da er das Volk sah, jammerte ihn desselben, denn es war verschmachtet und zerstreut wie eine Herde Schafe, die keinen Hirten hat.

45. Da sprach er zu seinen Jüngern: «Die Ernte ist gross, aber wenige sind der Arbeiter, sie einzubringen.

46. Suchet und betet in eurem Bewusstsein, dass sich weitere Arbeiter für die Ernte finden».

47. So geschah also, dass sich Arbeiter für die Ernte fanden, die sich zu Jüngern um Jmmanuel sammelten.

36. The mutes spoke after the evil spirits had been driven out.

37. And the people were amazed, saying, "Such things have never been seen in Israel; how mighty is this new teaching about the power of the spirit, that it can accomplish such miracles."

38. However, the Pharisees spoke, "He drives out the evil spirits through their chief, and he blasphemes God, our Lord."

39. And among themselves they spoke, "Who is this Jmmanuel, who possesses greater wisdom and greater knowledge than we!

40. "His teachings are mightier and more correct than ours, so he endangers us.

41. "We must try to seize him, so that he will suffer death."

THE GREAT HARVEST

42. Jmmanuel went about in all the cities and villages, teaching in their synagogues and preaching the secret of Creation and of the laws of nature, so that the spirit would attain omnipotence.

43. He preached about the spiritual kingdom within people and healed all sickness and infirmities.

44. When he saw the people he took pity on them, because they were languid and scattered like a herd of sheep with no shepherd.

45. Then he spoke to his disciples, "The harvest is great, but few are the laborers to bring it in.

46. "Seek and pray in your consciousness that more laborers will be found for the harvest."

47. So it happened that workers for the harvest were found; they gathered around the disciples of Jmmanuel.

Das 10. Kapitel

BERUFUNG DER JÜNGER

1. Und er rief seine zwölf Jünger zu sich und gab ihnen das Wissen über die Beherrschung der unsauberen Geister, dass sie diese austreiben konnten und das sie zu heilen vermochten alle Krankheit und alles Gebrechen.

2. Die Namen aber der zwölf Jünger sind diese: Simeon, genannt Petrus, und Andreas, sein Bruder; Jakobus, des Zebedäus Sohn, und Johannes, sein Bruder.

3. Philippus und Bartholomäus, Thomas und Matthäus, der Zöllner; Jakobus, des Alphäus Sohn, und Thaddäus.

4. Simeon Kanaäus und Judas Ischarioth, der als einziger neben Jmmanuel die Schrift verstand.

5. Diese zwölf sandte Jmmanuel aus, gebot ihnen und sprach: «Gehet nicht auf Israels Strassen, und ziehet nicht zu den Schriftgelehrten und Pharisäern, sondern gehet hin zu der Samariter Städte und zu den Unwissenden in allen Himmelsrichtungen in aller Welt.

6. Gehet hin zu den Unverständigen, Götzenanbetern und Unwissenden, wenn ich euch verlassen habe, denn sie gehören nicht zum Hause Israel, das da Tod und Blutvergiessen in die Welt bringen wird.

7. Gehet also hin und prediget und sprechet: ‹Die Gesetze der Natur sind die Gesetze der Schöpfung, und die Kraft des schöpferischen Menschengeistes verkörpert das Leben›.

8. Machet Kranke gesund, wecket Tote auf, reiniget Aussätzige, treibet böse Geister aus, denn umsonst habet ihr's empfangen, umsonst gebet es auch.

9. Ihr sollet nicht Gold noch Silber noch Kupfer in euren Gürteln häufen.

10. Auch sollet ihr keine grossen Taschen mit euch tragen zur Wegfahrt, darinnen ihr Speis und Trank und Kleidung mit euch tragen könnet.

11. Ziehet nur weg mit dem Allernötigsten, so ihr unterwegs essen und schlafen könnet, und so ihr euch säubern und anders einkleiden könnet.

CHAPTER 10

THE COMMISSIONING OF THE DISCIPLES

1. He called his twelve disciples to him and gave them the knowledge to control the unclean spirits, so they could drive them out and heal all sickness and infirmities.

2. The names of the twelve disciples are these: Simon, called Peter, and Andrew, his brother; James, the son of Zebedee, and John, his brother;

3. Phillip and Bartholomew; Thomas and Matthew, the tax collector; James, the son of Alphaeus, and Thaddeus;

4. Simon Canaaeus, and Judas Iscariot, the only one besides Jmmanuel who understood handwriting.

5. Jmmanuel sent out these twelve, commanding them and saying, "Do not go into the streets of Israel, and do not go to the scribes and Pharisees, but go to the cities of the Samaritans and to the ignorant in all parts of the world.

6. "Go to the unenlightened, the idol worshippers and the ignorant after I have left you, because they do not belong to the house of Israel, which will bring death and bloodshed into the world.

7. "Go and preach, saying, 'The laws of nature are the laws of Creation, and the power of the human spirit embodies life.'

8. "Heal the sick, raise the dead, cleanse the lepers, drive out evil spirits. Because you received without paying, give without pay also.

9. "You should not amass gold, silver or copper in your belts.

10. "Also, you shall not take with you any large bags in your travels with which to carry food, water and clothing.

11. "Go on your way with only those things necessary for eating and sleeping, keeping yourselves clean and changing clothes on your journey.

12. Traget nie zuviel mit euch, denn ihr belastet euch nur und wäret willkommene Opfer der Wegelagerer.

13. Bedenket weiter; jede Arbeit ist ihres Lohnes wert, und so ihr fleissig prediget und das Wissen lehret, also wird euch nichts mangeln.

14. Wenn ihr aber in eine Stadt oder ein Dorf gehet, da erkundiget euch, ob jemand darinnen sei, der es wert ist; und bei demselben bleibet, bis ihr von dannen ziehet.

15. Wenn ihr aber in ein Haus gehet, so grüsset es.

16. Wenn es das Haus wert ist, wird euer Frieden auf die Bewohner kommen; ist es aber nichts wert, so wird sich euer Frieden wieder zu euch wenden.

17. Und wenn euch jemand nicht aufnehmen wird noch eure Reden hören will, so gehet hinaus von jenem Haus oder jener Stadt und schüttelt den Staub von euren Füssen.

18. Wahrlich, ich sage euch: In solchen Orten sollet ihr nicht verweilen, denn sie sind Stätten von Unwissenden und Bösen; die Menschen werden die Reden der Wahrheit und des Wissens nicht erkennen.

19. Fliehet diese Orte, denn ihre Bewohner sind abtrünnig von der Schöpfung und von den Gesetzen der Natur; die Menschen dort verehren Heiligtümer, Götzen und Idole, nicht aber die Schöpfung, so sie auch ihre Gesetze nicht befolgen.

20. Fliehet diese Orte, denn die Menschen dort werden euch nach dem Leben trachten, weil sie ihre irren Lehren nicht verlassen wollen.

21. Fliehet diese Ungerechten, denn ihr sollet nicht euer Leben um der Wahrheit und des Wissens willen verlieren; kein Gesetz fordert das von euch, noch gibt es eines, das einen solchen Leichtsinn anerkennet.

22. Wahrlich, ich sage euch: Viele werden trotzdem sterben und ihr Blut in den Sand vergiessen, weil später meine Lehre zu irrigen Lehren gemachet werden, die ich nie geprediget habe und die den Hirnen der Schriftgelehrten und Priester entspringen,

23. Dadurch werden sie die Menschen in ihre Gewalt bringen, durch den Glauben an ihre irren Lehren, um sie also ihres Habes und Gutes zu berauben.

12. "Never carry too much with you, because you would only burden yourselves and become welcome victims of thieves.

13. "Remember furthermore, each piece of work is worth its pay, and if you preach diligently and teach knowledge, you will not be wanting anything.

14. "When you go into a city or village, inquire if someone is there who is worthy; and stay with him until you depart.

15. "And when you enter a house, salute it.

16. "If the house is worthy, your peace will come upon the occupants. But if it is not worthy, your peace will return to you.

17. "If someone will not take you in or listen to your words, leave that house or that city and shake the dust off your feet.

18. "Truly, I say to you: Do not stay in such places, because they are places of ignorance and evil; people there will not recognize the words of truth and knowledge.

19. "Flee from those places, because the residents are disloyal to nature, and they worship holy things, false gods and idols, but not Creation, nor do they follow its laws.

20. "Flee from those places, for people there will try to take your life, because they do not want to forsake their false teachings.

21. "Flee from the unbelieving, because you should not lose your life for the sake of truth and knowledge. No law demands that of you, nor is there one that admits to such recklessness.

22. "Truly, I say to you: Many will nevertheless die and shed their blood into the sand, because later my teachings will be made into false teachings that I never preached and which originate in the minds of the scribes and priests.

23. "Thereby they will bring the people under their control through belief in their false teachings, in order to rob them of their goods and belongings.

24. In aller Welt wird sein Heulen und Zähneklappern, wenn das Blut fliesset von allen jenen, die meine Lehre der Weisheit und des Wissens zu irren Lehren gemachet haben, und wenn das Blut fliesset von allen jenen, die in irrem Glauben und durch böse Verführung diese irren Lehren glauben und vertreten, die doch nicht die meine ist.

25. Viele dieser Irrgläubigen werden ihr Leben lassen, so also viele vom Volke Israel, das nie zur Ruhe kommen wird bis an das Weltende, weil es unwissend und unweise ist und die Kraft des Geistes, der Liebe und des Wissens leugnet.

26. Wahrlich, ich sage euch: Das Volk Israel war nie ein eigenes Volk, und es lebte seit jeher von Mord und Raub und Brand; denn durch List und Mord haben sie sich in verwerflichen Kriegsraubzügen in den Besitz dieses Landes gebracht, so sie also ihre besten Freunde wie wilde Tiere schlachteten.

27. Verfluchet sei das Volk Israel bis an der Welt Ende, und nie wird es seine Ruhe finden.

28. Sehet, ich sende euch unter die Unwissenden und Götzendiener wie Schafe mitten unter die Wölfe; darum seiet klug wie die Schlangen und ohne Falsch wie die Tauben.

29. Hütet euch aber vor den Menschen, denn sie werden euch überantworten den Gerichten und werden euch geisseln in ihren Synagogen.

30. Und man wird euch vor Fürsten und Könige führen um meiner Lehre willen, ihnen und allen andern Unwissenden zum Zeugnis.

31. Wenn ihr nicht fliehen könnet und sie euch überantworten werden, so sorget euch nicht, denn die Kraft eures Geistes wird euch nicht verlassen und euer Wissen saget euch, was ihr reden sollet.

32. Denn ihr seiet es nicht, die da reden, sondern die Kraft eures Geistes mit seinem Wissen.

33. Und ihr müsset gehasset werden um meiner Lehre willen; wer aber bis ans Ende beharret, der wird gross sein.

34. Wenn sie euch aber in einer Stadt verfolgen, so fliehet in eine andere.

35. Mit den Städten Israels begebet euch nicht in zu grosse Mühe, denn wahrlich, ich sage euch: Mit dem Volk Israel werdet ihr nicht zu Ende kommen bis an das Weltende.

24. "In all the world there will be wailing and chattering of teeth when the blood flows from all those who have made my teachings of wisdom and knowledge into false teachings, and when the blood flows from all those who in their false belief and through malicious deception believe and advocate these false teachings—teachings that are not mine.

25. "Many of these false believers will lose their lives, including many Israelites, who will never find their peace until the end of the world, because they are ignorant and unwise and deny the power of the spirit, of love and of knowledge.

26. "Truly, I say to you: The nation of Israel was never one distinct people and has at all times lived with murder, robbery and fire. They have acquired this land through ruse and murder in abominable, predatory wars, slaughtering their best friends like wild animals.

27. "May the nation of Israel be cursed until the end of the world and never find its peace.

28. "Behold, I am sending you among the ignorant and worshippers of idols, like sheep among the wolves. Therefore be clever as serpents and innocent as doves.

29. "But beware of the people, because they will turn you over to the courts and scourge you in their synagogues.

30. "And you will be led before sovereigns and kings on account of my teaching as witnesses to them and to all other ignorant people.

31. "If you cannot flee and they turn you over to the courts, do not worry, because the power of your spirit will not leave you, and your knowledge will tell you what you should say.

32. "It will not be you who speak, but the power of your spirit with its knowledge.

33. "You will have to be hated for the sake of my teaching. But those who persevere to the end will be great.

34. "And when they persecute you in one city, flee to another.

35. "Do not go to too much trouble with the cities of Israel, for truly, I say to you: You will not get anywhere with the people of Israel until the end of the world.

36. Der Jünger ist niemals über dem Meister noch der Knecht über seinem Herrn.

37. Es ist dem Jünger genug, dass er sei wie sein Meister, und der Knecht wie sein Herr.

38. Haben sie den Hausvater Beelzebub geheissen, wieviel mehr werden sie seine Hausgenossen so heissen.

39. Darum hütet euch vor Israel, denn es ist wie ein Eitergeschwür.

40. Fürchtet euch jedoch nicht vor ihnen, denn es ist nichts verborgen, was nicht offenbar werde, und nichts ist heimlich, was man nicht wissen werde.

41. Was ich euch sage in der Finsternis, das redet im Licht; und was euch gesaget wird in das Ohr, das prediget auf den Dächern.

42. Fürchtet euch nicht vor üblen Nachreden, noch fürchtet euch vor denen, die Leib und Leben töten.

43. Ihr sollet nicht wähnen, dass ich gekommen sei, Frieden zu bringen auf die Erde.

44. Wahrlich, ich bin nicht gekommen Frieden zu bringen, sondern das Schwert des Wissens um die Kraft des Geistes, der dem Menschen innewohnet.

45. Denn ich bin gekommen, Weisheit und Wissen zu bringen und den Menschen zu erregen, den Sohn wider seinen Vater und die Tochter wider ihre Mutter, die Schwiegertochter wider ihre Schwiegermutter, den Knecht wider seinen Herrn, den Bürger wider seine Obrigkeit und den Gläubigen wider seinen Prediger und Priester.

46. Und des Menschen Feinde werden seine eigenen Hausgenossen sein.

47. Der Weg der Wahrheit ist weit, und die Weisheit des Wissens wird nur langsam durchdringen.

48. Finstere Zeiten werden folgen, Jahrhunderte und Jahrtausende, ehe die Wahrheit des Geistes vor dem Volke durchdringen mag.

49. Die Ungerechten und Unwissenden werden den Wissenden Hass zollen, also sie verfolgen und Feindschaft säen, so also die Schriftgelehrten und die Priester und die Obrigkeiten tuen».

36. "The disciple is never above the teacher, nor the servant above the master.

37. "It is enough for the disciple to be like his teacher and the servant like his master.

38. "If they have called the master of the house Beelzebul, how much more will they malign those of his household?

39. "Therefore, beware of Israel, because it is like an abscess.

40. "However, do not be afraid of them, because there is nothing hidden that will not be revealed and nothing secret that will not be known.

41. "What I tell you in darkness, speak in the light; and what is whispered into your ear, proclaim from the roof tops.

42. "Do not be afraid of evil slander, neither fear those who take life and limb.

43. "Do not think that I have come to bring peace on earth.

44. "Truly, I have not come to bring peace, but the sword of knowledge of the power of the spirit, which dwells within the human.

45. "I have come to bring wisdom and knowledge and to provoke son against father, daughter against mother, daughter-in-law against mother-in-law, servant against master, citizen against government and believer against preacher and priest.

46. "People's enemies will be their own family members.

47. "The path of truth is long and the wisdom of knowledge will penetrate only slowly.

48. "Dark ages will follow, centuries and millennia, before the truth of the spirit will penetrate to the people.

49. "The unrighteous and the ignorant, including the scribes, priests and authorities, will hate those having the knowledge, so they will persecute them and sow enmity."

Das 11. Kapitel

DES TÄUFERS FRAGE

1. Und es begab sich, da Jmmanuel solche Gebote an seine zwölf Jünger vollendet hatte, ging er von dannen weiter, zu lehren und zu predigen in ihren Städten.

2. Da aber Johannes im Gefängnis über die Werke Jmmanuels hörte, sandte er seine Jünger aus und liess ihm sagen:

3. «Bist du es, der da kommen soll; der Weisheitskönig, wie die Propheten sagten, oder sollen wir eines anderen warten»?

4. Jmmanuel antwortete und sprach zu ihnen: «Gehet hin und saget Johannes wieder, was ihr höret und sehet:

5. Blinde sehen und Lahme gehen, Aussätzige werden rein und Taube hören, Tote stehen auf und Suchenden wird die Wahrheit des Wissens verkündet.

6. Und selig ist, der nicht Ärgernis an meiner Lehre nimmt».

ZEUGNIS ÜBER DEN TÄUFER

7. Da sie hingingen, fing Jmmanuel an zu reden zu dem Volke des Johannes: «Was seid ihr hinausgegangen in die Wüste zu sehen?

8. Wolltet ihr ein Rohr sehen, das der Wind hin- und herweht?

9. Oder was seid ihr hinausgegangen zu sehen?

10. Wolltet ihr einen Menschen in weichen Kleidern sehen?

11. Siehe, die da weiche Kleider tragen, sind in der Könige Häuser, bei der Obrigkeit und den Reichen und bei den Heuchlern, Schriftgelehrten und Priestern.

12. Oder was seid ihr hinausgegangen?

13. Wolltet ihr einen Propheten sehen?

14. Ja, ich sage euch: Er ist mehr als ein Prophet.

15. Dieser ist's, von dem geschrieben steht: ‹Siehe, ich sende meinen Boten vor dir her, der deinen Weg vor dir bereiten soll›.

16. Wahrlich, ich sage euch: Unter allen, die von Weibern geboren sind, ist keiner aufgestanden, der grösser wäre als Johannes der Täufer.

17. Aber von den Tagen Johannes' des Täufers bis hierher leidet die Erde an Gewalt, und die, die Gewalt tun, reissen sie weg.

CHAPTER 11

THE BAPTIST'S QUESTION

1. After Jmmanuel had finished giving such commands to his twelve disciples he went on from there, teaching and preaching in their cities.

2. When John in prison heard about the works of Jmmanuel, he sent out his disciples to him and had them ask,

3. "Are you the one to come, the king of wisdom, as foretold by the prophets, or should we wait for another?"

4. Jmmanuel answered them, "Go back and tell John what you hear and see:

5. "The blind see, the lame walk, the lepers are cleansed, the deaf hear, the dead rise and the truth of knowledge is proclaimed to those who seek it.

6. "And blessed are those who do not take offense at my teaching."

TESTIMONY ABOUT THE BAPTIST

7. Going on from there, Jmmanuel began to speak to the people about John, "What did you go out into the wilderness to see?

8. "Did you expect to see a reed shaken by the wind?

9. "Or what did you go out to see?

10. "Did you expect to see a man clothed in soft raiment?

11. "Behold, those who wear soft raiment are in kings' houses with the rulers and the rich, and with the hypocrites, scribes and priests.

12. "Or what did you go out for?

13. "Did you expect to see a prophet?

14. "Yes, I tell you: He is more than a prophet.

15. "This is he of whom it is written, 'Behold, I will send my messenger before you, who shall prepare your way.'

16. "Truly, I say to you: Among all those born of women, no one has arisen who is greater than John the Baptist.

17. "Since the days of John the Baptist even to now, the earth has suffered from violence, and those who commit violence seize the land.

18. Denn alle Propheten und das Gesetz haben geweissagt bis zur Zeit des Johannes.

19. So ihr's also wollt annehmen: Er ist der Elia, der da kommen soll in seinem Wiederleben.

20. Wer Ohren hat, der höre!

21. Wem soll ich aber dies Geschlecht vergleichen?

22. Es ist den Kindern gleich, die an dem Markt sitzen und rufen ihren Gespielen zu und sprechen:

23. ‹Wir haben euch aufgespielt, und ihr wolltet nicht tanzen; wir haben euch vorgeklagt, und ihr wolltet nicht trauern›.

24. Johannes, der Elia, ist gekommen, ass nicht und trank nicht, so sie sagen: ‹Er ist besessen›!

25. Ich aber bin gekommen, esse und trinke, und so sagen sie: ‹Siehe, wie ist der Mensch ein Fresser und ein Weinsäufer, der Zöllner und der Ungerechten Geselle›.

26. Doch die Weisheit ist gerechtfertigt aus den gegebenen Werken».

LOBPREIS DES GEISTES UND DES WISSENS

27. Zu der Zeit hob Jmmanuel aber an und sprach: «Gepriesen sei die Schöpfung der Himmel und der Universen und der Erde, dass sie das Wissen und die Kraft des Geistes allen den die irre Lehre verbreitenden Unweisen und Unklugen verborgen hat und es nun den ehrlich Suchenden offenbart.

28. Ja, dies ist also wohlgefällig gewesen von der Schöpfung; also auch von Gott und von seinen Himmelssöhnen, die sie missbräuchliche Macht bisher unter den Menschengeschlechtern unterbunden haben.

29. Und alle Dinge sind nun dem Menschen übergeben, und niemand kennt das Geheimnis der Schöpfung, so also nicht ein Mensch und so also nicht Gott oder sein Gefolge.

30. Und alle Dinge sind nun mir übergeben von Gott, dessen Wächterengel mich die Gesetze und das Wissen der Natur lehrten, und die Gesetze, die von der Schöpfung ausgehen.

31. Also kommet zu mir her alle, die ihr suchend und nach dem Wissen und der Wahrheit dürstend seid; ich will euch wohl erquicken.

32. Nehmet das Joch auf euch, das Erlernenmüssen der neuen Lehre; denn sie ist die Erkennung, so ihr werdet Ruhe finden in ihr für euer Leben.

33. Denn das Joch der Geistentfaltung ist sanft, und seine Last ist leicht».

18. "All the prophets and the law have prophesied up to the time of John.

19. "And if you want to accept it, he is Elijah who will come again in his future life.

20. "Those who have ears, let them hear!

21. "To what should I compare this generation?

22. "It is like the children who sit at the market and call to their playmates, saying,

23. "'We struck up a tune for you, and you would not dance; we wailed before you, and you would not mourn.'

24. "John, who is Elijah, came neither eating nor drinking; so they say: 'He is possessed.'

25. "But I have come, eating and drinking, and so they say, 'Behold, what a glutton and winebibber the man is, a companion of tax collectors and infidels.'

26. "Yet wisdom is justified through the acknowledged deeds."

PRAISE OF THE SPIRIT AND KNOWLEDGE

27. At that time Jmmanuel began to speak, "Praise be to Creation, maker of the heavens and the universes and the Earth, that it has kept hidden the knowledge and power of the spirit from the unwise and unintelligent who spread the false teachings, and is now revealing it to sincere seekers.

28. "Yes, it has been very good of Creation, and consequently of god and his celestial sons, that they have thwarted up to now the misuse of power among the human races.

29. "All things have now been given over to mankind, and no one knows the secret of Creation, not even one person, and neither god nor his followers.

30. "And all things have now been given over to me by god, whose guardian angels taught me the laws and knowledge of nature and the laws emanating from Creation.

31. "So come to me, all who are seeking and are thirsty for knowledge and truth; I will refresh you.

32. "Take the yoke upon yourselves of having to learn the new teaching, because it is the enlightenment; in it you will find peace for your life,

33. "because the yoke of spiritual development is gentle, and its burden is light."

Das 12. Kapitel

UM DIE EHE UND DEN BEISCHLAF

1. Es begab sich aber, dass Jmmanuel anhob zu reden über die Gesetze der Ehe und ihr Allerlei.

2. Und er sprach: «Es ist euch gegeben das Gesetz: ‹Du sollst nicht ehebrechen›.

3. Ungeachtet dessen treibet der Mensch aber Ehebruch und Hurerei, so er verstösst also gegen die Gesetze der Natur.

4. Es stehet aber geschrieben also: ‹Wer Ehebruch und Hurerei treibet, soll bestraft werden, denn die Fehlbaren sind des Lebens und dessen Gesetzen unwürdig, so sie entmannt und entweibt werden sollen›.

5. Schlafen unvertrauete Mannen und Weiber einander in Lieblosigkeit und Schande bei, sollen sie bestraft werden also, denn die Fehlbaren sind des Lebens und dessen Gesetzen unwürdig, so sie entmannt und entweibt werden sollen.

6. Schlafen aber zwei Männer einander bei, sollen sie bestraft werden also, denn die Fehlbaren sind des Lebens und dessen Gesetzen unwürdig und handeln ketzerisch, so sie entmannt werden sollen und ausgestossen und verbannt vor dem Volke.

7. Schlafen aber zwei Weiber einander bei, sollen sie nicht bestraft werden, denn sie verstossen nicht gegen das Leben und seine Gesetze, da sie nicht besamend, sondern gebärend sind.

8. Da sich Besamung und Besamung zusammentun, da wird das Leben geschändet und getötet, da sich aber Empfängnis und Empfängnis zusammentun, da wird weder geschändet noch getötet noch gezeugt.

9. Wahrlich, ich sage euch: Kein Tier lebt unter den Himmeln, das dem Menschen gleich wäre und das gegen die Gesetze der Schöpfung und der Natur verstösse; seid ihr aber nicht viel mehr als die Tiere?

10. Kein Tier findet sich unter den Himmeln, da sich Männlein und Männlein zum Beischlafe zusammentun, also finden sich da aber Weiblein und Weiblein zusammen, denn Männlein wie Weiblein befolgen die Gesetze der Natur.

11. Welcher Mensch aber Hurerei treibet um des Lohnes oder der Freude willen, der soll entmannt oder entweibt werden und ausgestossen und verbannt vor dem Volke.

CHAPTER 12

REGARDING MARRIAGE AND COHABITATION

1. It happened that Jmmanuel began to speak about the laws of marriage and related topics, and he said,

2. "You have been given the commandment, 'You should not commit adultery.'

3. "Despite this, people commit adultery and fornication, thus violating the laws of nature.

4. "It is also written, 'Whoever commits adultery and fornication should be punished,' because the fallible are unworthy of life and its laws, thus they should be castrated and sterilized.

5. "If unmarried men and unmarried women bed down with one another in disgrace and without loving each other, they should be punished also, because the fallible are unworthy of life and its laws; thus they should be castrated and sterilized.

6. "And if two men bed down with each other, they should also be punished, because the fallible are unworthy of life and its laws and behave heretically; thus they should be castrated, expelled and banished before the people.

7. "If, however, two women bed down with one another, they should not be punished, because they do not violate life and its laws, since they are not inseminating, but are bearing.

8. "When inseminator and inseminator join together, life is violated and destroyed, but if conceiver and conceiver get together there is neither violation nor destruction nor procreation.

9. "Truly, I say to you: There are no animals under the sky that are like people and would go against the laws of Creation and nature; but are you not much more than the animals?

10. "No animal under the sky can be found whereby male cohabits with male, or female with female, because both male and female animals follow the laws of nature.

11. "A person who indulges in fornication for the sake of pay or pleasure should be castrated or sterilized, expelled and banished before the people.

12. Welcher Mensch aber einem Kinde beischläft, der ist seines Lebens und dessen Gesetzen unwürdig und soll bestraft werden also, dass er entmannt oder entweibt wird, und dass er des freien Lebens lebenszeitlich enthoben wird in Unfreiheit und Absonderung.

13. Welcher Mensch aber Blutschande betreibt, der ist des Lebens und dessen Gesetzen unwürdig und soll bestraft werden also, dass er entmannt oder entweibt wird, und dass er des freien Lebens lebenszeitlich enthoben wird in Unfreiheit und Absonderung.

14. Welcher Mensch aber einem Tiere beischläft, der ist des Lebens und dessen Gesetzen unwürdig und soll entmannt oder entweibt werden und ausgestossen und verbannt vor dem Volke.

15. Welcher Mensch sich aber einem in Schuld geschiedenen Manne oder Weibe vertrauet, der soll entmannt oder entweibt werden, denn sie sind des Lebens und dessen Gesetzen unwürdig, und sie sollen beide ausgestossen und verbannt werden vor dem Volke.

16. Wer aber ein Kind zeuget und dem Weibe nicht vertrauet ist und dieses unvertrauet lasset, der ist seines Lebens und dessen Gesetzen unwürdig und soll also bestraft werden, dass er entmannt wird und seiner Freiheit enthoben.

17. Welcher Mensch aber einem Weibe oder einem Manne Vergewaltigung antuet, der ist seines Lebens und dessen Gesetzen unwürdig und soll bestraft werden also, dass er entmannt oder entweibt wird, und dass er seines freien Lebens lebenszeitlich enthoben wird in Unfreiheit und Absonderung.

18. Welcher Mensch aber einem andern Menschen Gewalt antuet, an Leib oder Leben oder Gedankengefühl, der ist seines Lebens und dessen Gesetzen unwürdig und soll bestraft werden also, dass er seines freien Lebens lebenszeitlich enthoben wird in Unfreiheit und Absonderung.

19. Wahrlich, wahrlich, ich sage euch: Diese Gesetze sind ordnungsgemäss und von der Natur gegeben und sie sollen befolgt werden, also der Mensch sich sonst selbst in der ganzen Masse zu Tode bringt.

20. Fünfhundert Millionen Menschen aller Menschengeschlechter mag diese Erde nähren und tragen, doch werden diese Gesetze nicht befolgt, dann werden in zweimal tausend Jahren zehnmal fünfhundert Millionen Menschen sein, und die Erde kann sie nicht mehr tragen.

21. Hungersnot und Katastrophen und grosse weltumfassende Kriege und Seuchen werden die Erde beherrschen, und die Menschengeschlechter werden sich töten, und nur wenige werden überleben.

12. "A person who sexually abuses a child is unworthy of life and its laws and should also be punished with loss of life, castration or sterilization, in order to be deprived of life's freedom forever and live in bondage and isolation.

13. "A person who indulges in incest is unworthy of life and its laws and should also be punished by loss of life, castration or sterilization, and be deprived of life's freedom forever and live in bondage and isolation.

14. "A person who cohabits with an animal is unworthy of life and its laws and should be castrated or sterilized, expelled and banished before the people.

15. "A person who marries a man or woman divorced in guilt should be castrated or sterilized, because he or she is unworthy of life and its laws, and they should both be expelled and banished before the people.

16. "A person who begets a child without being married to the woman is unworthy of life and its laws and should also be punished by castration and loss of his life.

17. "A person who rapes a woman or a man is unworthy of life and its laws and shall be punished by castration or sterilization, so that he forfeits his freedom and lives in bondage and isolation forever.

18. "A person who commits violence to another person, be it physically or by killing or assaulting his thinking, is unworthy of life and its laws and shall also be punished, so that he will be deprived of his freedom as long as he lives and spend his life in bondage and isolation.

19. "Truly, truly, I say to you: These laws of order were given by nature and should be followed, or human beings will bring death to themselves and to the masses.

20. "This earth can nourish and support five hundred million people of all the human races. But if these laws are not followed, in two thousand years ten times five hundred million people will exist, and the earth will not be able to support them any more.

21. "Famines, catastrophes, world wars and epidemics will control the earth, and the human races will commit suicide, with only a few surviving.

22. Wahrlich, ich sage euch: Es wird sein Heulen und Zähneklappern, wenn so viel Menschenblut den Sand der Erde tränkt, dass daraus neue Lebensformen entstehen, die das endgültige Grauen über die Menschengeschlechter bringen.

23. Am heutigen Tage ist euch aber alles Gute erlaubt worden, und es sind euch die Gesetze gegeben, nach denen ihr leben sollt.

24. Und weitere Gesetze sollt ihr befolgen, so ihr also den Wohlstand auf Erden habt und Friede in euren Familien:

25. Enthebet die Kraft des alten Gesetzes, dass das Weib soll des Mannes Untertan sein, also es ein Mensch ist wie der Mann, mit gleichen Rechten und Pflichten.

26. So ein Mann aber ein Weib ehelicht, soll er dem treusten Verwalter des Weibes Gutes einen Preis zahlen als Sicherheit, so es nicht Mangel leide am Notwendigen.

27. Der Preis soll allso berechnet werden, dass für jedes Lebensjahr des Weibes hundert Silberlinge gelten, so es nach eigenem Wissen und Können und nach eigener Kraft gemessen wird, wenn seine Gesundheit nicht unter Mangel leidet.

28. Der Preis soll nicht gelten als einer des Kaufes, also aber als Sicherung für das Weib, so es keinen Mangel leide.

29. Der Bund der Vertrauung zwischen Mann und Weib soll nur dann erlaubt sein, wenn beide also im Verstande klar und fähig sind, eine Ehe nach den Gesetzen zu führen.

30. Eine Ehevertrauung zwischen Mann und Weib sollt ihr nur dann schliessen also, wenn der Preis für das Weib bezahlt wird.

31. Erfolgt nach vorheriger Abmachung kein Preis, so gilt also das Gesetz, dass der Mann das Weib mit allen Notwendigkeiten besorgen muss.

32. Unfruchtbarkeit des Weibes ist kein Scheidungsgrund, also nicht andere Meinung oder Handlung.

33. Als Scheidungsgrund gelte nur der Ehebruch, allso die Zerstörung oder Gefährdung des materiellen Bewusstseins, des Leibes oder des Lebens eigener Familienmitglieder.

34. Ein Mensch, der schuldig geschieden wird also, soll entmannt oder entweibt werden, denn er ist des Lebens und dessen Gesetzen unwürdig, und er soll ausgestossen und verbannt werden vor dem Volke.

35. So denn alles so geschehe und befolgt werde, wird Recht und Frieden bei allen Menschengeschlechtern einziehen und das Leben bewahrt werden».

22. "Truly, I say to you: There will be wailing and chattering of teeth when so much human blood is shed upon the sands of the earth that new life forms will arise from it, which will bring the final horror to mankind.

23. "But on this day you have been allowed to receive all good things, and the laws have been given to you by which you should live.

24. "And you should adhere to additional laws, so that you will have prosperity on earth and peace in your families.

25. "Do away with the enforcement of the old law that woman should be subject to man, since she is a person like a man, with equal rights and obligations.

26. "But when a man marries a woman, he should pay to her most trusted steward of her possessions a price as security, so that she will not suffer from lack of necessities.

27. "The price should everywhere and always be reckoned such that a hundred pieces of silver will be required for each year of the woman's age, if her health is not lacking. Thus she will be measured in accordance with her knowledge, abilities and strength.

28. "The price should not be considered that of a purchase, but as security for the woman, so that she will not suffer any lack.

29. "The bond of matrimony between man and woman should be permitted only if both are mentally competent and capable of conducting a marriage according to the laws.

30. "A marriage agreement between man and woman should be concluded only when the price for the woman is paid.

31. "If, according to prearranged agreement, no price is paid, the law applies that the man must provide for all the wife's necessities.

32. "A wife's infertility is no cause for divorce, nor for other judgment or action.

33. "The only basis ever for divorce, besides adultery, is the destruction or endangerment of the material consciousness, the body, or the life of a member of one's own family.

34. "A person who is divorced with guilt should be sterilized, expelled and banished before the people, because he is unworthy of life and its laws.

35. "If all is done and adhered to in this way, justice and peace will come to all human races and life will be preserved."

Das 13. Kapitel

JMMANUEL UND DER SABBAT

1. Zu der Zeit ging Jmmanuel durch ein Kornfeld am Sabbat; und seine Jünger waren hungrig und fingen an Ähren auszuraufen und assen.

2. Da das aber sahen die Pharisäer, sprachen sie zu ihm: «Siehe, deine Jünger tun, was am Sabbat nicht erlaubt ist».

3. Er aber sprach zu ihnen: «Habt ihr nicht gelesen, was David tat, als ihn und die mit ihm waren hungerte?

4. Wie er in das Gotteshaus ging und ass die Schaubrote, die er doch nicht durfte essen, noch die, die mit ihm waren, sondern allein die Priester?

5. Oder habt ihr nicht gelesen im Gesetz, wie die Priester am Sabbat im Tempel den Sabbat brechen und sind doch ohne Schuld?

6. Wahrlich, ich sage euch, ihr Schlangen- und Otterngezücht: Eher wird ein Stein zu Brot werden, ehe an einem Sabbat keine Arbeit verrichtet werden darf.

7. Denn das Gesetz, dass der Sabbat geheiligt werde, ist nur ein Menschengesetz ohne Logik, allso viele Gesetze von Menschen gemacht sind, die den Gesetzen der Schöpfung widerreden.

8. Falsche Propheten und Schriftenverdreher sind die Schuldigen für diese falschen Gesetze, die den Gesetzen der Schöpfung und der Natur widersprechen.

9. Des Menschen Gesetz ist es also, dass der Sabbat heilig sei und niemand das Tagwerk übe, doch ist das ein Gesetz, das der Logik entfällt, denn das Gesetz ist eine irre Lehre von Menschengeist.

10. Wahrlich, ich sage euch: Kein Sabbat ist heilig und kein Schöpfungsgesetz befiehlt, dass am Sabbat kein Tagwerk verrichtet werden darf.

11. Der Sabbat also ist ein Tag wie jeder andere Tag, da das Tagwerk verrichtet werden darf.

CHAPTER 13

JMMANUEL AND THE SABBATH

1. At that time Jmmanuel walked through a field of grain on the Sabbath; and his disciples, being hungry, began to pluck ears of grain and to eat.

2. When the Pharisees saw that, they spoke to him, "Behold, your disciples are doing what is not allowed on the Sabbath."

3. But he spoke to them, "Have you not read what David did when he and those with him were hungry?

4. "How he went into the temple and ate the bread of the Presence, which neither he nor they were supposed to eat, but only the priests?

5. "Or have you not read in the law, how on the Sabbath the priests in the temple violate the Sabbath and yet are without guilt?

6. "Truly, I say to you, you generation of vipers: A stone will turn into bread before no work may be done on the Sabbath.

7. "For the law that the Sabbath be kept holy is only a man-made law without logic, as are all man-made laws that contradict the laws of Creation.

8. "False prophets and distorters of the scriptures are the guilty ones responsible for these false laws that contradict the laws of Creation and of nature.

9. "It is a human law that the Sabbath be holy and no one work on that day, but that law is one of false teaching emanating from the human mind, and it escapes logic.

10. "Truly, I say to you: No Sabbath is holy and no law dictates that on the Sabbath no work may be done.

11. "Thus the Sabbath is a day like any other day when the day's work may be done.

12. Der Mensch ist ein Wesen mit eigenem Willen, also er auch alleiniger Herr über den Sabbat ist, so es schon geschrieben steht in den alten Schriften und Gesetzen, die, welche nicht von falschen Propheten und Schriftenverdrehern und Pharisäern verfälscht wurden».

13. Und er ging von dannen weiter und kam in ihre Synagoge, da das Volk er weiterlehrte.

14. Und siehe, da war ein Mensch, der hatte eine verdorrte Hand, und also fragten sie ihn und sprachen: «Ist's auch recht am Sabbat zu heilen»?, auf dass sie eine weitere Sache wider ihn hätten.

15. Aber er sprach zu ihnen: «Ihr Heuchler, hättet ihr Augen, Ohren und einen Verstand, so könntet ihr sehen, hören und verstehen; ihr aber seid blind und ohne Verstand, denn euch fehlt das Wissen also, um die Natur zu sehen, zu hören und zu verstehen, so aber also fehlt euch die Erkenntnis um die Gesetze der Schöpfung, so ihr nämlich sehen, hören und verstehen könntet, dass die Schöpfung keinen Sabbat heiligt.

16. Jeden Sabbat also die Schöpfung die Gestirne an den Himmeln dreht, Sonne, Winde und Regen regiert, und alle Kreatur auf Erden nährt.

17. Sie lässt die Wasser laufen in ihren Betten, und alles geht seinen üblichen Lauf, an einem Sabbat wie am andern Sabbat, so wie es die Schöpfung erschaffen hat.

18. Ist der Mensch aber nicht viel mehr als alle Kreaturen und Pflanzen, so er Herr über sie alle ist, wenn er die wahren Gesetze befolgt!

19. Ihr Schlangen- und Otterngezücht, ihr Schriftenverdreher, die ihr für eure Lohngier und Machtgier irre Lehren verbreitet; welcher ist unter euch, wenn er ein einziges Schaf hat und es fällt ihm am Sabbat in eine Grube, der es nicht ergreife und ihm heraushelfe?

20. Wieviel mehr ist nun ein Mensch als ein Schaf und als eure verlogenen und irren Lehren»!

21. Da sprach er zu dem Menschen: «Strecke deine Hand aus»!

12. "Humans have a will of their own, thus they alone are masters over the Sabbath, as was written in those old scriptures and laws that were not adulterated by false prophets and distorters and Pharisees."

13. He went on from there and came into their synagogue where he continued to teach the people.

14. And behold, there was a man with a withered hand, and they asked him, "Is it lawful to heal on the Sabbath?" in order that they would have a stronger case against him.

15. But he spoke to them, "You hypocrites, if only you had eyes, ears and comprehension, so that you could see, hear and understand; but you are blind and without understanding, because you lack the knowledge to see, hear and understand nature, and you also lack appreciation of the laws of Creation so that you could see, hear and understand that Creation does not keep the Sabbath holy.

16. "Every Sabbath day Creation turns the stars in the sky, regulates the sun, winds and rains and nourishes all creatures on earth.

17. "Creation causes the waters to run in their channels, and everything goes its usual way on one Sabbath as on another, as it was formed by Creation.

18. "But are not people much more than all the creatures and plants? They are masters over them all, if they follow the true laws!

19. "You generation of vipers, you scripture distorters who spread false teachings because of your greed for money and power, who among you who has a single sheep that falls into a pit on the Sabbath day, would not take hold of it and pull it out?

20. "How much more is a person worth than a sheep or your deceitful and false teachings!"

21. Then he spoke to the man, "Stretch out your hand!"

22. Und er streckte sie aus; und sie ward ihm wieder gesund, gleich wie die andere.

23. Da gingen die Pharisäer hinaus und hielten einen Rat über ihn, wie sie ihn umbrächten, da er also ihre Lügen und irren Lehren vor dem Volke kundtat.

24. Und da Jmmanuel das erfuhr, wich er von dannen; und ihm folgte nach viel Volk und viele Kranke, und er heilte sie alle.

25. Er aber bedrohte sie, dass sie die Kunde von ihm nicht ausbreiten sollten, denn er fürchtete, dass er gefangengenommen und den Martertod sterben sollte.

26. Der Wille zur Wahrheit oblag ihm aber also, so er seine Lehre und die Weisheit dem Volke weiter offenbarte.

22. And he stretched it out; and it was sound again, like the other hand.

23. Then the Pharisees went out and held counsel about him, as to how to destroy him, since he made known their lies and false teachings before the people.

24. When Jmmanuel learned of that, he withdrew from there; and many followed him, including many sick people, and he healed them all.

25. He threatened them not to spread the news about him, because he was afraid that he would be captured and die the death of a martyr.

26. But his determination to spread the truth prevailed, so he continued to reveal his teachings and wisdom to the people.

Das 14. Kapitel

DIE VERFEHLUNG DES JUDAS ISCHARIOTH

1. Und es begab sich, dass Jmmanuel und seine Jünger nach Bethlehem gingen, da er das Volk lehrte und unterrichtete.

2. Judas Ischarioth aber war der Lehre Jmmanuels abtrünnig und lebte nur seinen Gelüsten.

3. Heimlich sammelte er unter den Zuhörern Jmmanuels und häufte Gold, Silber und Kupfer in seinem Beutel, so er eitel leben konnte.

4. Es begab sich aber, dass Juda Iharioth, des Pharisäers Simeon Sohn, Jmmanuel die Verfehlungen des Judas Ischarioth hinterbrachte, da er hoffte, dadurch entlöhnt zu werden.

5. Jmmanuel aber dankte ihm und entlöhnte ihn nicht mit irgendwelchen Gaben, so Juda Iharioth auf Rache sann, denn er war gierig auf Gold und Silber und Güter.

6. Judas Ischarioth aber wurde von Jmmanuel in die Wüste geleitet, da er ihn während drei Tagen und drei Nächten unerrichtete in der Lehre des Rechts und des Unrechts, so der Jünger Reue bezeugte und alsbald die Lehre Jmmanuels befolgte.

7. Als er zurückkehrte in die Stadt, verteilte er also all sein Besitztum und das Gesammelte unter die Armen und war ein treuer Jünger Jmmanuels.

8. Zur selbigen Zeit geschah es aber, dass ihm, Judas Ischarioth, die Schriften geraubt wurden, in denen er über die Lehre Jmmanuels berichtete; also er es Jmmanuel sagte.

9. Er aber sprach: «Wahrlich, wahrlich, ich sage dir, Judas Ischarioth, du wirst noch weit Schlimmeres erleiden, denn nur deine Schrift über meine Lehre und mein Leben einbüssen.

10. Über zwei Jahrtausende wirst du unschuldig des Verrats an mir beschuldigt werden, weil Simeon der Pharisäer, es so will.

CHAPTER 14

THE WRONGDOING OF JUDAS ISCARIOT

1. It happened that Jmmanuel and his disciples went to Bethlehem where he taught and advised the people.

2. However, Judas Iscariot had become disloyal to the teachings of Jmmanuel and lived only for his desires.

3. Secretly he was collecting from Jmmanuel's audiences and accumulating gold, silver and copper in his money bag so he could live vaingloriously.

4. And it happened that Juda Ihariot, the son of Simeon, the Pharisee, informed Jmmanuel of the wrongdoings of Judas Iscariot, since he hoped to be paid for this.

5. But Jmmanuel thanked him and did not pay him with any gifts whatever, so Juda Ihariot thought of revenge, because he was greedy for gold, silver and copper.

6. But Judas Iscariot was led into the desert by Jmmanuel where, for three days and three nights, he was taught by him the concept of right and wrong, so the disciple repented and forthwith followed the teaching of Jmmanuel.

7. When he returned to the city, he distributed all his possessions and collections among the poor and became a trusted disciple of Jmmanuel.

8. However, at the same time it happened that the writings in which Judas Iscariot had reported on the teaching of Jmmanuel were stolen from him; so he told Jmmanuel about it.

9. And he spoke, "Truly, truly, I say to you, Judas Iscariot: You will have to suffer even greater evils than only the loss of your writings about my teachings and my life.

10. "For over two thousand years you will be wrongly accused of betraying me, because Simeon the Pharisee wants it so.

11. Sein Sohn aber, Juda Iharioth, ist der wahre Schuldige, er ist wie sein Vater, Simeon Iharioth, ein Pharisäer, der mir nach dem Leben trachtet.

12. Er ist es aber also, der dir die Schriften geraubt hat und sie den Schriftgelehrten und Pharisäern brachte, so sie mich danach richten und töten sollen.

13. Siebzig Silberlinge hat er für deine Schriften erhalten, und andere dreissig Silberlinge soll er erhalten, wenn er mich also den Schergen auszuliefern vermag.

14. Wahrlich, ich sage dir, mit Sicherheit wird ihm das gelingen also und zweimal tausend Jahre wirst du dafür unschuldig büssen müssen, so du zum Märtyrer wirst.

15. Schreibe aber meine Lehre und um mein Leben ein andermal, so die Zeit kommen wird, da deine Schriften offenbar werden, so also in zweimal tausend Jahren.

16. Bis dahin aber wird meine Lehre verfälscht und zu einem bösen Kult werden, wodurch viel Menschenblut fliessen wird:

17. Denn noch sind die Menschen nicht bereit, meine Lehre zu erfassen und die Wahrheit zu erkennen.

18. Und erst in zweimal tausend Jahren wird ein unscheinbarer Mann kommen, der meine Lehre als Wahrheit erkennen und sie mit grossem Mut verbreiten wird.

19. Er wird von den entstandenen Kulten und den Verfechtern der irrigen Lehren über mich verflucht werden und als Lügner gelten.

20. Du aber, Judas Ischarioth, wirst bis dahin unschuldig als Verräter an mir beschimpft sein, und also verdammt werden, denn so will es die Falschheit der Hohenpriester und der Unverstand der Menschen.

21. Achte dessen aber nicht, denn die Lehre der Wahrheit fordert Opfer, die also dargebracht werden müssen.

22. Die Menschen sind in ihrem Geist, Bewusstsein und Wissen noch nicht sehr gross, so sie also erst viel Schuld und Fehler auf sich laden müssen, ehe sie dadurch lernen, Wissen und Weisheit sammeln, so sie dann die Wahrheit erkennen.

11. "But his son, Juda Ihariot, is the real culprit; like his father, Simeon Ihariot, he is a Pharisee who is seeking after my life.

12. "It is he who stole the writings from you and brought them to the scribes and Pharisees, so they can judge me accordingly and put me to death.

13. "He received seventy pieces of silver for your writings and will receive another thirty when he makes it possible to deliver me over to the executers.

14. "Truly, I say to you: He will certainly succeed at that, and for two thousand years you will innocently have to pay the penalty for that, so you will become a martyr.

15. "But write down my teaching and life story one more time, because the time will come, in two thousand years, when your writings will be revealed.

16. "Until then my teaching will be falsified and will become an evil sect, for which reason much blood will flow,

17. "because the people are still not ready to comprehend my teaching and to recognize the truth.

18. "Not until two thousand years will an insignificant man come who will recognize my teaching as truth and spread it with great courage.

19. "He will be vilified by the resulting sects and advocates of the false teachings about me and be considered a liar.

20. "And you, Judas Iscariot, will until then be innocently reviled as my betrayer and thus be condemned, as a result of the deceit of the chief priests and the ignorance of the people.

21. "But pay no attention, because the teaching of truth demands sacrifice that must be made.

22. "In their spirit, consciousness and knowledge the people are still not very great, so they must first bring upon themselves much guilt and error before they learn thereby to accumulate knowledge and wisdom so that they can recognize truth.

23. So also aber alles geschehe und das Wissen der Wahrheit in den Menschen reiche Ernte halte, schreibe meine Lehre und mein Leben ein andermal, so sie überliefert bleiben und der Wahrheit Früchte tragen.

24. Bleibe künftighin bei mir, folge mir nach und übe treu deine Pflicht als Schreiber meiner Lehre, die also die Lehre der Naturgesetze ist, die die Urgesetze der Schöpfung sind.

25. Kein Wille wird je grösser sein denn der Wille der Schöpfung, der sich in den Gesetzen offenbart.

26. Die Gesetze der Schöpfung aber haben Gültigkeit für das Gestern und Heute, so aber also für das Morgen und Übermorgen und für alle Zeit.

27. So sind die Gesetze auch eine Bestimmung und so also eine Vorbestimmung für Dinge der Zukunft, die geschehen müssen».

23. "Write down my teaching and life story one more time so that all this will happen and the knowledge of truth in people will bring forth a rich harvest; thus my teachings will be handed down to posterity and bear fruits of the truth.

24. "Stay with me from now on, follow me and faithfully carry out your duty as the writer of my teaching, which is also the teaching of the laws of nature and thus the original laws of Creation.

25. "Never will there be a will greater than the will of Creation, which reveals itself through the laws.

26. "However, the laws of Creation are valid for yesterday, today, tomorrow, the day after tomorrow and for all time.

27. "Thus do the laws both determine and also predetermine things of the future that must happen."

Das 15. Kapitel

SINN DER GLEICHNISSE

1. An demselben Tage ging Jmmanuel hinaus und wanderte zum Meer, wo er sich setzte.

2. Und viel Volks versammelte sich um ihn, so, dass er in ein Schiff trat und sich setzte, und alles Volk stand am Ufer.

3. Und er redete zu ihnen mancherlei in Gleichnissen und sprach: «Sehet, es ging ein Sämann aus zu säen.

4. Indem er säte, fiel etliches an den Weg; da kamen die Vögel und frassen es auf.

5. Etliches fiel auf das Felsige, wo es nicht viel Erde hatte.

6. Und als die Sonne hochstieg, verwelkte es, und weil es nicht Wurzeln hatte, ward es dürre.

7. Etliches fiel unter die Dornen; und die Dornen wuchsen auf und erstickten es.

8. Etliches fiel auf gutes Land und trug Frucht, etliches hundertfältig, etliches sechzigfältig, etliches dreissigfältig.

9. Wer Ohren hat, der höre».

10. Und die Jünger traten zu ihm und sprachen: «Warum redest du zu ihnen in Gleichnissen, so sie deine Lehre doch nicht verstehen»?

11. Er antwortete und sprach: «Euch ist es gegeben, dass ihr die Geheimnisse des Geistes versteht, diesen aber ist es nicht gegeben.

12. Sie horchen wohl meinen Worten, doch leben und denken sie aber nach den irren Lehren ihrer Schriftgelehrten und Pharisäer.

13. Ihr Bewusstsein ist unwissend und leer, so sie also erst leben und denken lernen müssen.

14. Was wäre besser, sie lebend und denkend zu machen, wenn nicht durch das Sprechen in Gleichnissen!

15. Wahrlich, ich sage euch: Das Leben und das Wissen der Wahrheit sind nur dann wertvoll und gut, wenn sie durch eigenes Denken erlangt werden, so also durch das Lösen von Geheimnissen, die in Gleichnissen genannt werden.

CHAPTER 15

THE SENSE OF THE PARABLES

1. That same day Jmmanuel went out and walked to the sea, where he sat down.

2. Many people gathered around him, so that he stepped into a boat and sat down, and all the people stood on the shore.

3. He talked to them in parables about various things, saying, "Behold, a sower went out to sow.

4. "And while he sowed, some seeds fell on the pathway; then the birds came and ate them up.

5. "And some fell on the rocks, where there was not much soil.

6. "And as the sun rose high, they withered, and because they had no roots, they dried out.

7. "Some fell among the thorns; and the thorns grew up and smothered them.

8. "Some fell on good ground and bore fruit, some hundredfold, some sixtyfold, some thirtyfold.

9. "Those who have ears, let them hear."

10. The disciples stepped up to him and said, "Why do you give your teachings to them in parables, when they do not understand them?"

11. He answered, "It has been given to you to understand the secrets of the spirit, but it has not been given to them.

12. "They certainly hear my words, but they still live and think according to the false teachings of their scribes and Pharisees.

13. "Their consciousness is unknowing and empty, so they must first learn to think.

14. "What would be better to make them come alive and think, if not by speaking in parables!

15. "Truly, I say to you: Life and the knowledge of truth are only valuable and good when they are obtained through one's own thinking or through the solving of secrets provided by parables.

16. Noch ist der Mensch kleinwissend und ohne Erkenntnis, und die Gesetze der Schöpfung und die Kraft des Geistes sind ihm noch nicht bewusst.

17. Erst muss der Mensch lernen, die Wahrheit zu erkennen und also auch nach den Gesetzen der Schöpfung zu leben, so er dann wissend wird und mächtig im Geiste.

18. Denn also: Wer da hat, dem wird gegeben, dass er die Fülle habe; wer aber nicht hat, von dem wird auch genommen, was er hat.

19. Darum rede ich zu ihnen in Gleichnissen: Denn mit sehenden Augen sehen sie nicht, und mit hörenden Ohren hören sie nicht; und sie verstehen es auch nicht.

20. Und an ihnen wird die Weissagung Jesajas erfüllt, die da sagt: ‹Mit den Ohren werdet ihr hören und werdet es nicht verstehen; und mit sehenden Augen werdet ihr schauen und werdet es nicht erkennen›.

21. Denn dieses Volk ist verstockt in seinem Sinnen und Trachten, und die Ohren dieser Menschen hören übel, und ihre Augen schlummern, auf dass sie nicht etwa mit den Augen sehen und mit den Ohren hören und mit dem Verstand verstehen und sich der Wahrheit und den gegebenen Gesetzen der Schöpfung verstehend machen, so sie dadurch Hilfe und Wissen erlangen würden.

22. Denn das Volk Israel ist von den Schöpfungsgesetzen abtrünnig und verflucht, und niemals soll es Ruhe finden.

23. Sein Blut soll vergossen werden, denn es frevelt ohne Unterlass an den Gesetzen der Schöpfung.

24. Es wähnt sich über allen Menschengeschlechtern als ausersehenes Volk und also als eigene Rasse.

25. Welch böser Irrtum jedoch und welch böse Anmassung, denn so Israel nie ein Volk war und nie eine Rasse war, so also war es nie ein auserkorenes Menschengeschlecht.

26. Abtrünnig von allen Gesetzen der Schöpfung ist Israel eine Masse Volkes mit unrühmlicher Vergangenheit, mit Mord und Brand gezeichnet.

27. Nur wenige Väter in der Masse dieser Abtrünnigen haben eine ehrenvolle Vergangenheit und einen nachweisbaren Stammbaum.

16. "The human being still has little knowledge and is without insight, and the laws of Creation and the power of the spirit are not yet a reality to mankind.

17. "First, mankind must learn to recognize the truth and thus to live according to the laws of Creation so as to become knowledgeable and mighty in spirit.

18. "For those who have, to them will more be given, so that they have abundance; but those who have not, from them will be taken what they have.

19. "Therefore I speak to them in parables, because with seeing eyes they do not see, and with hearing ears they do not hear; nor do they understand.

20. "And in them the prophecy of Isaiah is fulfilled that says: 'With your ears you will hear and will not understand; and with seeing eyes you will see and not perceive.'

21. "For these people are hardened in their hearts, the ears of these human beings hear poorly and their eyes slumber, so that they will not see with their eyes, hear with their ears, understand with their minds, or comprehend the truth and the laws given by Creation, thereby attaining help and knowledge.

22. "For the people of Israel are unfaithful to the laws of Creation and are accursed and will never find peace.

23. "Their blood will be shed, because they constantly commit outrages against the laws of Creation.

24. "They presume themselves above all the human races as a chosen nation and thus as a separate race.

25. "What an evil error and what evil presumption, for inasmuch as Israel never was a nation or a race, so it was never a chosen race.

26. "Unfaithful to the laws of Creation, Israel is a mass of people with an inglorious past, characterized by murder and arson.

27. "Only few fathers in the masses of these unfaithful have an honorable past and a traceable family tree.

28. Diese jedoch gehören nicht zu dem Schlangen- und Otterngezücht, die sich dem irrigen jüdischen Glauben verschrieben haben.

29. Dem irrigen Glauben und den irren Lehren, die sie von Mose übernommen haben und der sie wiederum von den Ägyptern geraubt hat.

30. Diese wenigen Väter sind Wissende der Wahrheit und des wahrlichen Wissens, und sie anerkennen nur die Gesetze der Schöpfung.

31. Sie sind jedoch rar geworden in diesem Land, also sie zählbar sind an einer einzigen Hand eines Mannes.

32. Ihrer sind nur wenige, und niemandes Augen mögen sie erkennen, und niemandes Ohren mögen sie hören.

33. Aber selig sind eure Augen, dass sie sehen, und eure Ohren, dass sie hören.

34. Wahrlich, ich sage euch: Viele Propheten und Gerechte haben begehrt zu sehen, was ihr sehet, und haben's nicht gesehen; und zu hören, was ihr höret, und haben's nicht gehört.

35. So höret nun das Geheimnis von diesem Gleichnis über den Sämann:

36. Wenn jemand das Wort der Wahrheit des Geistes und der Gesetze hört und nicht versteht, so kommt der Arge und reisst hinweg, was da gesät ist in seinen Verstand; das ist der, bei dem an den Weg gesät ist.

37. Bei dem aber, bei dem auf das Felsige gesät ist, das ist der, der das Wort hört und es alsbald aufnimmt mit Freuden.

38. Er aber hat nicht Wurzeln in sich, so das Gehörte festwachsen könnte, sondern er ist wetterwendisch; wenn sich Trübsal und Verfolgung erhebt um der Wahrheit willen, so nimmt er Ärgernis.

39. Bei dem aber unter die Dornen gesät ist, das ist der, der das Wort hört, doch die Sorge der Welt und der Betrug des materiellen Reichtums ersticken die Wahrheit und das Wissen, und also bringt er keine Frucht.

40. Bei dem aber in das gute Land gesät ist, das ist der, der das Wort aufnimmt und die Wahrheit sucht und findet, so er nach den Gesetzen der Wahrheit leben kann; so er die Frucht wachsen und reifen lässt und reiche Ernte bringt; und der eine trägt hundertfältig, der andere sechzigfältig, der andere dreissigfältig.

28. "These, however, do not belong to the generation of vipers who have pledged themselves to the false Judaic faith,

29. "to the false beliefs and false teachings that they took over from Moses who in turn stole them from the Egyptians.

30. "These few patriarchs are knowers of truth and true knowledge, and they recognize only the laws of Creation.

31. "However, they have become rare in this land and can be counted on one hand.

32. "They are only a few, and no one's eyes may see them, and no one's ears may hear them.

33. "But blessed are your eyes, that they see and your ears, that they hear.

34. "Truly, I say to you: Many prophets and righteous men have wanted to see what you see but did not see it and to hear what you hear but did not hear it.

35. "So listen now to the secret of this parable about the sower:

36. "If someone hears words of truth about the spirit or the laws and does not understand them, the evil one comes and snatches away what was sown in his mind; those were the seeds that were sown on the pathway.

37. "The seeds that were sown on the rocks are the ones who hear the word and immediately take it up with joy,

38. "but they have no roots in themselves, so that the seeds could firmly grow. They are fickle and take offense when misery and persecution arise on account of truthfulness.

39. "The seeds that were sown among the thorns are the ones who hear the word, but the cares of the world and the deception of material riches smother truth and knowledge, and they bring forth no fruit.

40. "The seeds that were sown on good ground are the ones who accept the word and seek and find the truth, so they can live according to the laws of truth. Thus they allow the fruit to grow and ripen, which brings forth a rich harvest; one person bears a hundredfold, another sixtyfold and another thirtyfold.

41. So gehet der Sinn der Gleichnisse, deren Geheimnisse enträtselt werden müssen von den Menschen, so sie denken lernen und Erkenntnisse finden.

42. Doch der Weg zur Weisheit und Wahrheitsfindung ist weit, und also die Befolgung der Gesetze der Schöpfung, die doch aber so offenkundig sind».

DAS UNKRAUT UNTER DER GUTEN FRUCHT

43. Er legte ihnen aber ein anderes Gleichnis vor und sprach: «Das geistige Reich ist gleich einem Menschen, der guten Samen auf seinen Acker säte.

44. Da er aber schlief, kam sein Feind und säte Unkraut zwischen die gute Sämerei und ging davon.

45. Da nun die Saat wuchs und Frucht brachte, da fand sich auch das Unkraut.

46. Da traten die Knechte zu dem Sämann und sprachen: ‹Herr, hast du nicht guten Samen auf deinen Acker gesät, woher hat er dann das Unkraut›?

47. Er sprach zu ihnen: ‹Das hat ein Feind getan›, da sprachen die Knechte: ‹Willst du denn, dass wir hingehen und es ausjäten›?

48. Er aber sprach: ‹Nein, auf dass ihr nicht zugleich die gute Frucht mit ausreisset, wenn ihr das Unkraut ausjätet.

49. Lasset beides miteinander wachsen bis zur Ernte; und um der Ernte Zeit will ich zu den Schnittern sagen: Sammelt zuvor das Unkraut und bindet es in Bündel, dass man es verbrenne und die Asche über das Feld streue, so es dem Erdreich Nahrung sei; die gute Frucht aber sammelt und stapelt sie mir in meiner Scheune›.

50. «Denn sehet», sprach Jmmanuel, «beide wachsen miteinander, das Unkraut und die gute Frucht.

51. Das Unkraut hindert die gute Frucht am Wachstum, doch aber wird das Unkraut später zu Dünger und nährt den Boden.

52. Wäre nicht das Unkraut, aus dem Nahrung für das Erdreich gemacht wird, so könnte die gute Frucht nicht wachsen, die doch also der Nahrung bedarf».

41. "These are the meanings of the parables, whose secrets must be deciphered by the people, in order that they learn to think and develop insights.

42. "Nevertheless, the path towards finding wisdom and truth is long. Compliance with the laws of Creation is also long, yet the laws are so obvious."

THE WEEDS AMONG THE GOOD FRUIT

43. He put before them another parable, saying, "The spiritual kingdom is like a man who planted good seeds in his field.

44. "But when he slept, his enemy came and sowed weeds among the good seeds and went away.

45. "When the plantings grew and bore fruit, the weeds also appeared.

46. "Then the servants came to the sower and said, 'Master, did you not sow good seed in your field? Where have the weeds come from?'

47. "He spoke to them, 'An enemy did this.' Then the servants said, 'Do you want us to go out and pull up the weeds?'

48. "But he said, 'No, lest you uproot the good fruit at the same time.

49. "'Let both grow together until the harvest, and around harvest time I will tell the reapers: First gather the weeds and bind them in bundles that they may be burned and the ashes strewn over the field so that the soil will be nourished; but gather the good fruit and stack it for me in my barn.'

50. "For behold," said Jmmanuel, "both grow side by side, the weeds and the good fruit.

51. "The weeds hinder the good fruit from growing, yet later the weeds will become compost and nourish the ground.

52. "Were it not for the weeds being made into nourishment for the soil, the good fruit could not grow since it needs nourishment."

DAS SENFKORN

53. Ein anderes Gleichnis legte er dem Volke vor und sprach: «Das geistige Reich ist gleich einem Senfkorn, das ein Mensch nahm und säte es auf seinen Acker.
54. Welches das kleinste ist unter den Samen; wenn es aber gewachsen ist, so ist es grösser als alle Sträucher und wird ein Baum, dass die Vögel unter dem Himmel kommen und wohnen in seinen Zweigen».

DER SAUERTEIG

55. Ein anderes Gleichnis redete er zum Volke: «Das geistige Reich ist einem Sauerteig gleich, den ein Weib nahm und vermengte ihn unter drei Scheffel Mehl, bis dass er ganz durchsäuert ward».
56. Solches alles redete Jmmanuel zu dem Volke in Gleichnissen, und ohne Gleichnisse redete er nichts zu ihnen.
57. Dies darum, auf dass erfüllet würde, was gesagt ist durch den Propheten, der da spricht: «Er wird seinen Mund auftun in Gleichnissen und wird aussprechen, was verborgen war von Anfang der Welt»; so das Volk daraus lernen möge und die Wahrheit finde und also die Gesetze erkenne und befolge.

DER SCHATZ IM ACKER
UND DIE KOSTBARE PERLE

58. «Wer Ohren hat, der höre: Das geistige Reich ist gleich einem verborgenen Schatz im Acker, welchen ein Mensch findet und verbirgt ihn; und in seiner Freude darüber geht er hin und verkauft alles, was er hat, und kauft den Acker.
59. Abermals ist das geistige Reich aber gleich einem Kaufmann, der gute Perlen suchte, und da er eine köstliche Perle fand, ging er hin und verkaufte alles, was er hatte, und kaufte sie.

DAS FISCHERNETZ

60. Abermals ist das geistige Reich gleich einem Netze, das ins Meer geworfen ward und allerlei Gattung fing.

THE MUSTARD SEED

53. He presented the people with another parable, saying, "The spiritual kingdom is like a mustard seed that a man took and sowed in his field.

54. "It is the smallest among the seeds, but when it is grown, it is bigger than all the shrubs and becomes a tree, so that the birds come from the sky and dwell in its branches."

THE LEAVEN

55. He told the people another parable, "The spiritual kingdom is like leaven, which a woman took and mixed into three bushels of flour until it was thoroughly leavened."

56. Jmmanuel told the people all this in parables, and he did not talk to them without using parables,

57. so that it would be fulfilled what was spoken through the prophet, who says, "He will open his mouth in parables and will proclaim what has been hidden since the beginning of the world." This was so that people could learn thereby, find the truth and recognize and follow the laws.

THE TREASURE IN THE FIELD
AND THE PRICELESS PEARL

58. "Those who have ears, let them hear: The spiritual kingdom is like a hidden treasure in the field, which a man finds and conceals; and in his joy over it he goes out and sells everything he has and buys the field.

59. "Once more, the spiritual kingdom is like a merchant who searched for fine pearls. When he found a precious pearl, he went and sold everything that he had and bought it.

THE FISH NET

60. "Again, the spiritual kingdom is like a net that was thrown into the sea and caught all kinds of fish.

61. Als es aber voll war, zogen sie es heraus an das Ufer, sassen und lasen die Guten in Gefässe zusammen, aber die Unnützen warfen sie weg.

62. So also ist das geistige Reich, das im Menschen herrscht, und dessen König der Mensch selbst ist.

63. Achtet daher der Gleichnisse und lernet ihre Geheimnisse zu lösen, so ihr denken lernet und die Gesetze der Schöpfung erkennet und befolgt.

64. Habt ihr das alles verstanden»?, und sie sprachen: «Ja».

65. Da sprach er: «Darum: Ein jeglicher Schriftgelehrter, der ein Jünger des geistigen Wissens und des geistigen Reiches geworden ist, gleicht einem Hausvater, der aus seinem Schatz Neues und Altes hervorholt».

IN NAZARETH

66. Und es begab sich, da Jmmanuel diese Gleichnisse beendet hatte, dass er von dannen ging.

67. So kam er in seine Vaterstadt Nazareth, und lehrte in der Synagoge, so sich das Volk entsetzte, und die Menschen sprachen: «Woher kommen diesem solche Weisheit und Taten?

68. Ist er nicht des Zimmermanns Josef Sohn, dessen Frau geschwängert war durch einen Wächterengel?

69. Heisst nicht seine Mutter Maria?

70. Sind nicht seine Brüder Judas und Joseph und Simeon und Jakobus?

71. Und seine Schwestern, sind sie nicht alle bei uns?

72. Woher kommen ihm denn alle diese Weisheit und die Macht für seine Taten»?

73. So nahmen sie Ärgernis an ihm und drohten, ihn den Gerichten zu überantworten.

74. Jmmanuel aber sprach: «Ein Prophet gilt nirgends weniger als in seinem eigenen Vaterlande und im eigenen Hause, was sich also bewahrheiten wird in alle Zukunft und solange der Mensch kleinwissend ist und den irren Lehren der Schriftgelehrten und Schriftenverdreher frönt.

61. "When it was full, the fishermen pulled it ashore, sat down, sorted the good fish into containers but threw the useless ones away.

62. "Such is the spiritual kingdom, which rules within humans and whose ruler is the human being.

63. "Accordingly, pay heed to the parables and learn to solve their secrets, so that you learn to think and recognize and follow the laws of Creation.

64. "Have you understood all this?" And they said, "Yes."

65. Then he said, "Therefore, every scribe who has become a disciple of the spiritual knowledge and the spiritual kingdom is like the father of a household who brings out of his treasure the new and the old."

IN NAZARETH

66. It happened that Jmmanuel went away from there after he had finished these parables,

67. and coming to his home town of Nazareth, he taught in the synagogue. The people were shocked, saying, "How did he come by such wisdom and mighty works?

68. "Is he not the son of the carpenter, Joseph, whose wife became pregnant by the son of a guardian angel?

69. "Is not his mother named Mary?

70. "Are not his brothers Judas, Joseph, Simeon and Jacob?

71. "And his sisters, are they not all with us?

72. "From where does he get all this wisdom and the power for his mighty works?"

73. So they took offense at him and threatened to turn him over to the courts.

74. But Jmmanuel spoke, "A prophet is never esteemed less than in his own country and in his own house, which will prove true for all the future, as long as humanity has little knowledge and is enslaved by the false teachings of the scribes and the distorters of true scripture.

75. So wird es sich bewahrheiten also in zweimal tausend Jahren, wenn der Mensch wissend und denkend geworden ist und meine wirkliche Lehre unverfälscht neu offenbart wird.

76. Der neue Prophet jener fernen Zukunft wird nicht soviel Kraft und Macht besitzen über das Übel und die Krankheiten.

77. Sein Wissen aber wird das meine überhaben und seine Offenbarungen über meine wirkliche Lehre werden das Gefüge der ganzen Erde erschüttern, denn zu seiner Zeit wird die Welt durch meine, durch die Schriftenverdreher verfälschte Lehre überschwemmt sein und in irren todbringenden Kulten leben.

78. Es wird die Zeit sein, da Kriege aus dem Weltenraum zu drohen beginnen und viele neue Götter die Herrschaft über die Erde suchen werden.

79. Wahrlich, wahrlich, ich sage euch: Der neue Prophet wird nicht nur von einem falschen Volk verfolgt werden, so wie mir geschehen wird, denn er wird von der ganzen Welt verfolgt sein und von vielen irrigen Kulten, die viele falsche Propheten erstellen.

80. Noch ehe die zweimal tausend Jahre voll sind, wird der neue Prophet meine Lehre unverfälscht in kleinen Gruppen offenbaren, wie ich also in kleiner Gruppe meinen Vertrauten und Jüngern die Weisheit und das Wissen und die Gesetze des Geistes und der Schöpfung lehre.

81. Sein Weg wird jedoch sehr schwer sein und voller Hindernisse, denn er wird seine Mission in einem Lande des Friedens im Norden beginnen, da aber ein strenger falscher Kult aus meiner, von den Schriftenverdrehern verfälschten Lehre herrschen wird.

82. So weissage ich, und so wird es sein».

83. Und er tat daselbst nicht grosse Zeichen seiner Kraft, und tat nicht kund sein grosses Wissen, um ihrer Wahrheits-Verschmähung willen.

75. "So it will prove true in two thousand years, when mankind has become knowing and thinking, that my actual unfalsified teaching will be revealed anew.

76. "The new prophet of that distant future will not possess so much strength and power over evil and sickness,

77. "but his knowledge will be above mine and his revelations about my real teaching will shake the framework of the whole earth, because at his time the world will be inundated by my teachings as falsified by the scribal distorters and will be living in a false sect that will bring death.

78. "It will be a time when wars from space begin to threaten, and many new gods will seek power to rule over the earth.

79. "Truly, truly, I say to you: The new prophet will be persecuted not only by a distrustful people, as will happen to me, but also by the whole world and by many false sects that will provide many false prophets.

80. "Yet, by the end of two thousand years the new prophet will reveal my unfalsified teaching to small groups, as I also teach to small groups of trusted friends and disciples the wisdom and knowledge and laws of the spirit and of Creation.

81. "Nevertheless, his path will be very difficult and full of obstacles, because he will begin his mission in a peace-loving country in the North, ruled by a rigid false sect based upon scriptural distortions of my teachings.

82. "Thus I prophesy, and thus it will be."

83. And there he did not show great signs of his power, and did not make known his great wisdom, because of their disdain for the truth.

Das 16. Kapitel

HERODES UND DER TÄUFER

1. Zu der Zeit, als Jmmanuel in Nazareth weilte, drang die Kunde über ihn vor zu Herodes.

2. Und er sprach zu seinen Leuten: «Das ist sicher Johannes der Täufer; der ist von den Toten auferstanden, deshalb wirken in ihm solche Kräfte».

3. Denn Herodes hatte Johannes gegriffen, gebunden und in das Gefängnis gelegt wegen der Herodias, der Frau seines Bruders Philippus, und hatte ihm den Kopf abschlagen lassen.

4. Es begab sich zuvor aber so, dass Johannes ihn rügte und sprach: «Es ist nicht gut, dass du dir Herodias zu eigen machst, denn du hast mit ihr, mit deines Bruders Weib, Ehebruch begangen, so ihr also bestraft werden müsst nach dem Gesetze».

5. Deshalb hätte er den Täufer gerne getötet, fürchtete sich aber vor dem Volk; denn sie hielten diesen für einen Propheten.

6. Da aber Herodes seinen Geburtstag beging, da tanzte die Tochter Herodias' vor ihnen, was Herodes sehr wohl gefiel.

7. Darum verhiess er ihr mit einem gesetzwidrigen Eide, er wolle ihr geben was sie von ihm fordern würde.

8. Und wie sie danach von ihrer Mutter angestiftet war, sprach sie: «Bring mir dar auf einer silbernen Schüssel das Haupt des Johannes des Täufers».

9. Die Tochter Herodias' aber weinte dabei, denn sie war für Johannes den Täufer in Liebe entfacht, nicht nur, weil sie auch seiner Lehre anhängig war.

10. Und der König war froh, dass Herodias ihre Tochter überredet hatte, das Haupt des Täufers zu fordern, denn so traf ihn vor dem Volk keine Schuld, da er ja den Eid geleistet hatte.

11. Herodias' Tochter aber wusste nicht, dass Herodes und ihre Mutter schon vor dem Tanze eins waren, durch sie das Haupt des Täufers zu fordern.

Chapter 16

HEROD AND THE BAPTIST

1. At the time that Jmmanuel dwelled in Nazareth, news about him reached Herod.

2. And he spoke to his people, "This surely is John the Baptist, who has arisen from the dead and therefore possesses such mighty powers."

3. For Herod had seized John, bound him and put him into prison because of Herodias, the wife of his brother Philippus, and had him beheaded.

4. It occurred that John reprimanded Herod, saying, "It is not good that you have taken Herodias, because you have committed adultery with her and you have to be punished according to the law."

5. He would have liked to kill the Baptist but was afraid of the people, because they considered him to be a prophet.

6. However, when Herod celebrated his birthday, the daughter of Herodias danced before them, which pleased Herod a lot.

7. Therefore he promised, with an unlawful oath, that he would give her whatever she would demand of him.

8. And after that she said, as she had been instructed by her mother, "Bring to me the head of John the Baptist on a silver platter."

9. The daughter of Herodias cried as she said it, for she loved John the Baptist, and not just because she believed in his teaching.

10. The king was glad that Herodias had persuaded her daughter to demand the head of John the Baptist, because this way he was not guilty in the eyes of the people, inasmuch as he had given an oath.

11. But Herodias' daughter did not know that Herod and her mother had agreed, even before the dance, to demand the head of John the Baptist through her.

12. Und so schickte Herodes hin und liess Johannes im Gefängnis enthaupten.

13. Und sein Haupt war hergetragen auf einer silbernen Schüssel und dem Mädchen gegeben.

14. Also küsste es dann die Stirn des abgeschlagenen Hauptes, weinte bitterlich und sprach:

15. «Ich wusste nicht, dass die Liebe so bitter schmeckt».

16. Alsdann brachte sie das Haupt des Täufers ihrer Mutter.

17. Dann aber kamen seine Jünger und nahmen seinen Leichnam und begruben ihn, so also sie dann kamen zu Jmmanuel und verkündeten ihm das Geschehen.

18. Und da Jmmanuel das hörte, überkam ihn Furcht und er wich von dannen auf einem Schiff in eine einsame Gegend, doch so das Volk das hörte, folgte es ihm nach zu Fuss aus den Städten.

19. Und Jmmanuel sah vom Wasser aus die grosse Menge; und es jammerte ihn derselben, so er an Land ging und ihre Kranken heilte.

SPEISUNG DER FÜNFTAUSEND

20. Am Abend aber traten seine Jünger zu ihm und sprachen: «Die Gegend ist öde und die Nacht fällt über das Land; lasse das Volk von dir gehen, so sie mögen kaufen Speis und Trank in den Dörfern».

21. Aber Jmmanuel sprach: «Es ist nicht Not, dass sie hingehen; gebet ihnen zu essen und zu trinken».

22. Sie aber sprachen: «Wir haben hier nichts als fünf Brote und drei Fische».

23. Und er sprach: «So bringt sie mir her».

24. Und er hiess das Volk sich lagern und nahm die fünf Brote und die drei Fische, sprach geheimnisvolle Worte und brach die Brote und die Fische und gab sie den Jüngern, und die Jünger gaben sie dem Volk.

25. Und sie assen alle und wurden satt und hoben auf, was übrigblieb von Brocken, zwölf Körbe voll.

26. Die aber gegessen hatten, waren bei fünftausend Menschen.

12. Thus Herod sent someone and had John beheaded in prison.

13. His head was carried in on a silver platter and given to the young girl.

14. She kissed the brow of the head that had been cut off, cried bitterly and said,

15. "I did not know that love tastes so bitter."

16. Then she brought the head of the Baptist to her mother.

17. His disciples then came, took up the body and buried it. Then they went to Jmmanuel and told him what had happened.

18. When Jmmanuel heard this he was overcome with fear, and he went away on a boat to a deserted area. When the people heard that, they followed him on foot from the cities.

19. Jmmanuel saw the large crowd from the water. Feeling sorry for them, he went ashore and healed their sick.

THE FEEDING OF THE FIVE THOUSAND

20. In the evening his disciples came to him and said, "This area is so deserted and night is falling; tell the people to go away so that they can buy food and drink in the villages."

21. Jmmanuel said, "It is not necessary that they go away; give them something to eat and drink."

22. But they said, "We have nothing here but five loaves of bread and three fish."

23. Jmmanuel said, "Bring them to me."

24. Telling the people to sit down, he took the five loaves of bread and the three fish. Then he said some secret words, broke the loaves of bread and the fish and gave them to his disciples, who gave them to the people.

25. They all ate and were filled and saved what had been left over, twelve baskets full of morsels.

26. And there were about five thousand who had eaten.

WANDELN AUF DEM MEER

27. Und alsbald forderte Jmmanuel seine Jünger, dass sie in das Schiff traten und vor ihm hinüberfuhren in die Stadt, bis dass er das Volk von sich entlasse.

28. Und da er das Volk von sich gelassen hatte, stieg er allein auf einen kleinen Berg, dass er sich erhole und seine erschöpfte Kraft neu sammle, und also war er am Abend allein daselbst.

29. Und das Schiff der Jünger war zu der Zeit mitten auf dem Meer und litt Not von den Wellen; denn der Wind war ihnen entgegen, und der Sturm war über ihnen.

30. Aber in der vierten Nachtwache kam Jmmanuel zu ihnen und ging auf dem Wasser des Meeres.

31. Und da ihn seine Jünger sahen auf dem Wasser gehen, erschraken sie sehr und sprachen: «Er ist ein Gespenst», und sie schrien vor Furcht.

32. Aber alsbald kam Jmmanuel näher und redete mit ihnen und sprach: «Seid getrost, ich bin es; fürchtet euch nicht».

33. «Meister, bist du es»?, fragte Petrus aber.

34. Jmmanuel aber sprach: «Wahrlich, ich bin es».

35. Petrus aber antwortete ihm und sprach: «Meister, bist du es, so lasse mich zu dir kommen auf dem Wasser».

36. Und Jmmanuel sprach: «Komm her zu mir und fürchte dich nicht.

37. Erfasse und wisse, dass die Wasser dich tragen, und sie werden dich tragen.

38. Zweifle nicht an deinem Wissen und Können, so dir also die Wasser fester Grund sein werden».

39. Und Petrus trat aus dem Schiff und ging auf den Wassern und ging auf Jmmanuel zu.

40. Als aber ein lauter Donner das Heulen des Sturmes zerriss, erschrak er und hub an zu sinken, schrie und sprach: «Jmmanuel, hilf mir»!

41. Jmmanuel aber eilte zu ihm und reckte alsbald die Hand aus und ergriff ihn und sprach: «Oh du Kleinwissender, warum erschrickst du, und warum zweifelst du im Schreck?

WALKING ON THE SEA

27. Soon Jmmanuel asked his disciples to get into the boat and to proceed without him to the city, until he could dismiss all the people.

28. After he had sent the people away, he climbed on a small mountain by himself so that he could rest and regain his strength. In the evening he was there by himself.

29. The disciples' boat was at that time in the middle of the sea and suffered a great deal because of the waves, because the wind was contrary and a storm was over them.

30. During the fourth night watch, Jmmanuel came towards them, walking on the waves of the sea.

31. When his disciples saw him walk on the water, they were terrified and said, "He is a ghost!" They were screaming with fear.

32. But soon Jmmanuel came nearer, spoke to them and said, "Be comforted, it is I, do not be afraid."

33. "Master, is it you?" Peter asked.

34. "Truly, it is I," said Jmmanuel.

35. Peter answered him, "Master, if it is you, please let me come to you on the water."

36. Jmmanuel said, "Come here to me and don't be afraid.

37. "Understand and know that the water is carrying you, and it shall carry you.

38. "Do not doubt your knowledge and ability, and the water will be a firm foundation."

39. And Peter stepped out of the boat, walked on the water and approached Jmmanuel.

40. But when strong thunder ripped through the howling storm, he was startled and began to sink, screaming, "Jmmanuel, help me!"

41. Jmmanuel quickly went to him, stretched out his hand and grabbed him, saying, "Oh you of little knowledge, why are you startled, and why do you doubt when startled?

42. Die Kraft deines Wissens gibt dir das Können, so du eben gesehen hast.

43. Meinen Worten hast du vertraut ehe der Donner kam, dann aber bist du erschrocken und hast gezweifelt, so dich also die Kraft des Wissens verliess und dein Können dahinschwand.

44. Zweifle nie an der Kraft deines Geistess, der doch ein Teil der Schöpfung selbst ist und daher keine Grenzen der Macht kennt.

45. Siehe, da war ein Vöglein, das in grossen Höhen kreiste und pfeifend sich des Lebens freute, da kam ein Windstosss und brachte es ins Wanken, und also zweifelte es plötzlich an der Kraft seiner Flugkunst und stürzte ab und war tot.

46. Zweifle daher nie an der Kraft deines Geistes und zweifle nie an deinem Wissen und Können, wenn dir die Logik das Gesetz der Schöpfung in Wahrheit und Richtigkeit beweist».

47. Und sie traten in das Schiff und Jmmanuel gebot dem Sturme, so der sich legte und die Winde verliefen.

48. Die aber in dem Schiffe waren, wunderten sich und sprachen: «Du bist wahrlich ein Meister des Geistes und ein Wissender der Schöpfungsgesetze.

49. Deinesgleichen war uns noch nie geboren und also kein uns bekannter Prophet hatte diese Macht».

50. Jmmanuel aber antwortete: «Ich sage euch: Es gibt grössere Meister der geistigen Kraft denn mich, und es sind sie, dies unsere Ur-Ur-Ur-Urväter des Petale.

51. Und gross sind auch die, die aus dem Weltenraum kamen, und der grösste unter ihnen ist Gott, und er ist der geistige Herrscher der drei Menschengeschlechter.

52. Über ihm jedoch steht die Schöpfung, deren Gesetze er treulich befolgt und achtet, also er auch nicht allmächtig ist, wie es nur die Schöpfung selbst sein kann.

53. So sind auch Grenzen gesetzt für ihn, der sich Gott nennen lässt und über Kaisern und Königen steht, wie es das Wort besagt.

42. "The power of your knowledge gives you the ability, as you have just witnessed.

43. "You trusted in my words before the thunder came, but then you were startled and began to doubt, and then the power of knowledge left you and your ability disappeared.

44. "Never doubt in the power of the spirit, which is part of Creation itself and therefore does not know any limits of power.

45. "Behold, there was a little bird that circled high in the sky and whistled rejoicing about life when a strong gust of wind came and made it waver. It suddenly doubted its power to fly, plummeted down and was killed.

46. "Therefore, never doubt the power of your spirit and never doubt your knowledge and ability, when logic proves to you the law of Creation in truth and correctness."

47. They stepped into the boat, and Jmmanuel commanded the storm to stop. It abated, and the winds ceased.

48. Those who were in the boat marvelled and said, "You are indeed a master of the spirit and someone who knows the laws of Creation.

49. "No one like you has ever been born, nor has any prophet known to us had such power."

50. But Jmmanuel answered, "I tell you there are greater masters of spiritual power than I, and they are our distant ancestors of Petale [the mental plane close to Creation].

51. And great are they also, those who came out of space, and the greatest among them is god, and he is the spiritual ruler of three human races.

52. "But above him is Creation whose laws he faithfully follows and respects; therefore he is not omnipotent, as only Creation itself can be.

53. "Thus there are limits for him who allows himself to be called god and who is above emperors and kings, as the word says

54. Der Mensch aber ist unwissend und unreif, so er also Gott als die Schöpfung glaubt und einer irrigen Lehre frönt, wie sie die Schriftenverdreher verfälscht haben.

55. So der Mensch also an Gott glaubt, weiss er also nicht um die Wahrheit der Schöpfung, denn Gott ist Mensch also wie wir.

56. Es ist der Unterschied aber, dass er in seinem Bewusstsein und Wissen und in der Weisheit, Logik und Liebe tausendfach grösser ist denn ihr, und grösser als alle Menschen der Erde.

57. Er ist aber nicht die Schöpfung, die unendlich ist und keine Form hat.

58. So also ist Gott auch eine Kreatur der Schöpfung, die nach unlogischem Menschenerachten keinen Anfang und kein Ende hat».

59. Und sie fuhren hinüber und kamen ans Land nach Genezareth.

60. Und da die Leute an diesem Ort seiner gewahr wurden, schickten sie aus in das ganze Land umher und brachten alle Kranken zu ihm.

61. Dann baten sie ihn, dass sie nur seines Kleides Saum berühren dürften, so sie geheilt würden.

62. Und also geschah es; die seines Kleides Saum anrührten, wurden gesund.

54. "People are ignorant and immature because they consider god as Creation and follow the false teachings that were adulterated by scribal distorters.

55. "Thus, when people believe in god, they do not know about the truth of Creation, because god is human as we are.

56. "There is a difference, however, that in his consciousness and wisdom, logic and love he is a thousand times greater than we and greater than all people upon this earth.

57. "But he is not Creation, which is infinite and without any form.

58. "Thus, god is also a creature of the Creation, which, according to illogical human judgment, has no beginning and no end."

59. They sailed across the sea and went ashore at Gennesaret.

60. When the people there became aware of him they sent word all over the land and brought to him all who were sick.

61. They asked him if they might only touch the hem of his garment so that they would be healed.

62. Thus it took place; those that touched the hem of his garment became well.

Das 17. Kapitel

MENSCHENGEBOTE UND SCHÖPFUNGSGESETZE

1. Da kamen zu Jmmanuel Pharisäer und Schriftgelehrte von Jerusalem und sprachen:

2. «Warum missachten deine Jünger die Satzungen der Ältesten»?

3. Er antwortete und sprach zu ihnen: «Warum übertretet denn ihr die Gesetze der Schöpfung um eurer Satzungen willen?

4. Mose hat nach den Gesetzen der Menschen gesagt: ‹Du musst Vater und Mutter ehren; wer aber Vater und Mutter zu Unrecht unehrt, der soll des Todes sterben›.

5. Die Lehre der Schöpfungsgesetze ist also die: Du sollst Vater und Mutter ehren; wer aber Vater und Mutter nicht ehrt, der soll ausgestossen sein aus der Familie und aus der Gesellschaft der Rechtschaffenen.

6. Ihr aber lehret: Wer zu Vater oder Mutter spricht: ‹Ich opfere dem Kult das, was ihm für euch soll von mir zukommen, so ich also frei bin gegen euch›.

7. Also, so lehret ihr irre, denn braucht einer seinen Vater oder seine Mutter nicht mehr zu ehren, dann habt ihr die Gesetze der Schöpfung aufgehoben, um eurer Satzungen und eurer Machtgier willen.

8. Ihr Heuchler, gar fein hat Jesaja von euch geweissagt und gesprochen:

9. ‹Das Volk Israel ehrt die Schöpfung mit seinen Lippen, aber sein Herz und sein Wissen sind ferne von ihr.

10. Vergeblich dienen sie ihrem Kult, weil sie lehren solche verfälschten und verlogenen Lehren, die nichts als Menschengebote sind›».

11. Und Jmmanuel rief das Volk zu sich und sprach: «Höret zu und fasset es!

Chapter 17

THE HUMAN COMMANDMENTS AND
THE LAWS OF CREATION

1. Pharisees and scribes from Jerusalem came to Jmmanuel, saying,

2. "Why do your disciples disregard the laws of the elders?"

3. He answered, "Why do you violate the laws of Creation by following your laws?

4. "Moses said, according to the laws of mankind, 'You must honor your father and your mother; but those who unjustly honor their father and mother shall die.'

5. "The teaching of the laws of Creation is this: You shall honor father and mother; a person who does not honor father and mother shall be expelled from his family and the society of the righteous.

6. "But you teach people to say to their father or mother, 'I sacrifice to the sect whatever is supposed to be yours, so I am free from you.'

7. "Therefore you wrongly teach that people no longer need to honor their father or mother. Thus you have traded the laws of Creation for your own laws and lust for power.

8. "You hypocrites, Isaiah prophesied about you accurately, saying,

9. "'The people of Israel honor Creation with their lips, but their heart and their knowledge are far from it.

10. "'They serve their sect in vain because they teach such falsified and deceptive beliefs, which are nothing but man-made laws.'"

11. And Jmmanuel called the multitude to him and said: "Listen and understand!

12. Die Lehren der Schriftgelehrten und Pharisäer sind falsch und verlogen, denn sie predigen euch Menschensatzungen, die keine Gesetze der Schöpfung sind».

13. Da traten seine Jünger zu ihm und sprachen: «Weisst du auch, dass die Schriftgelehrten und Pharisäer an deinem Wort Ärgernis nahmen, als sie es hörten?

14. Sie sind hingegangen, wider dich zu zeugen und dich deiner Lehre wegen töten zu lassen».

15. Aber er antwortete und sprach: «Alle Pflanzen, die nicht nach den Gesetzen der Schöpfung leben, werden verdorren und verfaulen.

16. Lasset sie, sie sind blinde Blindenleiter; wenn aber ein Blinder einen andern Blinden leitet, so fallen sie beide in die Grube.

17. Doch wollen wir aber von dannen gehn, so also die Schergen ohne Beute bleiben».

18. Da antwortete Petrus und sprach zu ihm: «Deute uns deine Rede von den Pflanzen und von den Blinden».

19. Da aber rügte Jmmanuel seine Jünger und sprach: «Seid denn auch ihr noch immer unverständig und so auch unwissend und zweifelnd im Erkennen, Erfassen und Verstehen?

20. Lange Zeit seid ihr nun mit mir zusammen, doch es fehlt euch noch immer am Vermögen des Denkens und an der Erkennung der Wahrheit.

21. Wahrlich, ich sage euch: Ihr selbst werdet viel dazutun, meine Lehre in der Zukunft zu verfälschen.

22. Mit eurem Wissen nämlich gereicht ihr nur wenig über das der anderen Menschen hinaus.

23. Merket ihr denn noch nicht, dass alle Gleichnisse und Reden einen geistigen Sinn haben, und sie also das geistige Leben des Menschen besprechen?

24. Oh, ihr Kleinwissenden, reicht euer Verstand noch nicht über die Dummheit des Volkes hinaus?

25. Hütet euch, so ihr sonst mich in falschem Lichte seht und mich einer Herkunft bezichtigt, der ich nicht entstammen kann».

12. "The teachings of the scribes and Pharisees are wrong and falsified, because they teach you man-made laws, which are not the laws of Creation."

13. And his disciples came to him and said, "Do you know that the scribes and the Pharisees took objection to your word when they heard it?

14. "They went out to witness against you and to have you killed because of your teaching."

15. But he answered and spoke, "All plants that do not live according to the laws of Creation, will dry up and rot.

16. "Let them, because they are the blind leading the blind; but when a blind man leads another blind man, both will fall into the ditch.

17. "Let us go away, so that the persecutors remain without booty."

18. Peter said to him, "Please interpret your speech about the plants and the blind men for us."

19. But Jmmanuel reprimanded his disciples and said, "Are you also still without understanding and therefore ignorant and doubting in recognition, comprehension and understanding?

20. "You have been with me for a long time, but you still lack the ability to think and recognize the truth.

21. "Truly, I say to you: You yourselves will do much towards falsifying my teaching in the future.

22. "With your knowledge you barely exceed that of the other people.

23. "Haven't you realized yet that all the parables and speeches have a spiritual meaning and are therefore about the spiritual life of men?

24. "Oh, you of little knowledge, does your understanding still not exceed the stupidity of the people?

25. "Beware, or you will see me in a false light and accuse me of an origin that I cannot claim."

Das 18. Kapitel

ZEICHENFORDERUNG DER PHARISÄER

1. Jmmanuel aber ging von dannen und entwich in die Gegend von Sidon und Tyrus.

2. Und siehe, da traten die Sadduzäer und Pharisäer zu ihm und forderten, dass er sie ein Zeichen der geistigen Kraft sehen liesse.

3. Er aber antwortete und sprach: «Am Abend sprecht ihr: ‹Es wird ein schöner Tag werden, denn der Himmel ist rot›.

4. Und des Morgens sprecht ihr: ‹Es wird heute Ungewitter sein, denn der Himmel ist rot und trübe›, so also ihr über des Himmels Aussehen beurteilen könnt; vermöget ihr dann nicht auch über die Zeichen der Zeit zu beurteilen?

5. Dieses böse und abtrünnige Geschlecht sucht ein Zeichen; und es soll ihm aber kein Zeichen gegeben werden, denn das Zeichen des Jona, der lebend im Bauche des Fisches verschwand und lebend in seinem Bauche weilte und dann lebend wieder ans Licht kam».

6. Und er liess sie und ging davon.

DER SAUERTEIG DER PHARISÄER

7. So sie über das Meer schifften und ans andere Ufer kamen, hatten sie vergessen, Brot mit sich zu nehmen.

8. Jmmanuel aber sprach zu ihnen: «Sehet zu und hütet euch vor dem Sauerteig der Pharisäer und Sadduzäer».

9. Da redeten sie untereinander und sprachen: «Das wird es sein, dass wir nicht haben mitgenommen Brot und sonstiges zu essen».

10. Da das aber Jmmanuel hörte, war er unwillig und sprach: «Ihr Kleinwissenden, was bekümmert ihr euch doch, dass ihr nicht Brot habt?

11. Verstehet ihr denn noch nicht, und könnt ihr keine Gedanken finden, meine Reden zu verstehen?

12. Seid ihr denn so kleinwissend und ohne Verstand, dass ihr den Sinn nicht erkennen könnt?

Chapter 18

THE PHARISEES DEMAND A SIGN

1. Jmmanuel went away and escaped to the area of Sidon and Tyre.

2. And behold, the Sadducees and Pharisees came to him and demanded that he let them see a sign of his spiritual power.

3. But he answered, "In the evening you say, 'Tomorrow will be a fair day, because the sky is red.'

4. "And in the morning you say, 'Today will be foul weather, because the sky is red and cloudy.' So you can discern the appearance of the sky, but can't you then also discern the signs of the time?

5. "This wicked and faithless generation is seeking a sign; there shall be no sign given to it but the sign of Jonah who disappeared alive into the belly of the fish, stayed therein and came again alive into the light."

6. And he left them and went away.

THE LEAVEN OF THE PHARISEES

7. When they sailed across the sea and arrived ashore on the other side, they had forgotten to take bread along.

8. And Jmmanuel spoke to them, "Take care and beware of the leaven of the Pharisees and the Sadducees."

9. They spoke to each other and said, "That probably means something to the effect that we haven't taken along bread or something else to eat."

10. When Jmmanuel heard this, he was angry and said, "Oh you of little knowledge, why does it worry you that you have no bread?

11. "Don't you understand yet, and can't you have the imagination to understand my words?

12. "Are you of such little knowledge and without understanding that you are unable to recognize the meaning?

13. Verstehet ihr noch nicht, und wollt ihr für alle Zeiten nicht verstehen?

14. Denket ihr nicht an die fünf Brote und die drei Fische unter die Fünftausend und wieviel Körbe ihr da aufhobet?

15. Wie verstehet ihr denn nicht, dass ich nicht vom Brote zu euch rede, das ihr täglich esset?, denn ich sage euch das, dass ihr euch hütet vor dem Sauerteig der Pharisäer und Sadduzäer».

16. Da endlich verstanden sie, dass er nicht gesagt hatte, dass sie sich hüten sollten vor dem Sauerteig des Brotes, sondern vor den irren und verfälschten Lehren der Schriftgelehrten und Pharisäer.

PETRUS' GLAUBE

17. Jmmanuel kam in die Gegend von Cäsarea Philippi und fragte seine Jünger und sprach: «Wer, sagen die Leute, dass ich sei»?

18. Sie sprachen: «Etliche sagen, du seist Johannes der Täufer; andere, du seist Elia; wieder andere, du seist Jeremia oder sonst einer der alten Propheten».

19. Er aber sprach zu ihnen: «Wer aber saget denn ihr, dass ich sei»?

20. Da antwortete Simon Petrus und sprach: «Du bist der prophezeite Messias und ein Sohn des lebendigen Gottes, des geistigen Herrschers der drei Menschengeschlechter».

21. Da ward Jmmanuel zornig und antwortete und sprach zu ihm: «Oh du Unglücklicher, meine Lehre hat dir das nicht offenbart, denn ich unterrichtete dich in der Wahrheit.

22. Und ich sage dir auch: Du bist wohl ein treuer Jünger, doch dein Verstand muss mit dem eines Kindes gemessen werden.

23. Du bist Petrus, und auf deinen Felsen kann ich meine Lehre nicht bauen, und du wirst die Pforten des Unverstandes öffnen, so die Menschen überwältigt von deiner irren Auslegung meiner Lehre darin eingehen werden und einer verfälschten Lehre leben.

24. Nicht kann ich dir den Schlüssel des geistigen Reiches geben, sonst du damit irrige Schlösser und falsche Pforten öffnen würdest.

13. "Do you still not understand, and do you wish not to understand for all time to come?

14. "Don't you remember the five loaves of bread and the three fish divided among the five thousand and how many baskets you lifted up?

15. "How is it that you do not understand that I am not speaking to you about the bread that you eat every day? But I tell you this, beware of the leaven of the Pharisees and the Sadducees."

16. Then they finally understood that he had not said to beware of the leaven of the bread, but of the false and adulterated teachings of the scribes and Pharisees.

PETER'S FAITH

17. Jmmanuel came into the area of Caesarea Philippi and asked his disciples, "Who do the people say that I am?"

18. They said, "Some say that you are John the Baptist, others that you are Elijah and others again that you are Jeremiah or one of the old prophets."

19. And he said to them, "But who do you say that I am?"

20. Simon Peter answered, "You are the prophesied Messiah and a son of the living god who is the spiritual ruler of three human races."

21. Jmmanuel became angry and answered him, "Oh you unfortunate one, my teaching has not revealed that to you, because I instructed you in the truth.

22. "And I also tell you: You certainly are a faithful disciple, but your understanding must be compared to that of a child.

23. "You are Peter, and I cannot build my teachings on your rock. You will open the portals of ignorance, so that people will be overcome by your false interpretation of my teaching and will follow it and live according to falsified teachings.

24. "I cannot give you the key of the spiritual kingdom, otherwise you would open false locks and wrong portals with it.

25. Nicht der Sohn eines geistigen Herrschers dreier Menschengeschlechter bin ich, und so also nicht der Sohn Gottes; und also ist geistig herrschend allein nur die Schöpfung, niemals aber ein Mensch; enthebe dich also dieser irren Lehre und lerne die Wahrheit.

26. Meine Mutter ist die Maria, die mich wahrlich zeugend empfangen hat durch einen Wächterengel, einen Nachfahren unserer weit aus dem Weltenraum hergereisten Urväter, und mein irdischer Vater ist Josef, der nur Vaterschaft an mir vertritt».

27. Da bedrohte er seine Jünger, dass sie solches niemals sagen oder fälschlich annehmen sollten, und dass sie nicht verbreiten dürften die irre Lehre des Petrus.

LEIDENSANKÜNDIGUNG

28. Seit der Zeit fing Jmmanuel an und zeigte seinen Jüngern, wie er müsste hin nach Jerusalem gehen und viel leiden von den Ältesten und Schriftgelehrten und Hohenpriestern, da er nicht umhin komme, ihnen seine Lehre zu bringen.

29. Und Petrus nahm ihn zu sich, fuhr ihn an und sprach: «Das verhüte Gott oder die Schöpfung!

30. Das widerfahre dir nur nicht, denn sie werden dich fangen und foltern und töten».

31. Er aber wandte sich um zu Petrus und ward böse und sprach: «Hebe dich von meiner Seite, Satan, denn du bist mir ein Ärgernis, denn du meinst nicht, was geistig, sondern was menschlich ist.

32. Simon Petrus, zum wiederholten Male schaffst du Ärgernis und legst also dein unverständiges Denken dar.

33. Wahrlich, ich sage dir: Um deines Unverstandes willen wird die Welt viel Blut vergiessen, weil du also meine Lehre verfälschen und sie irrig unter das Volk bringen wirst.

34. Schuldig wirst du sein am Tode vieler Menschen, so also an der Entstehung eines falschen Namens für mich und der bösen Beschimpfung, dass ich Gottes Sohn wäre und dass Gott also die Schöpfung selbst sei.

25. "I am not the son of the spiritual ruler of three human races and therefore not the son of god, and so only Creation governs the spirit, but never a human being; therefore remove yourself from this erroneous teaching and learn the truth.

26. "My mother is Mary who conceived me through a guardian angel, a descendant of our ancestors from out of space, and my earthly father is Joseph who only acts as a father substitute."

27. He threatened his disciples never to tell or wrongly assume such things and not to spread the false teaching of Peter.

THE PROCLAMATION OF THE PASSION

28. From that time on, Jmmanuel began to tell his disciples that he would have to go to Jerusalem and suffer much from the elders, scribes and chief priests, because he could not help but keep his teaching from them.

29. Peter went up to him and angrily said to him, "May god or Creation prevent that!

30. "This had better not happen to you, because they will catch, torture and kill you."

31. He turned to Peter, became angry and said, "Get away from me, Satan, for you are an annoyance, because you are thinking not in spiritual, but in human terms.

32. "Simon Peter, again you make me angry and show your ignorant thinking.

33. "Truly, I say to you: Because of your ignorance the world will shed much blood, because you will falsify my teaching and spread it erroneously among the people.

34. "You will be guilty of the death of many people, the origin of a false name for me and the evil insults of calling me the son of god, and calling god Creation itself.

35. Noch aber stehst du unter der Gnade meiner Langmut, so du also deine Unvernunft noch um einige Spannen belehren kannst».

36. Da sprach Jmmanuel zu seinen Jüngern: «Will jemand meine Lehre befolgen, der nehme die Last der Wahrheitssuche und der Erkennung und des Verstehens auf sich.

37. Denn wer sein Leben in Wahrheit und Wissen lebt, der wird siegen; wer aber sein Leben in Unwahrheit und Unwissen lebt, der wird verlieren.

38. Was hülfe es dem Menschen, wenn er die ganze Welt gewönne und nähme doch Schaden an seinem Bewusstsein?

39. Oder was kann der Mensch helfen seinem Geiste, wenn er des Denkens nicht mächtig ist?

40. Wahrlich, ich sage euch: Es stehen etliche hier, die nicht schmecken werden die Kraft des Geisteswissens in diesem Leben, dass sie lernen werden im nächsten Leben.

41. Des Menschen Geist aber ist unwissend solange, also er durch das Denken und Forschen wissend gemacht wird.

42. Und also ist der Geist des Menschen nicht ein Machwerk des Menschen, sondern ein ihm gegebener Teil der Schöpfung, der wissend gemacht werden muss und vollkommen.

43. So er dann dahingeht, um eins zu sein mit der Schöpfung, da auch die Schöpfung dem stetigen Wachstum lebt.

44. Zeitlos ist die Schöpfung und also zeitlos ist des Menschen Geist.

45. Die Lehre des Wissens ist weit und nicht leicht, aber also ist sie der Weg zum Leben, das vielfältig ist in seiner Art.

46. Des Menschen Leben liegt in der Bestimmung der Vollkommenheit des Geistes, so er also sein Leben lebt in der Erfüllung dessen.

47. Wenn der Mensch Fehl auf sich ladet, so handelt er nach einem Schöpfungsgesetz, weil er daraus lernet und Erkennung und Wissen sammelt, wodurch er seinen Geist bildet und durch seine Kraft zu handeln vermag.

35. "But you are still under the grace of my long-suffering patience, and you can still measurably improve upon your ignorance."

36. Then Jmmanuel said to his disciples, "Anyone who wants to follow my teaching should take upon himself the burden of the search for truth, realization and understanding,

37. "because those who live their lives in truth and knowledge will be victorious, but those who live their lives in untruth and ignorance will lose.

38. "What would a person profit if he gained the whole world and damaged his consciousness?

39. Or, how can a human being help his spirit if he is unable to think?

40. "Truly, I say to you: There are some here who will not taste the power of spiritual knowledge in this life, which they will learn in the next life.

41. "The human spirit is ignorant until it has gained knowledge through thinking and inquiry.

42. "A person's spirit is not a machination of humanity but is a part of Creation given to him. It must be made aware and perfected,

43. "so that it proceeds to be one with Creation, since Creation, too, lives in constant growth.

44. "Creation is timeless, and so is the human spirit.

45. "The teaching of this knowledge is extensive and not easy, but it is the way to life, manifold in its manner.

46. "People's lives are destined to reach the perfection of the spirit, so that they live their lives in fulfillment thereof.

47. "Even if people make mistakes, they act according to a law of Creation and they learn from them and gather perception and knowledge, thereby cultivating their spirits and being able to act according to their strength.

48. Ohne Fehl zu begehen ist es also unmöglich, Logik, Erkenntnis, Wissen, Liebe und Weisheit zu sammeln, so der Geist gebildet würde.

49. Wahrlich, ich sage euch: Irrig und falsch sind die Lehren der Hohenpriester und Pharisäer und Schriftgelehrten, wenn sie euch sagen, ein Fehl werde durch Gott oder durch die Schöpfung bestraft, wenn das Fehl der Erkennung und dem Wissen und also dem Fortschritt des Geistes dient.

50. So also es kein strafbares Fehl gibt, wenn es der Erkennung und dem Wissen und dem Fortschritt des Geistes dient, so also gibt es auch kein erbbares Fehl und keine Bestrafung in dieser Welt oder einer andern Welt.

51. Eine Bestrafung eines solchen Fehls würde widersprechen allen Gesetzen der Natur und also allen Gesetzen der Schöpfung.

52. Weder in diesem Leben noch in einem Wiederleben folgt Bestrafung also, wenn ein Fehl gemacht wurde, das gut war für die Erkennung und das Wissen und den Fortschritt des Geistes.

53. So der Mensch also lebet in Berufung der Vervollkommnung seines Geistes, und er also durch Fehl zu Erkennung und Wissen kommt, so er also ein Leben führet, das in seiner Bestimmung liegt.

54. Weil der Mensch aber nicht lernet folgemäss und nach der Grösse seines Geistes, der durch die Gesetze der Schöpfung geleitet wird und in Dinge geführt wird, die also folgemäss sein müssen, da sie bestimmt sind, so missleitet er sein Bewusstsein, sein Denken, Fühlen und Handeln, ladet Schuld auf sich und öffnet sein Inneres für Angriffe fremder Kräfte.

55. So also wirken dann die Bewusstseinskräfte anderer Menschen auf das Leben des einzelnen Menschen; gut oder böse also.

48. "Without making mistakes it is impossible to gather logic, insight, knowledge and wisdom necessary to cultivate the spirit.

49. "Truly, I say to you: The teachings of the chief priests, Pharisees and scribes are deceptive and false when they tell you that a mistake would be punished by god or Creation, when the mistake serves the perception and knowledge and therefore the progress of the spirit.

50. "Just as there is no punishable mistake that serves the perception, knowledge and progress of the spirit, likewise, there is no inheritable mistake for which there is punishment in this world or another world.

51. "Punishment of such a mistake would contradict all the laws of nature and thus, all the laws of Creation.

52. "If one commits a mistake that will serve the insight and knowledge of the spirit, there is no punishment in this life or in another life.

53. "If people live with the mission to perfect their spirits and obtain insight and knowledge through their mistakes, they lead lives for which they were destined.

54. "Because a person does not learn consistently according to the greatness of his spirit, which is governed by the laws of Creation, he is led into situations that must be consequent, since they are set up. Thus, he misleads his consciousness, thinking, feeling and acting, and he heaps guilt upon himself and opens up his spirit to attacks from other people's power.

55. "The spiritual powers of other people affect the life of the individual, either good or bad.

56. Da der Mensch in dieser Zeit nun aber zu denken und zu erkennen beginnt, hat er die Lehre notwendig; also die Propheten hergesandt werden von den Himmelssöhnen, um zu lehren den Menschengeschlechtern die wahren Gesetze der Schöpfung und das Wissen um das Leben.

57. Also aber ist das Volk noch unverständig und den falschen Gesetzen der Hohenpriester und Schriftenverdreher frönend, darum es die neue Lehre nicht in Wahrheit erkennt.

58. Unverständig, fluchen sie der Wahrheit, die aber also kommen muss; sie fluchen die Propheten und steinigen und töten und kreuzigen sie.

59. Weil aber die Lehre der Wahrheit unter das Volk gebracht werden muss, müssen die Propheten grosse Lasten und Leiden tragen unter dem Fluch des Volkes.

60. Also viele Propheten verfolgt wurden, so trachten sie auch nach meinem Leben.

61. Die Vorsehung der folgemässigen Bestimmung sagt, dass dem so sei an mir soweit, dass ich als Unschuldiger schuldig gesprochen werde.

62. Nicht sei jedoch, dass ich getötet werde, sondern dass ich im Halbtode drei Tage und drei Nächte als tot gelte und also in die Felsen gelegt werde, so das Zeichen Jonas erfüllet werde.

63. Mir ferne Verbündete aus Indienland, bewandert gut in Heilkunde, seien meine Pfleger und Helfer bis zur Flucht am dritten Tage aus der Grabhöhle also, so ich dann meine Mission beim Indien-Volke beende.

64. Dem geschehe so, allso ich eine bestimmte Erkenntnis erlange und mein Wissen mehre und eine neue Kraft im Geiste und Bewusstsein zeuge».

56. "If people at this time begin to think and understand, they need the teaching; therefore, the prophets have been sent by the celestial sons to teach the human races the true laws of Creation and knowledge regarding life.

57. "But the people are still ignorant because they do not understand the new teaching in its truth and follow the false laws of the chief priests and distorters.

58. "Lacking understanding, the people curse the truth that has to come; they curse, stone, kill and crucify the prophets.

59. "But since the teaching of the truth has to be spread among the people, the prophets have to bear great burdens and suffering under the curse of the people.

60. "Just as they persecuted many prophets, they are now after my life.

61. "The prophecy of the inexorable destiny applies to me, that I, although innocent, will be declared guilty.

62. "However, I will not be killed, but being in a state of near-death, I will be considered dead for three days and nights. I will be placed in a tomb, so that the sign of Jonah will be fulfilled.

63. "My friends from faraway India, who are well versed in the art of healing, will be my caretakers and help me flee from the tomb on the third day, so that I will then finish my mission with people of India.

64. "It will happen that I will attain a certain insight, increase my knowledge and bring about a new strength in spirit and consciousness."

Das 19. Kapitel

DER KINDERSINN

1. Es begab sich, dass die Jünger zu Jmmanuel traten und sprachen: «Wer ist der Grösste im Geiste»?

2. Jmmanuel rief ein Kind zu sich und stellte es mitten unter sie.

3. Und er sprach: «Wahrlich, ich sage euch: Wenn ihr nicht umkehret und werdet wie die Kinder, so werdet ihr im Geiste nicht gross sein.

4. Wer forschet und suchet, und wer Erkenntnisse häuft und nach dem Wissen dürstet wie dieses Kind, der wird im Geiste gross sein.

5. Und wer forschet und suchet und findet wie ein solches Kind, der wird in sich selbst immer der Grösste sein.

6. Wer aber dieser Wahrheit nicht achtet und irren Lehren frönt und weder suchet noch findet, dem wäre besser, dass ein Mühlestein an seinen Hals gehängt und er ersäufet würde im Meer, wo es am tiefsten ist.

7. Wahrlich, denn nicht ergibt das Leben einen Sinn und nicht wird ein Sinn erfüllet, so also nicht geforschet und nicht gesuchet und nicht gefunden wird.

8. Es sei besser, dass Unverständige aus der Geselligkeit der wahrlich Suchenden und der nach dem wahrlichen Leben trachtenden Menschen verstossen werden, so sie also die Willigen in der Wahrheitssuche nicht hindern.

9. Im Weiterleben des Ausgestossenseins aber sind die Unvernünftigen dann sicher willens, den Gesetzen der Schöpfung ihre Achtung zu geben.

10. Wehe der Welt der Ärgernisse halber, denn es muss ja durch Ärgerniserreger Ärgernis kommen; doch wehe jenen Menschen, durch welche Ärgernisse kommen.

Chapter 19

THE THOUGHT OF A CHILD

1. It happened that the disciples stepped up to Jmmanuel and said, "Who is the greatest in spirit?"

2. Jmmanuel called a child, placed the youth among them

3. and spoke, "Truly, I say to you: Unless you change and become like the children, you will not become great in spirit.

4. "Those who search, seek and gather understanding and thirst for knowledge like this child will be great in spirit.

5. "Those who search, seek and find like such a child will always reach their fullest potential within themselves.

6. "But they who do not heed this truth, follow false teachings and neither search nor find would be better off with a millstone hung around their necks and drowned in the deepest sea.

7. "Truly, there is no sense in life and no fulfilling of its meaning without searching, seeking and finding.

8. "It would be better to expel those who do not understand from the social life of the true seekers and of those who search for true life, so that they don't hinder those willing to seek the truth.

9. "But certainly the unreasonable ones will be willing to pay attention to the laws of Creation in their lives after expulsion.

10. "Woe to the world because of annoyances, because trouble must come through troublemakers; but woe to those by whom annoyances are caused.

11. Wenn aber deine Hand oder dein Fuss dir Ärgernis schafft und dir verloren geht, so achte dessen nicht, denn es ist dir besser, dass du ein Glied verlierest und aber im Geiste gross werdest, als dass du zwei Hände und zwei Füsse habest und aber im Bewusstsein klein bleibest oder gar verkümmerst.

12. Und wenn dir ein Auge Ärgernis schafft und der Blindheit verfällt, so achte dessen nicht, denn es ist dir besser, dass du die Gesetze der Schöpfung in der Kraft deines Geistes und Bewusstseins sehest, als dass du zwei Augen habest und doch im Bewusstsein blind bist.

13. Sehet zu, dass ihr nicht zu denen gehöret, die am Leibe gesund sind, die aber im Bewusstsein krank und mangelnd sind.

14. Forschet den Sinn und die Wahrheit meiner Lehre, denn so ich Mensch bin wie ihr, musste auch ich forschen und erkennen.

15. So ich aber Mensch bin wie ihr und mein Wissen sammelte, also seid ihr fähig zu lernen und zu forschen und zu erkennen und zu wissen, so ihr dadurch die Gesetze der Schöpfung erfassen und befolgen könnt.

IRREN DES NÄCHSTEN

16. Irret aber dein Nächster und frönt er einer verfälschten Lehre, so gehe hin und halte es ihm vor, zwischen ihm und dir allein.

17. Hört er dich, so hast du deinen Nächsten gewonnen.

18. Hört er dich nicht und frönt weiter seinem Unverstande, so lasse von ihm, denn er ist deiner Lehre nicht wert, wenn du dein Möglichstes gegeben hast.

19. Es ist besser einen Unvernünftigen auf dem Wege des Elends wandeln zu lassen, denn sein eigenes Bewusstsein in Verwirrung zu bringen.

20. Wahrlich, ich sage euch: Eher werden die Himmel einstürzen, als sich ein Unvernünftiger der Vernunft belehren lässt, so ihr euch hüten sollt vor ihnen.

21. Säet die Samen der Weisheit dort, wo sie auf fruchtbaren Boden fallen und Keime treiben.

22. Nur keimende Saat mag sich zur Frucht entfalten».

11. "Don't worry if your hand or foot annoys you and falls off. It is better to lose a limb and to grow great in spirit than to have two hands and two feet and a spirit that remains small in consciousness or even withers.

12. "Don't worry if an eye troubles you and becomes blind. It is better for you to see the laws of Creation in the power of your spirit and consciousness than to have two eyes and be spiritually blind.

13. "See to it that you don't belong to those who are sound in body but sick and lacking in consciousness.

14. "Seek the meaning and truth of my teaching. Since I am human like you, I, too, had to seek and understand.

15. "Since I am human like you and have gathered my knowledge, you are also capable of learning, searching, understanding and knowing; in so doing you understand and follow the laws of Creation.

THE MISTAKES OF YOUR FELLOW MAN

16. "If your fellow man makes mistakes and embraces false teachings, go to him and confront him in private.

17. "If he listens to you, you have won your fellow man.

18. "If he does not listen and continues to misunderstand, leave him, because he is not worthy of your teaching once you've done everything possible.

19. "It is better to let an unreasonable person walk on the path of misery than to bring confusion to one's own spirit.

20. "Truly, I say to you: The heavens will fall down before an unreasonable person can be taught reason; therefore, beware of them.

21. "Sow the seeds of wisdom on fertile soil where they can germinate,

22. "because only germinated seed will bring forth fruit."

Das 20. Kapitel

EHE, EHESCHEIDUNG UND EHELOSIGKEIT

1. Und es begab sich, da Jmmanuel diese Reden vollendet hatte, machte er sich auf aus Galiläa und kam in das jüdische Land jenseits des Jordans.

2. Es folgte ihm viel Volks nach, und er heilte die Kranken daselbst.

3. Da traten zu ihm die Pharisäer und versuchten ihn und sprachen: «Ist es auch recht, dass sich ein Mann scheide von seiner Frau um irgend einer Ursache willen»?

4. Er aber antwortete und sprach: «Wahrlich, ich sage euch: Eher werden die Sterne vom Himmel fallen, als eine Scheidung erlaubt sei.

5. Wahrlich, denn um der Ehe willen wird ein Mensch Vater und Mutter verlassen und an seinem Ehegespan hangen, so sie beide werden ein Fleisch und ein Blut sein.

6. So sind sie nun nicht mehr zwei, sondern ein Fleisch und ein Blut, und das ist ihr eigen.

7. Aus einem Fleisch und einem Blut zeugen sie Nachkommen, die abermals ein Fleisch und ein Blut sind von Vater und Mutter.

8. Was so zusammengefügt ist, das soll der Mensch nicht scheiden, denn es ist wider die Gesetze der Natur».

9. Da sprachen sie: «Warum hat denn Mose geboten, einen Scheidebrief zu geben, wenn man sich scheidet»?

10. Er aber sprach zu ihnen: «Mose hat euch erlaubt euch zu scheiden, um eurer Herzen Härtigkeit willen und um die Herrschaft über euch; von Anbeginn der Menschengeschlechter ist es aber nicht so gewesen, denn hierin hat Mose ein Gesetz gebrochen.

11. Ich aber sage euch: Wer sich scheidet, es sei denn um der Hurerei willen oder der anderen festgelegten Fehl willen, und freit anderweitig, der bricht die Ehe».

12. Da sprachen die Jünger zu ihm: «Steht die Sache mit einem Menschen und seinem Ehegespan so, ist es nicht gut, ehelich zu werden».

Chapter 20

MARRIAGE, DIVORCE AND CELIBACY

1. After Jmmanuel had finished speaking, he departed from Galilee and came into the Jewish land beyond the Jordan.

2. Many people followed him, and he healed the sick there.

3. The Pharisees came up to him, tempted him and said, "Is it right for a man to divorce his wife for any cause?"

4. He answered, "Truly, I say to you: Stars would sooner fall from the sky than for divorce to be permissible.

5. "Truly, a man will leave his father and mother for the sake of marriage and will be attached to his spouse, and they both will be one flesh and blood.

6. "They are no longer two, but one flesh and blood, and that union is their own.

7. "From one flesh and blood they bring forth offspring, who again are one flesh and blood of their father and mother.

8. "What has been joined together in this way, let no one put asunder, because it is against the laws of nature."

9. And they asked, "Why did Moses command them to issue a letter of separation in case of divorce?"

10. He answered them, "Moses gave you permission to divorce because of the hardness of your hearts and his dominion over you, but it has not been so since the beginning of the human races, because in this instance Moses has broken a law.

11. "But I say to you: Whoever divorces, except for fornication or other stipulated errors made by the other, and marries someone else, is breaking a marriage."

12. And the disciples said to him, "If that's the way it is between a man and his spouse, it is not good to marry."

13. Er aber sprach zu ihnen: «Dies Wort fasset nicht jedermann, sondern nur jene denen es gegeben ist.

14. Etliche enthalten sich der Ehe, weil sie von Geburt an zur Ehe unfähig sind; etliche enthalten sich der Ehe, weil sie von den Menschen dazu untauglich gemacht sind; und etliche enthalten sich, weil sie um der geistigen Kraft willen auf die Ehe verzichten.

15. Wer es fassen kann, der fasse es».

KINDERSEGNUNG

16. Da wurden die Kinder zu ihm gebracht, dass er die Hände auf sie legte und sie segnete, aber die Jünger fuhren sie an.

17. Jmmanuel aber sprach: «Lasset die Kinder und wehret ihnen nicht zu mir zu kommen; denn sie sind meine aufmerksamsten Zuhörer, und solcher ist das Reich der Weisheit».

18. Und er legte die Hände auf sie und sprach: «Lernet das Wissen und die Weisheit, so ihr werdet geistig vollkommen und treue Befolger der Gesetze.

19. Wahrlich, ich sage euch: So man mich nennt Jmmanuel, das da heisst ‹der mit göttlichem Wissen›, werdet auch ihr diesen Namen tragen, also ihr erfasset die Weisheit des Wissens».

20. Und zu seinen Jüngern sprach er: «Wahrlich, wahrlich, ich sage euch: Suchet das Wissen und erkennet die Wahrheit, so ihr weise werdet.

21. So ich ‹der mit göttlichem Wissen› genannt bin, bedeutet es, dass ich geistig über Königen und Kaisern stehe, also es sagt, dass die Weisheit unter uns ist.

22. Also so ich bin Weisheitskönig unter den Menschengeschlechtern, so aber also ist Gott der Weisheitskönig unter den Himmelssöhnen, die da sind zusammen mit Gott die Zeuger der drei Menschengeschlechter.

23. Also ich aber geboren bin von einem irdischen Weibe und seine Sprache rede, werde ich genannt Jmmanuel, wie also Gott in seiner Sprache genannt wird Gott, was also heisst Weisheitskönig, und er oft ein Herrscher ist über ein Menschengeschlecht, und Herrscher über ein Volk.

13. But he spoke to them, "Not everyone understands this word, except those to whom it is given,

14. "for some do not enter marriage because from the time of their birth they are unsuited for it; some do not enter marriage because other people have made them unsuited for it, and still others do not enter marriage because they renounce it for the sake of spiritual strength.

15. "Those who can grasp this, let them grasp it."

THE BLESSING OF THE CHILDREN

16. Then children were brought to him, so that he would lay his hands on them and bless them, but the disciples rebuked them.

17. However, Jmmanuel spoke, "Leave the children alone and do not stop them from coming to me; because they are my most attentive listeners and of such is the realm of wisdom."

18. And he put his hands on them and said, "Learn knowledge and wisdom, and you will become spiritually perfect and true followers of the laws.

19. "Truly, I say to you: Inasmuch as I am called Jmmanuel, which means 'the one with godly knowledge,' you, too, shall bear this name so that you will understand the wisdom of knowledge."

20. He said to his disciples, "Truly, truly, I say to you: Seek knowledge and understand the truth, so that you will be wise.

21. "Since I am named 'the one with godly knowledge,' which means truth is among us, I stand spiritually above kings and emperors.

22. "Thus I am the king of wisdom among the human races, as god is the king of wisdom among the sons of heaven, who are the creators of three human races.

23. "As I was born by an earth woman and speak her language, I am called Jmmanuel, as god in his language is called god, which means king of wisdom, and he is often a ruler over a human race and master over the people.

24. Suchet und verstehet meiner Rede Sinn, so ihr euch nicht erdreistet, mich als Gottes Sohn zu nennen oder mir Schöpfungssohnschaft oder Schöpfungskraft anzureden, oder mich als Herr über Gut und Böse zu beschimpfen.

25. Sehet die Kinderlein, sie sind nicht wie ihr; sie trauen der Wahrheit und der Weisheit meiner Rede, also ihrer die Weisheit sein wird; was wehret ihr daher ihrer»?

26. Und er legte die Hände auf sie und zog von dannen.

27. So sie aber dahingingen, hob Petrus an und sprach zu ihm: «Siehe, wir haben alles verlassen und sind dir nachgefolgt; was wird uns dafür»?

28. Jmmanuel aber sprach zu ihnen: «Wahrlich, ich sage euch: Ihr, die ihr mir seid nachgefolget, etliche unter euch werden die Weisheit meiner Lehre aufnehmen, so ihr geistig gross sein werdet in den kommenden Wiederleben; etliche aber unter euch werden die Weisheit meiner Lehren nicht erkennen und irrige Lehren über mich verbreiten; sie aber werden in den kommenden Wiederleben Mühe haben, die Wahrheit zu finden.

29. Also wird es sein unter allen Menschengeschlechtern von Ost bis West und Nord bis Süd.

30. Vielen wird meine gute Lehre gebracht, doch sie werden diese nicht erkennen.

31. Viele werden einer irrigen Lehre über mich nachfolgen und so die Wahrheit nicht finden, weil sie mich für Gott oder dessen Sohn und gar für einen Sohn der Schöpfung halten.

32. Sie werden grosse Worte reden und also behaupten, dass sie allein die Wahrheit kennen würden, da sie einem bösen Irrtum verfallen sind und also einer bösen und verfälschten Lehre folgen.

33. Viele werden so vor den Menschengeschlechtern die Ersten sein, weil sie menschlich denken in ihren irren Lehren, aber also werden sie die Letzten sein im geistigen Wissen und klein in ihrer Weisheit.

34. Weisheit wird nur dort sein, wo das Wissen über die Wahrheit Früchte trägt und die Gesetze der Schöpfung befolgt und geachtet werden».

24. "Seek and understand the meaning of my speech lest you may be so bold as to call me the son of god or the son of Creation, or to insult me by calling me the ruler over good and evil.

25. "Behold the little children, they are not like you; they trust in the truth and wisdom of my speech, and therefore wisdom shall be theirs. So why do you push them away?"

26. And he put his hands on them and departed.

27. As they were walking, Peter said to him, "Behold, we have forsaken everything to follow you, and what will we get in return?"

28. Jmmanuel replied, "Truly, I say to you: Some of you who have followed me will embrace the wisdom of my teaching, so you will be spiritually great in reincarnations to come. But some of you will misunderstand the wisdom of my teaching and spread false teachings about me. They shall have a difficult time finding the truth in coming incarnations.

29. "Thus it will always be among all human races everywhere from East to West, and from North to South.

30. "My valuable teaching will be brought to many, but they will not understand it.

31. "Many will follow a false teaching about me and therefore not find the truth, because they mistake me for god or his son, or perhaps even the son of Creation.

32. "They will speak big words and insist that they alone know the truth, because they have become victims of a terrible mistake and thus follow an evil and falsified teaching.

33. "Many will be first among the human races, because they will think humanely in their false teachings, but they will be last in spiritual knowledge and small in their wisdom.

34. "Wisdom will only exist where the knowledge about truth bears fruit and the laws of Creation are followed and respected."

Das 21. Kapitel

ZWEI BLINDE

1. Und da sie nach Jericho auszogen, folgte ihm viel Volks nach.

2. Und siehe, zwei Blinde sassen am Wege; und da sie hörten, dass Jmmanuel vorüberging, schrien sie und sprachen: «Ach Herr, du Sohn eines Himmelssohnes, erbarme dich unser»!

3. Aber das Volk bedrohte sie, dass sie schweigen sollten, doch sie schrien noch viel mehr und sprachen: «Ach Herr, du Sohn eines Himmelssohnes, erbarme dich unser»!

4. Jmmanuel aber stand still und rief sie und sprach: «Was wollt ihr, dass ich euch tun soll»?

5. Sie sprachen zu ihm: «Herr, dass unsere Augen aufgetan werden und wir die Pracht der Welt blicken mögen».

6. Und es jammerte ihn und er sprach: «Was nehmet ihr an, wessen die Kraft ist, die euch sehend machen kann»?

7. Sie aber sprachen: «Die Kraft der Schöpfung, die in den Gesetzen liegt».

8. Und Jmmanuel wunderte sich und sprach: «Wahrlich, solches Vertrauen und solches Wissen habe ich bis anhin unter diesem Volke noch nicht gefunden; euch geschehe, wie ihr annehmet».

9. Und er berührte ihre Augen; und alsbald waren sie sehend und folgten ihm nach.

10. So sie aber zogen des Weges, lehrte Jmmanuel das Volk im offenen Wort und er sprach:

11. «Wahrlich, wahrlich, ich sage euch: Wenn ihr wissend seid und verstehend und der Weisheit huldigt, und wenn ihr in Wahrheit Liebe übt und nicht zweifelt, so werdet ihr nicht nur solches mit blinden Augen tun, sondern, wenn ihr sagt zum Feigenbaum er solle verdorren, dann wird er verdorren, oder wenn ihr werdet sagen zu einem Berge: Hebe dich auf und wirf dich ins Meer, so wird's geschehen.

Chapter 21

TWO BLIND MEN

1. When they went to Jericho, many people followed him.

2. And behold, two blind men sat by the wayside; and when they heard Jmmanuel going by, they cried and said, "Oh Lord, son of a celestial son, have mercy on us."

3. The people threatened them so that they would be quiet. But they screamed even louder and said, "Oh Lord, son of a celestial son, have mercy on us."

4. And Jmmanuel stood still, called them and said, "What do you want me to do for you?"

5. They said to him, "Lord, open our eyes so we can see the beauty of the world."

6. And he had pity on them and said, "What do you suppose, whose power is it that can make you see?"

7. They said, "The power of Creation, which is in the laws."

8. Jmmanuel was astonished and said, "Truly, so far I have never seen such faith and knowledge among these people. Be it done to you as you believe."

9. And he touched their eyes and immediately they saw and followed him.

10. As they went on their way Jmmanuel taught the people in candid words, saying,

11. "Truly, truly, I say to you: If you are knowledgeable and understanding in spirit and embrace wisdom, and if you practice love in truth and don't doubt, you will not only do such things with blind eyes, but when you say to the fig tree: Dry up, it will dry up, or when you say to a mountain: Lift yourself up and throw yourself into the sea, it will come to pass.

12. Denn seid wissend in Wahrheit und Weisheit, so euer Geist und euer Bewusstsein mächtig werden.

13. Und so ihr wissend seid und in Wahrheit der Weisheit lebt, so also sind euer Geist und euer Bewusstsein mit unendlicher Kraft erfüllt.

14. Alles, was ihr dann befehlet oder bittet im Gebet, wenn ihr darauf vertraut, werdet ihr's empfangen.

15. Wähnet jedoch nicht, dass das Gebet von Not sei, denn also werdet ihr auch ohne Gebet empfangen, wenn euer Geist und euer Bewusstsein durch die Weisheit geschult sind.

16. Irret euch nicht und achtet nicht der verfälschten Lehren, dass der Mensch einen gegebenen Willen hätte, denn dieser Glaube ist irrig.

17. Wisset: Was der Mensch auch unternehmen möge, immer ist er angehalten, sich erst einen Willen zu schaffen für dies oder das, denn das ist das Gesetz der Natur.

18. So bestimmt der Mensch über den Lauf seines Lebens, was da ist genannt das Schicksal.

19. Also ist es aber so, dass er sich das Wissen aneigne und die Wahrheit lerne, also er sich daraus einen Willen zeuge, der den Gesetzen trächtig ist.

20. Wähnet euch als Menschen, die leben, um zu lernen und den Geist zu vervollkommnen.

21. Ihr seid geboren um der Pflicht willen, im Geiste vollkommen zu werden.

22. Achtet euch also der Zukunft nicht, wenn die irrige Lehre verbreitet wird, der Mensch müsse sich ein andermal vervollkommnen im Geiste, weil er von der Schöpfung abgefallen sei.

23. Hütet euch vor dieser irren Lehre, denn sie ist falsch bis zum letzten I-Tüpfelchen.

24. Wahrlich, wahrlich, ich sage euch: Nie war der Mensch im Geiste vollkommen, so er auch nie von der Schöpfung abgefallen ist.

25. Jeder Geist in jedem Menschen ist eigens geschaffen in der Aufgabe dessen, dass er sich vervollkommne und die Weisheit erarbeite.

12. "Be knowledgeable in truth and wisdom, so that your spirit and your consciousness will become powerful.

13. "When you are knowledgeable and live in the truth of wisdom, your spirit will be filled with infinite power.

14. "Everything that you command or ask for in prayer, you will receive, when you believe in it.

15. "Do not suppose, however, that prayer is necessary, because you will also receive without prayer if your spirit is trained through wisdom.

16. "Do not err by paying attention to the falsified teaching that a person has a will, because this belief is wrong.

17. "Know then, people are obligated at all times first to create a will for whatever they want to attempt, because such is the law of nature.

18. "Thus they determine the course of their lives, which is called fate.

19. "But they must acquire knowledge and learn truth from which they create a will that follows the laws.

20. "Consider yourselves as people who live in order to learn and to perfect the spirit,

21. "because you were born with the task of becoming perfect in spirit.

22. "Don't worry about the future, when the false teaching is spread that people have to perfect themselves in spirit once more because they have fallen away from Creation.

23. "Beware of this false teaching because it is wrong to the last dot on the 'i'.

24. "Truly, truly, I say to you: Humanity was never perfect in spirit and so has never fallen away from Creation.

25. "Each person's spirit is created individually for the task of perfecting itself and to reach wisdom,

26. Dies, um eins zu werden mit der Schöpfung nach der Bestimmung der Gesetze, wodurch die Schöpfung selbst wachse und sich in sich erweitere und sich vervollkomme also.

27. So aber der Geist im Menschen eine Einheit ist, so also ist die Schöpfung in sich selbst eine Einheit, und sie hat keine anderen Kräfte neben sich.

28. In sich selbst ist die Schöpfung reiner Geist, und also unendliche Kraft, denn sie ist eins mit sich selbst, und nichts ist aussser ihr.

29. Hütet euch daher der irren und verfälschten Lehren der Zukunft, die mich als Sohn der Schöpfung beschimpfen werden und als Sohn Gottes.

30. Aus diesen irren Lehren nämlich werden Lügen gewickelt, und durch sie wird die Welt viel Not und Elend leiden.

31. Achtet nicht der irren Lehren der Zukunft, die den Geist und die Schöpfung und mich in eins zu vereinen suchen werden und eine Dreifachheit daraus machen, die also aber wieder eine Einheit sein soll.

32. Hütet euch vor dieser irren und verfälschten Lehre der Zukunft, denn eine Dreieinheit ist unmöglich in den logischen Gesetzen der Schöpfung.

33. Wahrlich, ich sage euch: Die Fürsten halten ihre Völker nieder und die Mächtigen tun ihnen Gewalt; wie sie aber Gewalt anwenden, so werden auch die neuen Kulte Gewalt anwenden, wenn sie meine Lehre verfälschen und weiterverbreiten.

34. Hütet euch aber vor ihnen und traget nicht durch Zwang das Joch der irren Lehren.

35. So soll es nicht sein unter euch, sondern ihr sollt gross sein und die Wahrheit lernen und lehren.

36. Gleich wie ich gekommen bin zu lehren die Wahrheit und das Wissen unter dem Volke, also ihr weiterlehren sollt, so die Wahrheit doch durchdringe».

26. "so that it may become one with Creation according to the destiny of the laws, whereby Creation itself may grow, expand and perfect itself.

27. "And as the spirit in a person is a unit, so is Creation in itself a unit and has no other powers beside it.

28. "In itself, Creation is pure spirit and therefore infinite power, because it is one within itself, and nothing exists outside of it.

29. "Therefore, beware of the false and adulterated teachings of the future, which will insult me by calling me the Son of Creation and also the son of god.

30. "These teachings lead to lies, and because of them the world will suffer much deprivation and distress.

31. "Don't pay attention to the false teachings of the future, which will try to make the spirit, Creation and me into a trinity, which again is a unit.

32. "Beware of these false and adulterated teachings of the future, because a trinity is impossible according to the logical laws of Creation.

33. "Truly, I say to you: The princes keep their people down, and the sovereigns do violence to them; but the new cults also will use their power to do violence by adulterating and spreading my teachings.

34. "So beware of them and do not be forced to carry the yoke of false teachings.

35. "This should not happen to you, because you shall be great and learn and teach truth.

36. "As I have come to teach wisdom and knowledge among the people, so shall you continue to teach, in order that the truth may prevail."

Das 22. Kapitel

EINZUG IN JERUSALEM

1. Und da sie nun nahe an Jerusalem kamen, nach Bethphage an den Ölberg, sandte Jmmanuel zwei seiner Jünger aus und sprach zu ihnen:

2. «Gehet hin in den Ort, der vor euch liegt, und alsbald werdet ihr eine Eselin finden angebunden und ein Füllen bei ihr; bindet sie los und führet sie zu mir, denn sie ist mir geschenkt und lagert nur zu Stalle dort.

3. Und wenn euch jemand etwas wird fragen, sprecht: ‹Jmmanuel, der Nazarener, bedarf ihrer›, und alsbald wird er sie euch lassen».

4. Die Jünger aber gingen hin und taten, wie ihnen Jmmanuel geboten hatte.

5. Sie brachten die Eselin und das Füllen und legten ihre Kleider auf das Alttier, und er setzte sich darauf.

6. Als aber das Volk hörte, Jmmanuel der Weisheitskönig käme, breitete es die Kleider auf den Weg; andere hieben Zweige von den Bäumen und streuten sie auf den Weg.

7. Das Volk aber, das ihm voranging und nachfolgte, schrie und sprach: «Heil dem Nachfahren Davids – gelobt sei, der da kommt und neu die Lehre der Wahrheit kündet».

8. Und als sie zu Jerusalem einzogen, erregte sich die ganze Stadt und sprach: «Wer ist's, der da kommt»?

9. Das Volk aber sprach: «Das ist Jmmanuel, der Prophet aus Nazareth in Galiläa, der da bringt neu die Lehre der Wahrheit».

TEMPELREINIGUNG

10. Und Jmmanuel ging in den Tempel hinein in Jerusalem, und ward zornig als er sah, dass sich die Händler und Verkäufer und Taubenkrämer und Wechsler daselbst niedergelassen hatten.

Chapter 22

ENTRY INTO JERUSALEM

1. When they came near Jerusalem, to Bethphage near the Mount of Olives, Jmmanuel sent out two of his disciples and said to them,

2. "Go to the place ahead of you, and soon you will find a female donkey tied to a post and a foal with her; untie her and bring her to me, because she was a gift to me and is only kept there.

3. "If anyone asks you a question say, 'Jmmanuel of Nazareth needs her,' and immediately he will let you have her."

4. The disciples went there and did as Jmmanuel had told them.

5. They brought the female donkey and the foal, and they laid their clothes on the old animal, and he sat upon them.

6. When the people heard that Jmmanuel, the king of wisdom, would come, they spread their clothes on the path. Others cut off branches from the trees and spread them out on the path.

7. The people who went ahead of him and those who followed him shouted and said, "Hail to the descendant of David. Praise him who comes to announce the new teaching of truth."

8. When they entered Jerusalem, the whole city was excited and said, "Who is it that's coming?"

9. The people said, "That is Jmmanuel, the prophet from Nazareth in Galilee, who brings anew the teaching of truth."

THE PURGING OF THE TEMPLE

10. Jmmanuel went into the temple in Jerusalem and became furious when he saw that dealers, sales people, merchants dealing with doves and money changers had established themselves there.

11. Jmmanuel erregte sich und sprach zu ihnen: «Es stehet geschrieben: ‹Der Tempel soll ein Ort der Lehre sein und ein Ort der Nachdacht›, ihr aber macht eine Räuberhöhle daraus».

12. Im Zorn stiess er um der Wechsler Tische und der Taubenkrämer Stühle; und er trieb sie alle hinaus mit der Peitsche eines Eseltreibers.

13. Und es gingen zu ihm Blinde und Lahme im Tempel, und er heilte sie alle.

14. Da aber die Hohenpriester und Schriftgelehrten sahen die grossen Taten, die er tat, und das Volk, das im Tempel schrie und sagte: «Heil dem Nachfahren Davids»!, da wurden sie entrüstet.

15. Alsdann sprachen sie zu ihm: «Hörst du auch, was diese Leute sagen?», da aber sprach Jmmanuel zu ihnen: «Fürchtet ihr die Wahrheit, da ihr euch darüber so erregt»?

16. Und er liess sie da und ging zur Stadt hinaus nach Bethanien und blieb daselbst über Nacht.

WIEDER IN JERUSALEM

17. Und als Jmmanuel abermals in den Tempel kam und lehrte, traten zu ihm die Hohenpriester und Schriftgelehrten und die Ältesten im Volk und sprachen: «Aus welcher Vollmacht tust du das, und wer hat dir die Vollmacht gegeben»?

18. Jmmanuel aber antwortete und sprach zu ihnen: «Ich will auch euch ein Wort fragen; wenn ihr mir das beantwortet, will ich euch auch sagen, aus welcher Vollmacht ich alles tue:

19. Woher war die Taufe des Johannes, war sie von der Schöpfung oder von dem Menschen»?

20. Da bedachten sie's bei sich selbst und sprachen: «Sagen wir, sie sei von der Schöpfung gewesen, so wird er zu uns sagen: ‹Warum vertraut ihr denn nicht in sie, und warum befolget ihr ihre Gesetze nicht›?

21. Sagen wir aber, sie sei von Menschen gewesen, so müssen wir uns vor dem Volke fürchten, denn dieses haltet Johannes für einen Propheten».

11. Jmmanuel became upset and spoke to them, "It is written: 'The temple is to be a place of teaching, a place of contemplation.' But you change it into a den for thieves."

12. In his anger he kicked over the tables of the money changers and the chairs of the dealers of doves and drove them all out with the whip of a donkey driver.

13. And the blind and lame came to him in the temple and he healed them all.

14. But when the chief priests and scribes saw the great deeds he accomplished and the people who were shouting in the temple, saying, "Hail to the descendant of David," they became enraged

15. and asked him, "Do you hear what these people are saying?" Jmmanuel said to them, "Are you so afraid of the truth that it angers you?"

16. He left them there, departed the city for Bethany and stayed there overnight.

BACK IN JERUSALEM

17. When Jmmanuel came again into the temple and taught, the chief priests, scribes and the elders of the people came to him and demanded, "With what authority are you doing these things, and who gave it to you?"

18. And Jmmanuel answered them, "I too want to ask you a question, and if you answer that, I will tell you by whose authority I am doing this.

19. "Whence came the baptism of John? From Creation or from men?"

20. They pondered the question and spoke among themselves, "If we say it was through Creation, then he will reply, 'Why don't you believe in it, and why aren't you following its laws?'

21. "But if we say it was through men, we will have to be afraid of the people because they consider John a prophet."

22. Und sie antworteten Jmmanuel und sprachen: «Wir wissen's nicht».

23. Da sprach er zu ihnen: «Ihr Schlangen- und Otterngezücht; so sage ich euch auch nicht, aus welcher Vollmacht ich das tue.

24. Was dünkt euch aber?: Ein Mann hatte zwei Söhne und ging zum ersten und sprach: ‹Mein Sohn, gehe hin und arbeite heute im Weinberge›.

25. Er aber antwortete und sprach: ‹Ja, Vater, ich gehe hin›; und er ging doch nicht hin.

26. Also ging er zum anderen und sprach: ‹Mein Sohn, gehe hin und arbeite heute im Weinberge›.

27. Der aber antwortete und sprach: ‹Ich will's nicht tun und so gehe ich nicht hin›, doch bald aber reute es ihn und er ging hin.

28. So frage ich euch: Welcher unter den zweien hat des Vaters Willen getan?», und sie sprachen: «Selbstredend der Letzte».

29. Jmmanuel aber sprach zu ihnen: «Wahrlich, wahrlich, ich sage euch: Die Zöllner und Huren mögen wohl eher die Weisheit des Wissens erkennen als ihr.

30. Johannes und die Propheten kamen zu euch und lehrten euch den rechten Weg und ihr vertrautet ihnen nicht; aber die Zöllner und Huren vertrauten ihnen; und obwohl ihr's sahet, tatet ihr dennoch nicht Busse und habt nicht geändert euren Sinn, dass ihr ihnen danach auch vertraut hättet.

31. Ihr wisset die Wahrheit und doch leugnet ihr sie, so ihr daraus Nutzen zieht in Gold und Silber und Gütern; und ihr bereichert euch dadurch an den armen Irregeleiteten, führt sie in die Irre und beutet sie aus im Namen des Glaubens.

32. Höret aber ein anderes Gleichnis vom Weinberge, so ihr vielleicht verstehen werdet, wenn euer Verstand nicht gebrochen ist:

22. So they answered Jmmanuel, saying, "We don't know."

23. Then he said to them, "You generation of vipers, neither will I tell you by whose authority I do these things.

24. "But what do you think? A man had two sons and went to the first one and said, 'My son, go and work today in the vineyard.'

25. "He answered, 'Yes father, I will go.' Yet he did not go.

26. "So he went to the other son and said, 'My son, go and work today in the vineyard.'

27. "But he answered and said, 'I don't want to do it and therefore I will not go.' However, he soon felt remorse and went.

28. "Now I ask you: Which of the two did the will of the father?" They said, "The latter, of course."

29. Jmmanuel spoke to them, "Truly, truly, I say to you: The publicans and prostitutes will understand the wisdom of knowledge before you do.

30. "John and the prophets came to you and taught you the right way and you didn't trust them; but the publicans and prostitutes trusted them. And even though you understood it, you did not repent and change your mind, so that you would have believed them from that time on.

31. "You know the truth, and yet you deny it, in order to profit in the use of gold, silver and goods and to get rich at the expense of the poor, who have been led astray. You mislead and exploit them in the name of the faith.

32. "But listen to another parable about a vineyard, and perhaps you will understand, if your mind still works.

33. Es war ein Herr über viel Gut, der pflanzte einen Weinberg und führte einen Zaun darum und grub einen Keller darin und baute einen Turm und gab ihn an Weingärtner in Leihe und zog ausser Lande.

34. Da nun aber herbeikam die Zeit der Ernte der Früchte und damit die Ausrichtung der Leihe, da sandte er seine Knechte zu den Weingärtnern, dass sie seine Leihe empfingen.

35. Da nahmen die Weingärtner seine Knechte; einen schlugen sie, den anderen folterten sie, und den dritten steinigten sie zu Tode.

36. Abermals sandte der Herr andere Knechte aus, mehr als das erste Mal; doch die Weingärtner taten ihnen Gleiches an, wie also den Knechten zuvor.

37. Zuletzt sandte er den Sohn seines Verwalters zu ihnen und sprach: ‹Sie werden sich vor des Verwalters Sohn scheuen›.

38. Da aber die Weingärtner des Verwalters Sohn sahen, sprachen sie untereinander: ‹Das ist der Erbe; kommt lasst uns ihn töten und sein Erbgut an uns bringen›.

39. Und sie nahmen ihn und stiessen ihn zum Weinberge hinaus und töteten ihn, so dachten sie; und sie wähnten ihn tot und legten ihn in eine Höhle, da er drei Tage und drei Nächte im Halbtode lag und dann flüchtete; und dann zurückging zu dem Herrn des Weinberges und diesem berichtete.

40. Als nun aber der Herr des Weinberges erfuhr das Geschehen, das dem Sohne des Verwalters widerfahren war, was hat er da wohl getan»?

41. Sie sprachen zu ihm: «Er wird die Bösewichte wohl übel bestrafen und verbannen haben lassen und seinen Weinberg an andere Weingärtner vergeben haben, die ihm die Leihe zur rechten Zeit gaben, und sicher hat er das Erbe frühzeitig an des Verwalters Sohn gegeben».

42. Jmmanuel sprach zu ihnen: «Ihr habt's erkannt, und so habt ihr's auch gelesen in der Schrift, da geschrieben steht: ‹Der Stein, den die Bauleute verworfen haben, der ist zum Eckstein geworden›.

33. "There was a lord who owned much. He planted a vineyard, built a fence around it and dug a cellar in it, and he built a tower, leased the vineyard to vine-dressers and left the country.

34. "When the time of the grape harvest arrived and with it the payment of the lease, he sent his servants to the vine-dressers, so that they would receive his loan.

35. "The vine-dressers seized his servants, beat one, tortured the other and stoned to death the third one.

36. "Again the master sent out other servants, more than the first time, and the vine-dressers treated them the same as they did the servants before.

37. "At last he sent the son of his administrator to them and said, 'They will be afraid of the administrator's son.'

38. "But when the vine-dressers saw the son of the administrator they spoke among themselves, 'This is the heir, come let us kill him and take over his inheritance.'

39. "They seized him, pushed him out of the vineyard and killed him, so they thought. While presuming him to be dead, they put him in a tomb where he was in a state of near-death for three days and three nights, and then he fled. Then he returned to the lord of the vineyard and reported to him.

40. "When the lord of the vineyard heard what had happened to the son of his administrator, what do you think he did?"

41. They said to him, "He probably had the villains punished and banished and turned his vineyard over to other vine-dressers who paid his lease at the right time, and he most certainly turned over the inheritance to his administrator's son earlier."

42. Jmmanuel spoke to them, "You recognized the meaning, and you have read it in the scriptures: 'The stone that the builders threw away became the cornerstone.'

43. Darum sage ich euch: So wie der Sohn des Weinbergverwalters bin ich, und so wie die Weinbergpächter seid ihr.

44. Meine Lehre ist euch wahrlich nicht fremd und sehr wohlbekannt, denn schon von den Propheten ist sie euch gegeben, überliefert und kundig.

45. So ihr sie aber missachtet und verfälschet und zu euren Gunsten ausleget, also ihr auch mich der Lüge straft, und also ihr Gott der Lüge straft, auf dessen Ratschluss ich durch seinesgleichen gezeuget wurde und als Prophet vor euch stehe.

46. Darum sage ich euch: Der Friede und das Glück sollen von euch genommen werden und also von eurem Volke in alle Zukunft, und alles soll einem Volke gegeben werden, das seine Früchte bringen wird.

47. So ihr missachtet und stosset mit den Füssen alle Gebote Gottes, der doch ist der Herrscher über dieses und die zwei anderen Menschengeschlechter im Norden und im Osten, so sollt ihr missachtet und gestossen werden mit den Füssen für alle Zeit.

48. Die Last des israelitischen Volkes wird sein wie ein schwerer Stein der sieben grossen Zeitalter, und wer auf diesen Stein fällt, der wird zerschellen; auf wen aber er fällt, den wird er zermalmen».

49. Und da die Hohenpriester und Pharisäer seine Reden hörten, verstanden sie, dass er ihnen und dem Volke Israel für alle Zukunft fluchte.

50. Und sie trachteten danach, wie sie ihn griffen; aber sie fürchteten sich vor dem Volke, denn es glaubte an ihn als einen Propheten.

43. "Therefore I tell you: I am like the son of the administrator of the vineyard, and you are like the vine-dressers that leased the vineyard.

44. "My teaching truly is not strange to you and is very well known, because it has already been handed down to you by the prophets through whom you know it.

45. "But if you disdain and falsify it to your advantage, you call me a liar, and you also call god a liar. It was upon god's advice that I was begotten by one of his kind, and because of god that I stand as a prophet before you.

46. "Therefore I say to you: Peace and joy shall forever be taken from you and your people and be given to a people who cultivate their fruits.

47. "If you disregard and trample all the laws of god who is the ruler over this and the two other human races in the North and the East, you will be scorned and trampled for all time to come.

48. "The burden of the Jews will be like a heavy stone of the seven great ages, and whoever falls upon this stone will be shattered, but whomever it falls upon will be pulverized."

49. When the chief priests and Pharisees heard his speeches they understood that he cursed them and the people for all time to come.

50. They thought about how they could seize him, but they were afraid of the people who believed him to be a prophet.

Das 23. Kapitel

STEUERGROSCHEN

1. Als die Pharisäer Rat hielten, wie sie Jmmanuel fingen in seiner Rede, sandten sie zu ihm ihre Jünger samt des Herodes Leuten.

2. Die sprachen dann: «Meister, wir wissen, dass du wahrhaftig bist und lehrest den Weg der Gesetze recht und fragst nach niemand, denn dadurch achtest du nicht das Ansehen der Menschen, sondern allein die Gebote Gottes und in Wahrheit die Gesetze der Schöpfung.

3. Darum sage uns, was meinst du: Ist's recht, dass man dem Kaiser Steuer zahle, oder nicht»?

4. Jmmanuel aber merkte ihre Bosheit und sprach: «Ihr Betrüger, Heuchler und Schwindler, wie niedrig seid ihr im Verstande und in der Vernunft, so ihr mich auf solch kranke und dumme Weise versuchen wollt?

5. Weiset mir aber eine Steuermünze, so ich euch eure kranke Dummheit heile»; und also reichten sie ihm einen Groschen dar.

6. Und er sprach zu ihnen: «Wessen ist das Bild und wessen ist die Aufschrift auf dem Groschen»?

7. Und sie sprachen zu ihm: «Sie sind des Kaisers».

8. Da sprach er zu ihnen: «So gebet dem Kaiser, was des Kaisers ist, und gebet Gott, was Gottes ist, und gebet der Schöpfung, was der Schöpfung ist.

9. Achtet aber dessen, dass Gott und der Kaiser Menschen sind und über ihnen die Allmacht der Schöpfung steht, der ihr die höchste Lobpreisung zu geben habt.

10. So Gott und der Kaiser wohl Herrscher über Menschengeschlechter und Völker sind, steht über ihnen die Schöpfung als höchste Macht, der sie anhängig sind im Gesetz wie jeder Mensch und jedes Leben».

11. Als sie das hörten, verwunderten sie sich und liessen ihn und gingen davon.

Chapter 23

TAX MONEY

1. When the Pharisees held counsel as to how they could catch Jmmanuel in his speech, they sent to him their followers, including Herod's people.

2. Then they spoke, "Master, we know that you are truthful, teach the law properly and do not consider the rank of a person, because you do not respect people's esteem but only the laws of god and Creation.

3. "Therefore, tell us your opinion. Is it right to pay tax unto Caesar, or is it not?"

4. But Jmmanuel sensed their malice and said, "You hypocrites, of what low mentality are you to want to tempt me in such a sick manner?

5. "Show me a tax coin so that I can heal you from your sick stupidity." And they gave him a coin.

6. He said to them, "Whose image and whose inscription are on this coin?"

7. They replied, "They are the emperor's."

8. He then said to them, "Therefore, give to Caesar the things that are Caesar's, and give to god the things that are god's, and give to Creation the things that are Creation's.

9. "Yet beware and know that god and the emperor are people above whom is the omnipotence of Creation to which you must give the highest praise,

10. "for although god and the emperor are indeed rulers over the human races and the peoples, above them stands Creation as the highest power on which they depend, just as does each human being and all life."

11. They heard this with astonishment, left him alone and went away.

WIEDERGEBURT

12. An demselben Tage traten zu ihm die Sadduzäer, die dafürhalten, es gebe keine Wiedergeburt.

13. Sie fragten ihn und sprachen: «Meister, Mose hat gesagt: ‹Wenn einer stirbt und hat nicht Kinder, so soll sein Bruder die Frau zum Weibe nehmen und seinem Bruder Nachkommen zeugen›.

14. Nun sind bei uns gewesen sieben Brüder; der erste freite und starb; und weil er nicht Nachkommen hatte, liess er seine Frau seinem Bruder.

15. Desgleichen der zweite und der dritte bis an den siebenten.

16. Zuletzt nach allen starb die Frau.

17. So du lehrest, es gebe ein Wiederleben, wessen Frau wird sie denn sein unter den sieben im Wiederleben?, denn sie haben sie ja alle gehabt».

18. Jmmanuel aber antwortete und sprach: «Ihr irret und kennet nicht die unverfälschten Schriften der Alten, noch kennet ihr die Gesetze der Schöpfung.

19. Wahrlich, ich sage euch: Nie hat Mose gegeben dieses Gebot, so aber das Gebot, dass ein Bruder seines Bruders Weib zu sich nehme in Ehre, so der eine gestorben ist, also er für die Witwe seines Bruders sorge.

20. Wie käme es aber, dass ein Bruder seinem Bruder Nachkommen zeugen könnte, da doch der Same eines jeden mit Unterschied ist!

21. Im Wiederleben werden sie sich alle fremd sein, so sie einander nicht kennen, also auch kein Gesetz besagt, das Weib gehöre nun dem oder dem.

22. In jedem Wiederleben bestimmet der Mensch selbst, wen er freien will, so er freien kann, wer nicht vorbestimmt ist.

23. Achtet der Gesetze der Schöpfung, die da lehren, dass der Mensch in einem Wiederleben keine Erinnerung hat an das frühere Leben, so eure Frage dahinfällt also.

REBIRTH

12. On the same day the Sadducees, who do not believe in rebirth, came up to him.

13. They asked him, "Master, Moses has said: 'When a man dies and has no children his brother shall take the widow as his wife and beget descendants for his brother.'

14. "Once there were seven brothers among us. The first one was married and died, and because he had no descendants he left his wife to his brother;

15. "and so did the second and the third, until the seventh.

16. "At last the woman also died.

17. "Now you teach there is a new life. Whose wife will she be among the seven in the new life? All of them had her as a wife."

18. Jmmanuel answered, "You are mistaken and don't know the unadulterated scriptures of the elders, nor do you know the laws of Creation.

19. "Truly, I say to you: Moses never gave that commandment but rather gave the commandment that a brother should take his brother's wife to himself in honor, so if one died the other would take care of the widow of his brother.

20. "How is it possible for a brother to beget descendants for his brother, since everyone's seed is different?

21. "In the next incarnation they all will be strangers because they will not recognize each other; therefore, no law says the wife then belongs to this one or that one.

22. "In each new life if people wish to marry, which is not certain, they decide for themselves whom they wish to marry.

23. "Take heed of the laws of Creation, which teach that in a new life people do not remember their former lives. Thus your question is superfluous.

24. Noch sind es nur die Propheten, die Erinnerung an frühere Leben haben, da sie die Gesetze der Schöpfung befolgen und also in Weisheit leben.

25. So ihr und das israelitische Volk aber über lange Zeit werdet in gellender Finsternis leben, soll euch lange verschlossen bleiben die Erkenntnis und die Weisheit des Geistes und des Bewusstseins.

26. Andere Völker werden über euch treten, und also sich geistig und bewusstseinsmässig hoch entwickeln und die Gesetze der Schöpfung befolgen.

27. Also werden andere Völker euch im Geiste und im Bewusstsein überlegen sein und grosse Weisheit schöpfen, so viele unter ihnen bald sein werden wie die Propheten und Erinnerungen an frühere Leben haben.

28. Ihr aber und das Volk Israel sollt lange im Bewusstsein arm bleiben und also in gellender Finsternis treiben.

29. So nämlich einer Strafe auf sich ladet, soll er sie auch tragen».

30. Und da solches das Volk hörte, entsetzte es sich und fürchtete sich.

DAS GRÖSSTE GEBOT

31. Da aber die Pharisäer hörten, dass Jmmanuel den Sadduzäern das Maul gestopft hatte, versammelten sie sich und hielten einen Rat.

32. Und einer unter ihnen, ein Schriftgelehrter, versuchte ihn und fragte: «Jmmanuel, welches ist denn das vornehmste Gebot im Gesetz»?

33. Er aber sprach und fragte: «An wessen Gesetz denkst du, an das des Kaisers, oder denkst du an das Gesetz Gottes, oder denkst du an das Gesetz der Schöpfung»?

34. Der Schriftgelehrte aber sprach: «Ich denke an die Gesetze der drei».

35. Jmmanuel aber sprach: «Das höchste Gebot im Gesetz der Schöpfung ist das: Erringe die Weisheit des Wissens, so du weise die Gesetze der Schöpfung befolgen mögest.

24. "At this point it is only the prophets who remember former lives, since they follow the laws of Creation and therefore live in wisdom.

25. "But since you and the Israelite people will live in spiritual darkness for an extended period, understanding and wisdom of the spirit and of the consciousness will remain hidden from you for a long time.

26. "Other peoples will advance beyond you in spirit and consciousness, evolve to a high degree and follow the laws of Creation.

27. "Therefore, other peoples will be superior to you in spirit and gather great wisdom, so that many among them will soon be like the prophets and remember former lives.

28. "But you and the people of Israel shall remain poor in consciousness and therefore drift in spiritual darkness;

29. "and if someone incurs punishment, he shall have to endure it."

30. When the people heard that, they were shocked and afraid.

THE GREATEST COMMANDMENT

31. When the Pharisees heard that Jmmanuel had shut up the Sadducees, they held a meeting for deliberation.

32. One among them, a scribe, tested him by asking, "Jmmanuel, which is the first commandment in the law?"

33. Jmmanuel asked in return, "Whose law are you thinking about? Are you thinking about the law of the emperor, the law of god or the law of Creation?"

34. The scribe said, "I am thinking of the laws of all three."

35. Jmmanuel said, "The highest commandment in the law of Creation is: Achieve the wisdom of knowledge, so th⁺ you may wisely follow the laws of Creation.

36. Das höchste Gebot des Gesetzes Gottes aber ist das: Du sollst Gott als den Herrscher der drei Menschengeschlechter achten und seine Gesetze befolgen, denn er ist der Weisheitskönig der drei Menschengeschlechter und ein guter und gerechter Ratgeber.

37. Das höchste Gebot des Kaisers Gesetzes aber ist das: Du sollst dem Kaiser gehorsam sein und seine Gesetze befolgen und ihm den Zehnten geben, denn er ist der Herrscher über das Volk und dessen Hüter und Beschützer.

38. Dies sind die vornehmsten und grössten Gebote der Gesetze der drei, bestimmet nach ihrer Art.

39. Das andere aber ist das und dem ersten gleich: Du sollst als Allmacht nur die Schöpfung nennen, denn sie allein ist beständig in allen Dingen und darin also zeitlos.

40. Gott und der Kaiser sind vergänglich, die Schöpfung aber ist unvergänglich.

41. In diesen zwei Geboten hängt das ganze Gesetz und die Propheten.

42. Die Gesetze Gottes und des Kaisers sind menschliche Gesetze, so sie unter den Menschen Ordnung und Recht halten sollen.

43. Die Gesetze der Schöpfung aber sind die Gesetze des Lebens und des Geistes; also sind sie unvergänglich und beständig.

44. Aber unvergänglich ist also der Geist des Menschen, der ein winziges Teilstück Schöpfungsgeist ist, und wie also könnte die Schöpfung selbst vergehen?

45. So der Mensch also tot sein wird, lebet der Geist weiter und verlasset das Diesseits zu dem Jenseits, da er auch weiterhin die Weisheit des Wissens sammelt.

46. Je grösser die Weisheit des Geistes durch das Lernen des Bewusstseins errungen ist, bestimmt er selbst über seine Zukunft, so er seine Wiederkehr bestimmt und sein späteres Wirken.

47. Also auch ich ein Prophet bin und die Zukunft kenne, sage ich, dass ich wiederkehren werde als Stellvertreter Gottes, so ich dann belehrend Gericht halten werde über alle jene, die irren Lehren nachleben und die Weisheit des Geistes erniedrigen.

36. "The highest command of the law of god is: You shall honor god as ruler of three human races and follow his laws, because he is their king of wisdom and a good and just counselor.

37. "The highest command of the laws of the emperor is: You shall be obedient to the emperor, follow his laws and give to him the tithe, because he is the ruler over the people and their guardian and protector.

38. "These are the noblest and greatest laws in the three categories.

39. "But the other law, equal to the first, is this: You shall consider only Creation as omnipotent, because it alone is constant in all things and therein everlasting.

40. "God and the emperor are temporal, but Creation is eternal.

41. "On these two commandments depend the entire law and the prophets.

42. "The laws of god and those of the emperor are human laws and meant to maintain law and order among people.

43. "But the laws of Creation are the laws of life and spirit and therefore are eternal and constant.

44. "Likewise immortal is a person's spirit, which is a tiny piece of Creation, for how could Creation itself ever cease to be?

45. "When people die, their spirits live on and leave this existence for the beyond, where they continue to gather the wisdom of knowledge.

46. "According to the amount of spiritual wisdom gained through the raising of their consciousness, they decide their future and return, as well as their subsequent activities.

47. "Since I am also a prophet and know the future, I tell you that I will return as a representative of god. Then, teaching, I will sit in judgment of all those who follow false teachings and belittle the wisdom of the spirit.

48. Hart und ohne Erbarmen also werden die Worte der Wahrheit sein, und gar mancher wird ihrethalben in Zorn erwallen.

49. Die harten Worte der Wahrheit selbst werden belehrendes Gericht und Strafe sein für alle, die irren Lehren nachleben und die Weisheit des Geistes erniedrigen».

50. Da nun die Pharisäer beieinander waren, fragte sie Jmmanuel und sprach: «Was denkt ihr von mir, wessen Sohn ich sei»?

51. Sie sprachen: «Davids Sohn».

52. Er aber sprach zu ihnen: «Wie kann ich Davids Sohn sein, wenn er schon lange Zeit tot ist und ich gezeuget bin vom Wächterengel Gabriel?

53. Und habt ihr denn nicht gelesen, dass mich David einen Herrn nannte, als er sagte:

54. ‹Der Herr hat gesagt zu meinem Herrn: ʻSetze dich zu meiner Rechten, bis dass ich lege deine Feinde unter deine Füsse, denn du bist mein Ziehsohn und mein Nachfolger'›.

55. So nun David mich seinen Herrn nennt, wie bin ich denn sein Sohn»?

56. Und niemand konnte ihm ein Wort antworten, so sie heimlich aber sprachen: «Er lästert Gott und die Propheten; trachten wir, ihn zu fangen und zu töten, denn er bringt auch unsern Stand in Gefahr, so wir vor dem Volk nichts mehr gelten werden».

48. "Therefore the words of truth will be harsh and without mercy, and many a person will fly into a rage because of them.

49. "The harsh words of truth will be enlightening judgment and punishment for all those who live according to false teachings and degrade the wisdom of the spirit."

50. When the Pharisees were together, Jmmanuel asked them, "What do you think, whose son am I?"

51. They said, "The son of David."

52. He spoke to them, "How can I be the son of David, if he has been dead for a long time and I was begotten by Gabriel, the guardian angel?

53. "Haven't you read that David called me lord when he said,

54. "'The LORD said to my lord, 'Sit down at my right side so that I can place your enemies under your feet, because you are my stepson and my successor.'

55. "Since David calls me lord, how can I be his son?"

56. No one could give him an answer, and they said secretly, "He blasphemes God and the prophets. Let's try to catch and kill him, because he endangers our position in that we will no longer be respected by the people."

Das 24. Kapitel

WIDER DIE SCHRIFTGELEHRTEN UND PHARISÄER

1. Und Jmmanuel redete zu dem Volke und den Jüngern und sprach: «Auf der Propheten Stühle sitzen die Schriftgelehrten und Pharisäer.

2. Alles nun, was sie euch sagen, das tuet und haltet nicht, aber auch nach ihren Werken sollt ihr nicht tun.

3. Sie lehren euch irre Lehren, die sie und ihre Vorfahren verfälschet haben, so sie daraus die Geniesser seien.

4. Sie binden schwere Bürden und legen sie den Menschen um den Hals; aber sie selbst wollen sie nicht mit einem Finger anrühren.

5. Alle ihre Werke tun sie, damit sie von den Leuten gesehen werden und vor dem Volke scheinen.

6. Sie machen ihre Gebetsriemen breit und die Quasten an ihren Kleidern gross.

7. Sie sitzen gerne obenan bei Tisch und in den Synagogen.

8. Und sie haben es gerne, dass sie gegrüsst werden auf dem Markt und dass sie von den Menschen Meister genannt werden.

9. Aber ihr sollt euch nicht Meister nennen lassen, ehe ihr nicht die Weisheit des Wissens erkennet habt.

10. Und ihr sollt euch nicht Lehrer nennen lassen, ehe ihr nicht die Gesetze der Schöpfung befolgt.

11. Denn wer sich Meister und Lehrer nennen lässt und besitzet die Weisheit des Wissens nicht, der wird der Lüge angeklagt werden.

12. Denn wer sich selbst zu unrecht erhöht, der wird erniedrigt; und wer sich selbst zu unrecht erniedrigt, der wird missachtet.

13. Wer im Bewusstsein gross ist, der nenne sich gross; und wer im Bewusstsein klein ist, der nenne sich klein; und wer im Bewusstsein mittendurch ist, der nenne sich mittendurch.

14. Es ist vom Menschen unklug und dumm, sich grösser oder kleiner nennen zu lassen, so er wahrheitlich ist.

Chapter 24

AGAINST THE SCRIBES AND PHARISEES

1. Jmmanuel spoke to the people and the disciples, saying, "The scribes and Pharisees sit on the chairs of the prophets.

2. "However, refrain from doing and accepting anything they say, and neither act according to their works.

3. "They teach you false teachings, which they and their forefathers have falsified for their own profit.

4. "They contrive heavy burdens and put them upon people's shoulders, but they themselves do not want to lift a finger.

5. "They do all their labor in order to be seen by people and impress them.

6. "They enlarge their prayer belts as well as the tassels on their clothing.

7. "They love to sit at the heads of tables and in the best places in the synagogues.

8. "And they love to be greeted at the marketplace and to be called master by the people.

9. "But don't let anyone call you master until you have understood the wisdom of knowledge.

10. "And don't let anyone call you teacher until you follow the laws of Creation,

11. "because those who allow themselves to be called master and teacher and do not possess the wisdom of knowledge will be denounced as liars,

12. "and those who undeservedly exalt themselves will be abased, and those who undeservedly abase themselves will be disdained.

13. "Let those who are great in consciousness consider themselves great, and those who are small in consciousness consider themselves small and those who are in between in consciousness consider themselves in between.

14. "It is unwise and stupid for people to let others consider them greater or smaller than they truly are.

15. Wehe euch, Schriftgelehrte und Pharisäer, ihr Betrüger, Heuchler und Schwindler, die ihr den Menschen den geistigen und bewusstseinsmässigen Fortschritt verschliesset mit euren Lügen und Falschlehren.

16. Ihr werdet den Fortschritt so leicht nicht erringen, und die ihn erringen wollen, haltet ihr durch eure irren Lehren davon ab.

17. Wehe euch, Schriftgelehrte und Pharisäer, ihr Betrüger, Heuchler und Schwindler, die ihr der Witwen Häuser fresset und verrichtet zum Schein lange Gebete, ihr werdet dafür desto länger in gellender Finsternis leben.

18. Wehe euch, Schriftgelehrte und Pharisäer, ihr Heuchler, die ihr Land und Meer durchziehet, damit ihr einen Glaubensgenossen gewinnet; und wenn er's geworden ist, machet ihr aus ihm ein Kind der Unvernunft und des Unverstandes, das euren irren Lehren frönt, zwiefältig mehr, als ihr es tuet.

19. Wehe euch, ihr blinden Führer irrer Lehren, die ihr sagt: ‹Wenn einer schwört bei dem Tempel, das gilt nicht; wenn aber einer schwört bei dem Gold am Tempel, das bindet›.

20. Ihr Narren und Blinden, die ihr seid eine Ausgeburt des Bösen; was lasset ihr schwören, wenn ihr doch wisset, dass ein Schwur keine Bindung hat und wertloses Tun ist!

21. Oder ihr sagt: ‹Wenn einer schwört bei dem Altar, das gilt nicht; wenn aber einer schwört bei dem Opfer, das bindet›.

22. Ihr blinden und irren Lehrer: Wessen ist euer Recht, einen Schwur zu fordern oder einen Schwur zu leisten, so die Gesetze der Schöpfung doch sagen, dass kein Schwur getan werden soll.

23. Immer sei die Rede nur ja, ja, oder nein, nein.

24. Darum: Wer da schwört bei irgend etwas auf der Erde oder dem Universum, der schwört bei etwas Vergänglichem, das keinen Bestand hat.

25. Also hat auch ein Schwur keinen Bestand.

26. Wer aber schwört bei der Schöpfung oder deren Gesetzen, der schwört bei etwas, über das er keine Macht hat, und so hat ein Schwur keinen Bestand also.

15. "Woe to you, scribes and Pharisees, you impostors, hypocrites and swindlers who block people's spiritual progress towards consciousness with your lies and false teachings.

16. "You will not attain progress easily, and through false teachings you keep it from those who wish to attain it.

17. "Woe to you, scribes and Pharisees, you impostors, hypocrites and swindlers, who devour the homes of widows and engage in long prayers for the sake of appearance, therefore, you shall stay in spiritual darkness all the longer.

18. "Woe to you, scribes and Pharisees, you hypocrites who pass through land and sea in order to win a fellow believer; after he has become one, you turn him into an irrational and unreasonable child who indulges in twice as many false teachings as you.

19. "Woe to you, you blind proponents of false teachings who say, 'A person is not bound if he swears by the temple, but he is bound if he swears by the gold on the temple.'

20. "You fools and blind people, you are the offspring of evil; why do you let people swear, knowing that an oath is not binding and is a worthless act?

21. "Or you say, 'if a person swears by the altar, that does not count; but if a person swears through sacrifice, that is binding.'

22. "You blind and false teachers, who gave you the right to demand an oath or to swear, since the laws of Creation state that oaths should not be taken?

23. "Your speech should always be only 'yes, yes' or 'no, no.'

24. "Those who swear by anything on earth or in the universe swear by something fleeting, which is without permanence.

25. "Therefore, an oath is also without permanence.

26. "But those who swear by Creation or its laws swear by something over which they have no power. Therefore, an oath is of no consequence either.

27. Darum: Wer da schwört bei irgend etwas, der frevelt an der Wahrheit seines Wortes und bringt es in Zweifel.

28. Wehe euch, Schriftgelehrte und Pharisäer, ihr Heuchler, die ihr verzehntet Minze, Meramie, Dill und Kümmel und lasset dahinten das Wichtigste im Gesetz, nämlich das Recht, die Freiheit des Wissens und die Wahrheit der Schöpfung; und das Gesetz der Liebe und das Gesetz der Logik und der Gerechtigkeit lasset ihr unbeachtet also.

29. Wehe euch, ihr blinden Führer einer Horde Blinder, die ihr da saget: ‹Dies sollte man tun und jenes nicht lassen›.

30. Ihr doch nur eine irre Lehre verbreitet und die Gesetze der Schöpfung missachtet.

31. Ihr blinden Führer, die ihr Mücken seid und Kamele verschluckt, die ihr nicht verdauen möget.

32. Wehe euch, Schriftgelehrte und Pharisäer, ihr Heuchler, die ihr Becher und Schüsseln auswendig rein haltet, inwendig sind sie aber voll Raub und Gier.

33. Ihr Blinden, ihr Schriftgelehrten und Pharisäer, ihr Heuchler und Verdreher der Wahrheit, reinigt zuerst, was inwendig im Becher ist, auf dass auch das Auswendige rein werde und in seinem Glanze erstrahle.

34. Wehe euch, Schriftgelehrte und Pharisäer, ihr Heuchler, die ihr seid gleich wie die übertünchten Gräber, welche auswendig schön scheinen, aber inwendig sind sie voller Gestank und Totengebeine und Unrat.

35. So auch ihr: Von aussen scheinet ihr vor den Menschen fromm und gut, aber inwendig seid ihr voller Heuchelei und Falschheit und Übertretung.

36. Wehe euch, Schriftgelehrte und Pharisäer, ihr Heuchler, die ihr den Propheten Grabmäler bauet und schmücket der Gerechten Gräber und sprechet:

37. ‹Wären wir zu unserer Vorväter und Väter Zeiten gewesen, so wären wir nicht mit ihnen schuldig geworden an der Propheten Blut›.

38. Wehe euch, Schriftgelehrte und Pharisäer, ihr Betrüger, Heuchler und Schwindler, die ihr heimlich die Toten rufet aus dem hohen und aus dem gemeinen Volk, so ihr euch selbst betrüget und irrig glaubet mit ihnen zu reden und euerem eigenen Wahn glaubet.

27. "Therefore, those who swear by anything commit an offense with respect to the truth of their promises and make them doubtful.

28. "Woe to you, scribes and Pharisees, you hypocrites who tithe mint, meramie, dill and caraway seeds and neglect the most important things in the law, namely, justice, freedom of knowledge, and the truth of Creation, and you let go unnoticed the laws of love, logic and justice.

29. "Woe to you, you blind leaders of a hoard of blind, who say: 'This should be done and that should not be left undone.'

30. "You only represent a false teaching and ignore the laws of Creation.

31. "You blind leaders, you are flies and swallow camels that you cannot digest.

32. "Woe to you, scribes and Pharisees, you hypocrites who keep cups and bowls outwardly clean, yet inside they are full of rapaciousness and greed.

33. "You blind ones, you scribes and Pharisees, you hypocrites and distorters of the truth, first clean what is inside the cup so that it may become as clean as the outside and light up in its brilliance.

34. "Woe to you, scribes and Pharisees, you hypocrites who are like whitewashed tombs that appear beautiful on the outside, but inside they are full of stench, bones and filth.

35. "So you, too, appear pious and good in front of people, but inside you are full of hypocrisy, falsehood and violations.

36. "Woe to you, scribes and Pharisees, you hypocrites who build monuments for the prophets and decorate the graves of the just and say,

37. "'If we had lived at the time of our forefathers and fathers, we would not have become guilty with them in the shedding of the prophets' blood.'

38. "Woe to you, scribes and Pharisees, you impostors, hypocrites and swindlers, who secretly call the dead people of high and of common standing, so you deceive yourselves and wrongly believe to speak with them and delude yourselves.

39. Ihr könnet mit Toten nicht reden, und könntet ihr es doch, dann vermöchten also die Gestorbenen euch nur die Meinung zu sagen von dem, was sie schon im Leben falsch gedacht haben.

40. Nicht seid ihr gross genug also, dass ihr Tote rufen könnet, die Weisheit haben und die die Wahrheit sagen können.

41. So gebet ihr euch selbst Zeugnis, dass ihr Kinder seid derer, die die Propheten getötet haben und die ihre Lehre verfälschten.

42. Wohlan, erfüllet auch ihr das Mass eurer Vorväter und Väter, so ihr mit Unverstand sollt beenden euer Leben, und Mühe haben zu lernen, bis in ferne Zukunft.

43. Ihr Schlangen- und Otterngezücht, wie wollt ihr denn gross sein im Geiste und im Bewusstsein, wenn ihr doch keinen Verstand besitzt?

44. All das gerechte Blut aber kommet auf euch, das vergossen ist durch euch auf Erden vom ersten Propheten an, den eure Väter und Urväter mordeten, bis auf das Blut des Zacharias, des Sohnes Barachjas, welchen ihr getötet habt zwischen Tempel und Altar, und also all das Blut der Zukunft, das in eurer Schuld vergossen wird.

45. Verstossen werdet ihr sein unter den Menschengeschlechtern, und also werdet ihr wechselweise euer geraubtes Land verlieren, wieder gewinnen und wieder verlieren und so also bis in fernste Zukunft.

46. Wahrlich, ich sage euch: Euer Dasein wird sein steter Kampf und Krieg, und also werden euch schlagen die Menschengeschlechter mit feindlicher Gesinnung und Unfrieden.

47. Nicht werdet ihr Ruhe noch Frieden finden in dem von euren Urvätern durch Lug und Trug und Brand geraubten Land, denn also wird euch eure vererbte Mordlast verfolgen, mit der eure Vorväter die alten Bewohner dieses Erdenteils meuchelten und ihres Lebens und Hab und Gutes beraubten.

48. Also kommet all das gerechte Blut auf euch, das vergossen wurde durch eure Vorväter und durch euch, und das also noch vergossen wird durch euch und eure nahen und fernen Nachkommen bis in ferne Zukunft.

39. "You cannot talk with dead people, and even if you could, the dead could tell you only the wrong thoughts they already had during their lifetime.

40. "You are not great enough to call upon the dead who have wisdom and can tell the truth.

41. "You give witness to yourselves, that you are the children of those who killed the prophets and falsified their teachings.

42. "Well then, you are following the way of your fathers; therefore you are ending your lives without understanding, and you will have trouble learning in the future.

43. "You brood of snakes and vipers, how can you be great in spirit without having any understanding?

44. "All the just blood that was shed through you on earth will come back to you, beginning with the first prophet your fathers and forefathers murdered, to the blood of Zacharias, the son of Barachias, whom you killed between the temple and the altar, and all the blood you cause to be shed in the future.

45. "You will be outcast among the human races, and then you will alternately lose your occupied land, regain it and lose it again until the distant future.

46. "Truly, I say to you: your existence will be continual struggle and war, and so the human races will strike you with their hostile thinking and enmity.

47. "You will find neither rest nor peace in the country stolen by your ancestors by means of falsehood and deceit, because you will be haunted by your inherited burden of murder with which your forefathers killed the ancient inhabitants of this continent and deprived them of life and property.

48. "So all the just blood will come upon you, blood which was shed by your forefathers and through you, and which is still being shed by you and your close and distant descendants until the faraway future.

49. Es wird Hass sein wider euch auf dieser Welt, und also wird euch selbst die Neuzeit weder Ruhe noch Frieden bringen, ehe ihr nicht weichet von dem von euch geraubten Land, oder ehe ihr nicht versöhnlichen Frieden schliesset und bruderhaftes Vertrauen und Einheit schaffet mit euren Feinden, wenn ihr euren falschen und gestohlenen Rechten abschwört.

50. Ihr Schlangen- und Otterngezücht, allso werden die Geschehen sein bis in ferne Zukunft für euch, doch nicht von ungefähr werdet ihr zur Neuzeit eine Glückssache haben, wenn meine Lehre der Schöpfungsrechte und der Schöpfungsgesetze neuerlich verbreitet wird, so ihr dann die Gelegenheit greifen möget, also ihr den Hass der Welt wider euch durch einen ehrlichen Frieden beenden und besiegeln könnt.

51. Also achtet zur Neuzeit meiner Lehre, die in Wahrheit die Lehre der Gesetze und Gebote der Schöpfung ist; achtet darauf, wenn sie neuerlich gelehret wird, denn diese wird sein das Zeichen der Zeit, zu der sich gar vieles wandelt und die Herrschaft der Mächtigen und der Tyrannen bricht, so die Volkschaften aller Menschengeschlechter frei werden.

52. Also achtet in ferner kommender Neuzeit der neuerlichen Darbringung meiner allzeitlich und weltenraumweit gültigen Lehre der geistigen und schöpferischen Kräfte und Gesetze und Gebote, so ihr nach meiner Ratgebung handeln möget und es Ruhe und Frieden werde zwischen euch und allen Menschen dieser Welt.

53. Wahrlich, wahrlich, ich sage euch: Dass solches sich alles erfüllet, und also wird alles über euch kommen und über euer Geschlecht und in lange Zukunft wie ich gesagt habe».

49. "There will be hatred against you in this world, and even the future will bring you neither rest nor peace until you retreat from the land stolen by you, or until you make a conciliatory peace and create brotherly trust and unity with your enemies and renounce your false and stolen rights.

50. "You brood of snakes and vipers, this will happen to you into the distant future, yet not by accident you then will also have a fortunate experience when my teaching of Creation, rights and laws will again be spread, so that you may then seize the opportunity to end and settle the world's hatred against you by means of an honest peace.

51. "Therefore, in the future, heed my teaching, which is truly the teaching of laws and commandments of Creation; pay attention when it will be newly taught, because it will be the sign of the time at which many things change, and the power of the mighty and tyrants will break apart, so that nationalities of all human races will become free.

52. "In the distant future, heed the renewed presentation of my teaching of the spiritual and creative forces and laws and commandments. It is valid for all times and universal, and you will be able to act according to my counsel, and there will be quiet and peace among you and all human beings in this world.

53. "Truly, truly, I say to you: All this will be fulfilled and shall come upon you and upon your race and continue long into the future, as I have told you."

Das 25. Kapitel

DIE PROPHEZEIUNG

1. Und Jmmanuel ging hinaus vor den Tempel, und seine Jünger traten zu ihm, dass sie ihm zeigten des Tempels Gebäude.

2. Er aber sprach zu ihnen: «Sehet ihr nicht das alles?, wahrlich, ich sage euch: Es wird hier nicht ein Stein auf dem andern bleiben, der nicht zerbrochen werde.

3. Das israelitische Volk frevelt am Leben und an der Wahrheit; und es hat diese Stadt gebauet auf Menschenblut; also aber ist dieses Volk gespalten in sich in Israeliten, die sich Söhne und Töchter Zions nennen, denen ich nicht nahe stehe, und die mich töten wollen, und also in Juden, die verirrte Gläubige ihres Kultes sind, und denen ich nebst allen Menschengeschlechtern der Erde die Lehre der Wahrheit bringe.

4. Durch Raub und Mord haben die Israeliten geraubet dies Land und getötet ihre Freunde, mit denen sie Wein getrunken hatten, und also haben sie irregeführet und irregeleitet ihre Glaubensgenossen des jüdischen Kultes, die wahrlich aber keine Israeliten sondern nur Kultgläubige sind.

5. Also haben die Israeliten verraten ihre eigenen Freunde und sie gemordet um der eigenen Gier willen, so aber auch ihnen geschehen soll durch die rechtmässigen Besitzer dieses Landes, die sie seit alters her entrechten und unterjochen».

6. Und als er auf dem Oelberge sass, traten zu ihm seine Jünger und sprachen: «Sage uns, wann wird das geschehen, und welches wird das Zeichen sein dafür»?

7. Jmmanuel aber antwortete und sprach: «Zwei Jahrtausende werden vergehen und einige Zeit dazu, doch auch dazwischen wird Israel niemals Ruhe finden, so also weil Kriege und viele Uebel drohen für die unrechtmässigen Besetzer dieses Landes, doch sehet zu, dass euch nicht jemand verführe.

Chapter 25

THE PROPHECY

1. And Jmmanuel walked out of the temple, and his disciples came up to him because they wanted to show him the outside of the building.

2. He spoke to them, "Look at all this. Truly, I say to you: Not one stone here will remain upon the other without being broken.

3. "The Jews trespass against life and truth, and they built this city on the blood of people; but these people are divided into Israelites who call themselves sons and daughters of Zion, to whom I am not close and who want to kill me, and into Jews, who are misled believers of their sect, and to whom I bring the teachings of truth, as I do to all human races.

4. "The Israelites have plundered this land through rapaciousness and murder, they have killed their friends with whom they had drunk wine, and they have deceived and misled their fellow-believers of the Jewish sect, who are actually Israelites but only followers of a sect.

5. "Thus the Israelites betrayed their own friends and murdered them because of their greed, but it will likewise happen to them on the part of the rightful owners of this land whom they have deprived of their rights and subjugated since ancient times."

6. And when he sat on the Mount of Olives his disciples came up to him and said, "Tell us, when will this happen, and what will be the sign?"

7. Jmmanuel answered, "Two thousand and more years will pass, but in the meantime Israel will never find peace because many wars and much evil threaten the unlawful owners of this land; but see to it that nobody will lead you astray.

8. Es werden nämlich viele Betrüger und falsche Propheten kommen in meinem Namen und sagen: ‹Ich bin Jmmanuel, und ich bin das Zeichen der Zeit›, so sie werden viele verführen.

9. Die Menschen werden hören von Kriegen und Kriegsgeschrei, so sie sehen sollen und nicht erschrecken, denn das muss so geschehen; aber es ist noch nicht das Ende.

10. Denn es wird sich erheben gar manches Volk wider seine Obrigkeit und ein Volk sich wider das andere und ein Königreich sich wider das andere, und es werden sein teure Zeiten und Erdbeben und grosse Unwetter und Wasser hin und her.

11. Das alles ist dann der Anfang der Wehen.

12. Alsbald werden überantwortet die wissenden Menschen in Trübsal und werden getötet.

13. Sie werden gehasst werden um der Wahrheit der Lehre und der Weisheit willen.

14. Es werden sich erheben die vielfältigen Kulte gegeneinander, so Blut in grossen Mengen fliessen wird.

15. Dann werden viele der Anfechtung erliegen und werden sich untereinander verraten und werden sich untereinander hassen, weil sie im Bewusstsein doch klein geblieben sind.

16. Und weil das Unwissen wird überhandnehmen, wird die Liebe in vielen Menschen erkalten.

17. Und Hass wird über die Welt herrschen, und das Böse wird regieren.

18. Wer aber beharret in Wahrheit, der wird überstehen.

19. Und es wird gepredigt werden diese Lehre in der Neuzeit auf der ganzen Welt zum Zeugnis für alle Völker, und dann wird das Ende kommen.

20. Wenn die Menschen sehen werden die Greuel der Verwüstung stehen an der Stätte von Jerusalem, von dem es schon so gesagt ist durch die Propheten, alsdann wird das Ende kommen.

21. Wer zu jener Zeit im von den Israeliten geraubten Lande ist, der möge auf die Berge fliehen.

22. Wer auf dem Dache ist, der steige nicht hernieder, etwas aus seinem Hause zu holen.

23. Wer also auf dem Felde ist, der kehre nicht um, seinen Mantel zu holen.

8. "Many impostors and false prophets will come in my name and say, 'I am Jmmanuel, and I am the sign of the time,' and they will mislead many.

9. "People will hear much about wars and war cries and they shall see this but not be frightened, because this must happen; but it is not the end yet.

10. "Because many a nation will rise against its government, one nation against another, and one kingdom against another, there will be times of great need, earthquakes and tremendous floods all about.

11. "All this is the beginning of enormous calamities.

12. "Soon the people with the knowledge will be exposed to distress and be killed.

13. "They will be hated for the sake of truth in their teaching and wisdom.

14. "Many kinds of sects will rise up against one other, and much blood will flow.

15. "Then many will succumb to the attacks, and betray and hate one another because they remained small in spirit.

16. "Love will grow cold in many people because lack of faith will take over.

17. "Hatred will rule over all the world and evil will reign,

18. "but those who persist in the truth will survive.

19. "This lesson will be preached in the new age throughout the world as testimony for all peoples, and then the end will come.

20. "When the people see the horror of destruction in Jerusalem, of which the prophets have spoken, the end will come.

21. "Whoever is in the land plundered by the Israelites at that time should flee to the mountains.

22. "Those who are on the roof should not climb down to get anything from their houses.

23. "Those who are in the fields should not go back to get their coats.

24. Wehe aber den Schwangeren und Säugenden zu jener Zeit, sie werden Trübsal leiden und Tod; und ihrer werden viele sein.

25. Denn es wird alsbald eine grosse Trübsal sein, wie sie nicht gewesen ist von Anfang der Welt bisher und auch nicht wieder werden wird.

26. Und wenn diese Tage nicht würden verkürzt, so würde kein Mensch lebendig bleiben; aber um des Geistes willen und um des Lebens willen werden die Tage verkürzt.

27. Dies aber auch um der Menschen willen, die der Wahrheit und den Gesetzen dienen.

28. Es wird aber sein Heulen und Zähneklappern, wenn jene Zeit hereinbricht; durch die Unvernunft des Menschen und durch seine Gier.

29. Metallene Maschinen werden sie bauen, zu Luft und zu Wasser und zu Land; und sich gegenseitig ausrotten.

30. Schwere Geschosse werden sie aus den metallenen Maschinen schleudern über das Land und auf die Städte.

31. Feuer wird aus den Geschossen hervorbrechen und die Welt verbrennen, so nicht vieles verschont bleibt.

32. Grundsteine des Lebens und tödliche Lüfte werden sie in die Geschosse legen, so sie damit tödliche Feuer entfachen und Land und Leben vernichten.

33. Kämen zu jener Zeit nicht Mächtige der Völker wie einst die Himmelssöhne, um dem enthemmten Wahn und dem tödlichen Tun der irren Zwangsherrscher Einhalt zu gebieten, wahrlich, ich sage euch: Kein Mensch würde überleben.

34. So die Menschengeschlechter zu jener Zeit weit mehr als zehnmal fünfhundert Millionen Menschen sind, werden also grosse Teile von ihnen ausgerottet und getötet.

35. Allso will es das Gesetz, weil der Mensch wider dieses verstossen hat und bis in weite Zukunft wider dieses verstossen wird.

36. Wenn alsdann zu jener Zeit jemand zu den Menschen sagen wird: ‹Siehe, hier ist Jmmanuel, der das Zeichen der Zeit ist!›, so sollen sie's nicht als wahr annehmen.

37. Denn mancher falsche Jmmanuel und viele Betrüger und falsche Propheten werden aufstehen und grosse Zeichen und Wunder tun, so, dass es möglich wird, dass nicht nur die Suchenden und Gläubigen und Irrenden, sondern auch die Gelehrten und Wissenden verführt werden.

24. "Woe to the women who are pregnant and those who are nursing their babies at that time, because they will suffer much grief and death. And there will be many of them.

25. "There will soon be greater grief than there has ever been since the beginning of the world, and never will there be such grief again.

26. "If these days were not shortened, no one would remain alive; but the days will be shortened for the sake of the spirit and of life.

27. "This is for the sake of people who serve the truth and the laws.

28. "There will be howling and chattering of teeth when this time comes, because of people's lack of understanding and greed.

29. "They will build machines made from metal for use in the air, on the water and on land, to kill off one another.

30. "They will throw heavy projectiles out of these machines made of metal, across the land and the cities,

31. "and fire will come out of these projectiles and burn the world so that not much will be spared.

32. "They will put the cornerstones of life into the projectiles to kindle the deadly fire.

33. "If at that time powerful people did not appear as did the celestial sons long ago, in order to bring to a standstill the unobstructed madness of the deluded dictators, truly, I am telling you: No human being would survive.

34. "Since the human races will at that time comprise far more than ten times five hundred million people, great parts of them will be eradicated and killed.

35. "This is what the law ordains, because people have violated it and will violate it again into the distant future.

36. "When at that point someone will say to the people, 'Behold, here is Jmmanuel, who is the sign of the time,' they should not accept it to be true.

37. "Because many a false Jmmanuel and many impostors and false prophets will rise and do great signs, it becomes possible to lead astray not only those who seek, believe and err, but also the scholars and intelligent people.

38. Siehe, ich habe es euch zuvor gesagt, und also wird es sich erfüllen.

39. Darum, wenn die Betrüger und Irregeleiteten sagen werden: ‹Er ist in der Wüste›, so soll der Mensch nicht hinausgehen, und ‹Siehe, er ist in der Kammer›, so sollen sie es nicht als wahr annehmen.

40. Denn so ich mit Sicherheit zu jener Zeit wiederkehren werde, also werde ich mich erkennen lassen.

41. So will es das Gesetz und die Bestimmung, und so wird es sein.

42. Denn wie der Blitz ausgeht und leuchtet vom Aufgang bis zum Niedergang, so wird auch sein mein Kommen in der Zukunft, wenn ich neu die Lehre bringe und von den Heerscharen der Himmelssöhne künde, wenn ich zu der Zeit ein Wiederleben habe und in der Weite der Welt neuerlich des Betruges und der Lästerung beschimpft werde, ehe die Lehre der Wahrheit im Menschen Erkennung bringet und Wandel.

43. Der Mensch aller Zeiten achte darauf: Wo das Aas ist, da sammeln sich die Geier; also er sich vor ihnen hüte.

44. Bald aber nach der Trübsal jener fernen Zeit werden Sonne und Mond den Schein verlieren, und die Schweifsterne werden vom Himmel fallen, und die Kräfte der Himmel werden ins Wanken geraten.

45. Die Gefüge der Erdenhimmel und der Lüfte werden gestört sein, und das Land wird brennen durch das schwarze Oil der Erde, entzündet durch die Machtgier der Menschen, und der Himmel wird sich verdunkeln durch Rauch und Feuer, die allso tausend Tage wüten werden und alles über dem brennenden Land und weit darüber hinaus mit schwarzem Russ bedecken werden; und also werden die Wetter zusammenbrechen und grosse Kälte und viele Tode kommen über die Menschen, die Pflanzen und Tiere und über die Erde, durch die unvernünftig entfaltete Gewalt der Menschen, die da leben werden in der Gier nach Macht und Sucht und Laster.

46. Alsdann aber werden erscheinen Zeichen am Himmel, und es werden heulen alle Geschlechter auf Erden und werden kommen, um zu sehen die Zeichen in den Wolken des Himmels, die von grosser Kraft und strengem Gericht wider die Unvernunft zeugen.

38. "Behold, I told you so before, and so it will fulfill itself.

39. "Therefore, when impostors and those led astray will say, 'He is in the desert,' people shall not go there, and when they say, 'Truly, he is in a chamber,' they shall not accept it as the truth.

40. "Since I will certainly return at that time, I will let them recognize me.

41. "This is how the law and destiny want it, and that's the way it will be.

42. "Just as lightning starts from its rise and radiates until its setting, so will be my coming in the future, when I bring the teaching anew and announce the legions of the celestial sons, when I will have a renewed life and will again be accused of deception and blasphemy over the breadth of the world, until the teaching of truth will bring about insight and change in people.

43. "People of all times, beware: where the carcass is, there the vultures will gather, so watch out.

44. "Soon after the grief of that time, sun and moon will lose their luster, comets will fall from the sky and the powers of the heavens will start to sway.

45. "The structure of the heavens and of the air will be disturbed, and the land will burn because of the black oil of the earth, ignited by the greed of the people, and the sky will be dark because of smoke and fire, and so the weather will break down, and severe cold and many deaths among people, plants and animals all over the earth will result from people's power senselessly developed, and people will live with their greed for power and mania and vice.

46. "Then there will appear signs in the sky, and all races on earth will cry and come to see the signs in the clouds of the sky that witness of great power and strict judgments against irrationality.

47. So Gott der Herrscher über die drei Menschengeschlechter ist, so gelten doch in Ewigkeit die Gesetze und Gebote der Schöpfung, durch die als schöpferische Stellvertretung und durch die Unvernunft der Mensch böse über sich selbst richten wird.

48. An Gott schuldet der Mensch seine Zeugung und Gott ist der Herrscher über ihn, so er seine Gesetze befolgen muss und ihn achte als den grössten Weisheitskönig.

49. So wird er dereinst senden seine Wächterengel mit hellen Posaunen, und diese werden dann sammeln seine ihm Getreuen von den vier Winden, von einem Ende der Erde bis zum andern.

50. An dem Feigenbaum lernet ein Gleichnis: Wenn sein Zweig jetzt treibt und die Blätter kommen, so wisst ihr, dass der Sommer nahe ist.

51. So wird es auch sein für die Menschen jener Zeit: Wenn sie das alles sehen, so mögen sie wissen, dass es nahe vor der Tür ist.

52. Wahrlich, wahrlich, ich sage euch: So wird es sein.

53. Und dies Geschlecht wird nicht vergehen, bis alles so geschehe.

54. Himmel und Erde werden dereinst vergehen und so also das Universum; aber meine Worte werden nicht vergehen, denn sie sind die Worte der Wahrheit in den Gesetzen der Schöpfung.

55. Von dem Tage und der Stunde aber, da dies alles geschehen wird, weiss niemand, auch die Wächterengel und selbst Gott nicht, und auch ich nicht, Jmmanuel, sondern allein die Vorsehung und Bestimmung durch die Gesetze und Gebote der Schöpfung, die die grösste Weisheit besitzt.

56. Sie, die Schöpfung allein stehet über allen Menschengeschlechtern, und ihr allein gebühret die Ehre und das Lob, wie auch sie Ehre und Lob zollet dem Absolutum über ihr.

57. Wenn der Mensch also Gott achtet und ehret und über ihm nur die Schöpfung als Höchstes erkennet, ehret, achtet und anerkennet, so er dann also recht tuet in Wahrheit».

47. "Since god is the ruler over three human races, the laws and commandments of Creation will be valid in all eternity through which, as representation of Creation and human irrationality, people will judge themselves with anger.

48. "People owe their existence to god, who is the ruler over them, so that they have to follow his commandments and respect him as the greatest king of wisdom.

49. "He will send his guardian angels with loud trumpets that will gather his followers from all directions, from one end of the earth to the other.

50. "Do learn a parable from the fig tree; when its branch puts forth leaves, you know that summer is near.

51. "So it will also be at that time when the people see all of this, they will know that the end is close at hand.

52. "Truly, truly, I say to you: This is how it will be.

53. "This human race will not perish until all of this has come about.

54. "The heavens and the earth will pass, and so will the universe; but my words will not pass, because they are words of truth within the laws of Creation.

55. "No one knows the day or hour when all this will happen, neither the guardian angels, nor god himself, nor I, Jmmanuel, but only providence and destiny through the laws and commandments of Creation, which possesses the greatest wisdom.

56. "Creation alone rises far above all human races, and it alone deserves honor and praise, just as it renders honor and praise to the absolute power above it.

57. "If people revere and honor god and recognize only Creation as the supreme power, they act according to the truth."

Das 26. Kapitel

GESETZE UND GEBOTE

1. «So die Gesetze und Gebote der Schöpfung gelten und die Gesetze und Gebote Gottes, so also sollen sie auch befolgt werden und geachtet.

2. So aber die Gesetze und Gebote der Schöpfung die Gesetze und Gebote des Geistes und des Lebens sind, so also sind die Gesetze und Gebote Gottes die Gesetze und Gebote der materiellen und der menschlichen Ordnung.

3. Gott hat die Gesetze und Gebote erlassen als materielle und menschliche Ordnung für das Recht und als Richtschnur des Lebens also.

4. So also gelten Gesetze und Gebote als Wege, die der Mensch gehen soll in Weisheit und Klugheit, so er gerecht sei.

5. So also die Gesetze und Gebote der Schöpfung und die Gesetze und Gebote Gottes befolgt werden, so müssen die Menschen keinerlei andere Gesetze und Gebote hervorbringen.

6. Die Gesetze und Gebote der Schöpfung und die Gesetze und Gebote Gottes sollen gelten als die wahren Gesetze und und Gebote, so sie befolgt werden sollen, denn sie allein haben bestehende Gültigkeit und Richtigkeit.

7. Fallet der Mensch aber von diesen Gesetzen und Geboten ab, dann bringet er unlogische und unzulängliche menschliche Gesetze und Gebote hervor, aufgebauet auf einer irren Logik, und also äusserst fehlerhaft.

8. Wenn der Mensch im Bewusstsein kleinmütig ist, so dann auch seine von ihm hervorgebrachten Gesetze und Gebote kleinmütig sind, und also irren Lehren gleichen.

9. Masset der Mensch sich an, die Gesetze und Gebote der Schöpfung und jene Gottes zu missachten, so ist er gezwungen also, sich eigene Gesetze hervorzubringen, die aber voll von Fehl sind und alle in die Irre leiten.

10. Gesetze und Gebote nach den Menschen gemacht, zeugen Mord und alles Böse, allso das Übel sich ausbreitet und überhandnimmt und der Mensch keine Kontrolle mehr darüber hat.

11. Gebote und Gesetze tragen einen Wert nur dann, wenn sie hervorgebracht sind aus Weisheit und also in Logik.

12. Logik aber erfordert Weisheit und Erkennung.

Chapter 26

LAWS AND COMMANDMENTS

1. "Since the laws and commandments of Creation and the laws of god apply, they shall be followed and respected.

2. "Just as the laws and commandments of Creation are the laws and commandments of the spirit and of life, so the laws and commandments of god are the laws and commandments of the material and human order.

3. "God issued the laws and commandments both as material and human order for that which is right and also as a guideline for life.

4. "Thus laws and commandments serve as paths upon which humanity should walk in wisdom and intelligence so as to be righteous.

5. "Insofar as the laws and commandments of Creation and god are followed there is no need for people to bring forth other laws and commandments whatsoever.

6. "The laws and commandments of Creation and god shall be considered as the true laws and commandments and shall be followed, because they alone have consistent validity and correctness.

7. "If people deviate from these laws and commandments, they bring forth illogical and inadequate human laws based on false logic.

8. "If they are fainthearted in spirit, so are their laws fainthearted and resemble heresy.

9. "If they are presumptuous and disregard the laws and commandments of Creation and those of god, they are forced to bring forth their own laws, however, which are full of mistakes and lead everyone astray.

10. "Man-made laws and commandments always produce murder and evil everywhere, and evil will spread and prevail, and people no longer will have any control over it.

11. "Commandments and laws are valid only if they are derived from wisdom and logic,

12. "but logic requires wisdom and understanding.

13. Menschengesetze und Menschengebote sind ohne Kraft, wenn sie nicht beruhen in den Gesetzen und Geboten der Schöpfung, wie auch die Gesetze und Gebote Gottes in ihnen beruhen, wie er sie in seiner Weisheit hat erlassen.

WEISHEITSSPRÜCHE

14. Wahrlich, ich sage euch: Weisheit muss erlernet sein aus den Gesetzen der Schöpfung, die der Mensch erkennet in der Natur.

15. Wenn der Mensch aber nicht denket und nicht suchet, vermag er nicht Weisheit zu erlangen und bleibet ein Narr.

16. Nicht jammern die Weisen über verlorene Dinge, und über die Gestorbenen und über die Geschehen der Vergangenheit.

17. Narren aber weinen über Dinge, die nicht beweinenswert sind, so sie dadurch vermehren ihren Kummer und ihre Not und ihr Elend.

18. Wer Weisheit reichlich erlanget hat und nach den Gesetzen lebt, der duldet es nicht, dass den Geschöpfen ein noch so geringes Leid angetan wird, wenn ohne Fehl sie sind.

19. Ein Narr und ein Tor, der nicht besiegt seine Sinne, sieht Schaden für Vorteil und Vorteil für Schaden an und hält grosses Leid für Freude.

20. Dadurch, dass die Menschen nicht obliegen der Weisheit und nicht suchen das Wissen und nicht die Gesetze erkennen, entstehen in ihnen der Unverstand und die Laster.

21. Den Unehrenhaften, den Dummen, den Murrenden, den Gierigen, den Ruchlosen, den Groben und den Zornigen trifft der Schaden als im Bewusstsein Arme.

22. Empfanget ein Mensch täglich in gebührender Weise nur ein Weniges an Weisheit im Bewusstsein, so wächst er, wie der in der lichten Hälfte des Monats wandelnde Mond.

23. Weisheit ist das grösste Gut des Menschen, und so der gezeugte Wille, der Herr über Liebe und Glück; aber alles ist bedeutungslos ohne die Kraft des Geistes.

24. Ein Narr, welcher auf das Schicksal wartet und ohne sich zu regen ruht, der geht zuschanden wie ein ungebrannter Topf im Wasser.

25. Wer eine Milchkuh pflegt, erhält stets Milch; so erntet auch derjenige reiche Früchte, der die Weisheit pflegt und sie durch die Kraft des Geistes anwendet.

13. "Human laws and commandments are powerless if not based upon the laws and commandments of Creation, and god's laws and commandments, issued by him in wisdom, also rest upon the laws and commandments of Creation.

PROVERBS

14. "Truly, I say to you: Wisdom has to be learned from the laws of Creation, which people recognize in nature.

15. "But if they do not think and search, they will not attain wisdom and remain fools.

16. "The wise do not cry over lost things, over the dead and over things of the past.

17. "Fools cry over things that are not worth crying over, thereby increasing their grief, need and misery.

18. "Those who are rich in wisdom and live according to the laws do not allow creatures to suffer even the least hurt, if they are without fault.

19. "Fools who do not conquer their senses mistake damage for advantage, advantage for damage and great suffering for joy.

20. "Because people do not follow wisdom and do not seek knowledge, nor understand the laws, they are filled with imprudence and vice.

21. "The dishonest, stupid, defiant, greedy, unscrupulous, uncouth and angry will be hurt like people who are poor in consciousness.

22. "If people receive daily in due manner just a little wisdom in their consciousness, they grow like the waxing moon during the light half of the month.

23. "Wisdom is the greatest asset of humanity and so is the created will, which is lord over love and happiness, but all this is meaningless without the power of the spirit.

24. "Fools who wait for fate to act without doing anything themselves perish like an unfired pot in water.

25. "Those who take care of a cow always receive milk; likewise, those who nurture wisdom and apply it through the power of the spirit bring forth rich fruit.

26. Jegliches Gesetz der Schöpfung erkenne man, und hat man es erkannt, so erfasse man es und lebe danach, denn die Gesetze sind die grösste Weisheit.

27. Es gibt kein Auge, das der Weisheit gleich käme, keine Finsternis, die der Unwissenheit gleich käme, keine Gewalt, die der Kraft des Geistes gleich käme und keinen Schrecken, der der Bewusstseinsarmut gleich käme.

28. Es gibt kein höheres Glück als die Weisheit, und keinen besseren Freund als das Wissen, und keinen anderen Retter als die Kraft des Geistes.

29. Wer Verstand hat, möge meine Rede erfassen, also er weise sei und wissend».

IRRLEHRE DES SAULUS

30. Da aber Jmmanuel solche Rede vollendet hatte, siehe, da trat zu ihm ein Mann namens Saulus und sprach:

31. «Eine neue Lehre predigst du; und sie ist mir fremd von Anbeginn; dumm scheint sie mir und auch verwirret dein Geist».

32. Jmmanuel aber sprach: «Was sagest du mir, dass ich im Geiste verwirret sei, so aber doch du im Bewusstsein verwirret bist und nicht verstehest.

33. Wahrlich, ich sage dir: So du Saulus bist und mich um meiner Lehre willen verfolgest und also meine Jünger, wirst du ändern deinen Sinn.

34. Fortan sollst du dann heissen Paulus und in alle Winde zieh'n und büssen dafür, dass du meine Lehre hast genannt eine irrige Lehre, und meinen Geist einen verwirrten.

35. Doch grosse Schuld wirst du dadurch auf dich laden, denn in deinem Unverstand wirst du meine Lehre falsch erfassen und so predigen also.

36. Deine Rede wird irre sein; und die Welt in allen Winden wird in Knechtschaft ihr verfallen und der irren Lehre frönen.

37. So du das Land der Hellenen wirst mit deiner irren Lehre in Knechtschaft eines bösen Kultes legen, so wirst du mich in ihrer Sprache den Gesalbten nennen.

38. Es wird sein die Schuld deines Unverstandes, dass man mich nennen wird den Jesus Christus, was da heisst der Gesalbte.

26. "Understand each law of Creation and once you have understood it, adhere to it and live accordingly, because the laws are the greatest wisdom.

27. "There is no eye equal to wisdom, no darkness equal to ignorance, no power equal to the power of the spirit, and no terror equal to poverty of consciousness.

28. "There is no higher happiness than wisdom, no better friend than knowledge, and no other savior than the power of the spirit.

29. "Those who have intelligence may grasp my speech so they will be wise and knowing."

THE FALSE DOCTRINE OF SAUL

30. When Jmmanuel had finished that speech, behold, a man named Saul came to him and said,

31. "You preach a new teaching, and it is strange to me from the beginning; it seems dumb to me, and your mind seems confused."

32. But Jmmanuel said, "How can you tell me that I am confused in mind when it is you who are confused in mind?

33. "Truly, I say to you: Since you are Saul and persecute me and my disciples because of my teaching, you will change your mind.

34. "From now on, you shall be named Paul. You will travel in all directions and will have to suffer for having called my teaching false and my spirit confused.

35. "You will heap great guilt upon your shoulders, because you will misunderstand my teaching and preach it falsely due to your lack of understanding.

36. "Your speech will be confused, and people all over the world will lapse into slavery and worship the false doctrine.

37. "When you place the land of the Greeks in bondage to an evil sect with your false teaching, you will call me "the anointed" in their language.

38. "It will be due to your ignorance that they will call me Jesus Christ, which means "the anointed."

39. Und es wird sein die Schuld deines Unverstandes, dass fliessen wird durch diesen Namen Menschenblut, soviel, dass es nicht mehr gefasset wird in allen Behältern.

40. Noch verfolgest du mich und meine Jünger um meiner Lehre willen, doch bald aber wird sein die Zeit, da du andern Sinnes wirst.

41. Dies, wenn du mir ein andermal gegenübertrittst und wähnest einen Geist vor dir zu haben.

42. Wahrlich, ich sage dir: Wie viele andere wirst du grosse Schuld haben daran, dass meine Lehre verfälschet wird und die Menschengeschlechter irrige Kulte erbauen.

43. Du aber wirst der Grundstein sein für die Unvernunft, dass man mich wird nennen den Jesus Christus und den Erlöser für einen irrigen Kult».

44. Und Jmmanuel war zornig und griff einen Stock und jagte Saulus von dannen.

45. Saulus aber tat sich zusammen mit dem Pharisäersohn Juda Iharioth und beriet, wie sie Jmmanuel fangen könnten, so sie ihn ausliefern könnten an die Schergen, denn in ihm war aller Sinn nach Rache.

SELBSTTÖTUNG

46. Da aber Saulus von dannen gewichen war, rief Jmmanuel seine Jünger zusammen und redete zu ihnen und sprach: «Ihr wisset, dass nach zwei Tagen das Passahfest sein wird und ich überantwortet werden soll den Gerichten, so ich gekreuzigt werde, wie es bestimmet ist, so ich daraus lerne.

47. Mein Verräter aber wird sein Juda Iharioth, des Pharisäers Simeon Sohn; denn sein Sinn trachtet nur nach Gold und Silber und nach Hab und Gut also.

48. Er mich also verraten wird für deren dreissig Silberlinge; weil er irregeleitet ist durch die Habgier seines Vaters.

49. Nicht aber lange wird dauern seine Freude an den Silberlingen, denn sein Sinn ist wankend und unstet, so er bald Schuld auf sich fühlet.

50. So Juda Iharioth aber ohne Mut ist und kleinwissend also, wird er sich seinen Lendenstrick um den Hals legen und sich an einem Ast erhängen.

39. "Because of this name so much human blood will be shed that it cannot be held in all the existing containers, which will be the fault of your ignorance.

40. "You are still persecuting me and my disciples because of my teaching, but soon the time will come when you will change your mind,

41. "when you face me again and assume that I am a ghost.

42. "Truly, I say to you: Like so many others, you will be greatly to blame that my teaching is adulterated and that the human races build false sects.

43. "You will be the cornerstone for the folly that I will be called 'Jesus Christ' and the redeemer of a false sect."

44. Jmmanuel was furious, seized a stick and chased Saul away.

45. Saul, his thoughts full of revenge, joined up with Juda Ihariot, the son of the Pharisee, and discussed how to seize Jmmanuel to turn him over to the authorities.

SUICIDE

46. When Saul had left, Jmmanuel called his disciples together, and said to them, "You know when Passover comes in two days, I shall be turned over to the courts to be crucified, as it is destined, so that I may continue to learn.

47. "My traitor will be Juda Ihariot, the son of Simeon, the Pharisee, because he is interested only in gold, silver, goods and chattels.

48. "He will betray me for thirty pieces of silver, because he is misled by his father's greed.

49. "But his joy in the pieces of silver will not last long, because he is fickle and unstable and will soon feel guilty.

50. "Since Juda Ihariot is without courage and has little knowledge, he will put his belt around his neck and hang himself from a branch.

51. Wahrlich, wahrlich, ich sage euch: So Juda Iharioths Selbsttötung als Recht erscheint, so ist sie aber Unrecht.

52. Wohl besitzt der Mensch einen freien Willen zu rechten und zu walten über sich, jedoch besitzt er nicht das Recht zu richten über sein Leben oder seinen Tod.

53. Die Bestimmung der Gesetze gehet dahin, dass der Mensch sein Leben bis zur Neige lebe, so er seinen Geist auf diesem Wege vervollkommne.

54. Richtet er sich aber durch eine Selbsttötung, so weichet er vom Gesetze ab und verstosset gegen den Schöpfungsplan und die Schöpfungsgesetze also.

55. Erkennet daraus, dass der Mensch nicht das Recht hat, richtend zu bestimmen über das eigene Leben und den eigenen Tod.

56. Er besitzet nur das Recht über das Rechten und Walten und die Weise seines Lebens, nicht aber besitzet er das Recht zu richten über das Leben selbst und den Tod also.

57. Es besagen die Gesetze, dass es kein Vorkommnis und keine Lage gebe, daraus sich eine Selbsttötung rechtfertige, und so also nicht eine Selbsttötung, die ausgeführet wird durch dritte Hand, was da heisset, durch bestellte Mörder und Gnadenmörder.

58. Wieviel Schuld der Mensch auch auf sich lade, und wie gross die Last und Bürde auch immer sein möge, so hat er aber doch nicht das Recht, seinen Tod selbst zu bestimmen.

59. Wenn nun also Juda Iharioth auch grosse Schuld begeht, so darf er doch nie sich das Recht aneignen, über sein Leben und seinen Tod zu bestimmen.

60. Jede Schuld und jedes Fehl sind Wege zur Erkennung, woraus sich das Bewusstsein und der Geist vervollkommnen.

61. Wird einer Schuld oder einem Fehl aber entwichen dadurch, dass der Mensch sich selbst tötet, so entflieht er der Erkenntnis und Verantwortung und muss in einem andern Leben erkennen und sich verantworten.

62. Es verzögert sich dadurch aber der Werdegang der Vervollkommnung des Bewusstseins und des Geistes, wie dies nicht im Willen der Schöpfung liegt.

63. So oder so sei eine Selbsttötung als gemeine Feigheit angeführt und als ein Treten der Gesetze und Gebote der Schöpfung mit Füssen also».

51. "Truly, truly, I say to you: Although Juda Ihariot's suicide appears just, it is unjust.

52. "Even though people have free will to demand their rights and govern themselves, they do not have the right to decide over their lives or deaths.

53. "The intent of the laws is such that people live their lives to the end so that they may perfect their spirits in this manner.

54. "But if they judge themselves through suicide, they deviate from the law and violate the plan and the laws of Creation.

55. "Understand that they have no right to decide over their own lives and deaths.

56. "They have only the right to determine the kind of life they want to live, but not the right to decide over life and death.

57. "The laws say that no event or situation justifies suicide, and this includes suicide carried out by other persons such as hired murderers or mercy killers.

58. "No matter how much guilt people may incur, or how large their burden may be, they have no right to determine their own deaths.

59. "Even though Juda Ihariot incurs great guilt, he has no right to decide over his life and death.

60. "Any guilt or mistake leads to understanding and the perfection of the spirit.

61. "But if people escape from guilt or a mistake by suicide, they flee from understanding and responsibility and have to learn the same in another life.

62. "Thereby the process of perfection of the consciousness and of the spirit is delayed, which is not the will of Creation.

63. "Either way, suicide is an act of deplorable cowardice and a callous disregard of the laws and commandments of Creation."

Das 27. Kapitel

DER JÜNGER ERREGUNG

1. Da aber Jmmanuel diese Reden beendet hatte, erregten sich die Jünger und sprachen: «Warum fangen wir nicht Juda Iharioth und steinigen ihn, so er dich nicht verraten kann»?

2. Jmmanuel aber war zornig darob und sprach: «Wisset ihr nicht, dass das Gesetz sagt: ‹Du sollst nicht töten in Ausartung›, und wisset ihr nicht, was ich euch geweissagt habe, dass ich gekreuziget werde, so ich eine bestimmte Erkenntnis erlange?

3. Wie erdreistet ihr euch, die Bestimmung der Gesetze missachten zu wollen, so es doch so gegeben und so bestellet ist!

4. So ich meinen Weg gehe, wird jeder Mensch seinen Weg gehen müssen!

5. Wahrlich, ich sage euch: Würde ich nicht meiner Bestimmung folgen, wie wäre ich in der Lage, meine Mission zu erfüllen, die mich nach Indienland führen wird.

6. Ihr Kleinmütigen und Kleinwissenden; wie habe ich euch doch gelehret die Wahrheit, und doch erkennet ihr sie nicht.

7. Wie kann es da noch unverständig sein, dass ihr nach meinem Weggehen meine Lehre verfälschen werdet und sie als irre Lehren und als irre Kulte in alle Winde verbreitet?

8. So werdet ihr tun, dass die Welt in allen Winden in irren Führungen und irren Lehren erhallen wird.

9. Viele unter euch werden die Schuld tragen daran, dass der Mensch die Wahrheit nicht erkennet, obwohl ich sie euch aber doch gelehret habe.

10. Grosser Widerhall wird sich finden in der Welt ob euren irren Lehren, die ihr verbreiten werdet.

11. Nicht habt ihr nämlich verstanden die Worte des Wissens und also nicht die Wahrheit meiner Lehre.

12. Mit Blindheit seid ihr geschlagen wie das durch die Israeliten in Unwissen und in Unterdrückung gehaltene rechtmässige Volk dieses Landes, so wie die Propheten es weissagten für dieses Menschengeschlecht, weil es von der Lehre der Wahrheit ebenso abtrünnig ist, wie die Israeliten, die dieses Land raubten und seither die rechtmässigen Landbesitzer beherrschen und unterdrücken.

Chapter 27

THE AGITATION OF THE DISCIPLES

1. After Jmmanuel had finished speaking, the disciples were very excited and said, "Why don't we catch Juda Ihariot and stone him so he can't betray you?"

2. But Jmmanuel was furious and said, "Don't you know that the law says, 'You shall not kill in immorality?', and don't you know what I prophesied to you, that I would be crucified in order to attain a certain knowledge?

3. "How dare you disregard the destiny of the laws, since this is given and intended!

4. "As I go my way, so all people will have to go their ways.

5. "Truly, I say to you: If I were not to follow my destiny, how could I fulfill my mission, which will lead me to India?

6. "Oh, you who lack courage and knowledge, I taught you the truth and you do not recognize it.

7. "How can it still be incomprehensible to you that after my departure my teaching will be adulterated by you and spread as false doctrines and sects in all directions?

8. "So you will do, that the world will resound in false guidance and teachings.

9. "Many among you will bear the guilt for humanity, not recognizing the truth even though I have taught it to you.

10. "There will be great reverberations in the world regarding your false teachings, which you will spread.

11. "Namely, you did not understand the words of knowledge and the truth of my teaching.

12. "You and the people are struck with blindness, just like the legitimate people of this land who are held in darkness and oppression, as the prophets predicted for this human race, because the people have abandoned the teaching of truth, just like the Israelites who plundered this land and have dominated and oppressed the legitimate owners of the land.

13. So ich aber meine Mission erfüllet habe bei diesem Geschlecht und durch israelitische Schuld und Irrlehren keine Einsicht beim Volke lehren konnte, weil es durch wirre und irre Lehren wider die Vernunft denket, so gehe ich also von dannen und zu den beiden andern Menschengeschlechtern im Norden und im Osten; denn auch ihnen soll die Lehre der Wahrheit gebracht werden.

14. Wie auch dieses unter gewaltsamer israelitischer Herrschaft stehende Geschlecht der rechtmässigen Besitzer dieses Landes unter der Führung Gottes steht, so stehen auch die zwei andern unter ihm, so das Geschlecht im hohen Norden, wo auf den höchsten Bergen und am Ende der Welt Kälte und Eis regieren, und so das Geschlecht in Indienland, denn er, Gott, ist der Herr über diese drei Menschengeschlechter.

15. Als Prophet bin ich aus dem Reiche Arahat Athersata zurück in die Welt gekommen und auch nach Gottes Willen hergesandt, so ich die drei Menschengeschlechter in der neuerlich gebrachten Lehre der Wahrheit unterrichten soll.

16. Also muss ich meinen Weg gehen wie durch Arahat Athersata bestimmet und von Gott erbittet ist, so ich also auch Gottes Willen und seinen Gesetzen diene, wie Gott selbst dienlich ist den Gesetzen der Schöpfung».

IN BETHANIEN

17. Und Jmmanuel beendete seine Rede und machte sich auf nach Bethanien zum Hause Simons, des Aussätzigen.

18. Siehe, da trat zu ihm eine Frau, die hatte ein Glas mit köstlichem Wasser und goss es auf sein Haupt, als er zu Tische sass.

19. So das aber seine Jünger sahen, wurden sie zornig und unwillig und sprachen: «Wozu soll sie gut sein, diese Vergeudung?

20. Dieses Wasser hätte können teuer verkauft werden, so der Erlös den Armen diene».

21. Da dies aber Jmmanuel hörte, fuhr er seine Jünger unwillig an und sprach: «Was bekümmert ihr die Frau?

22. An mir hat sie getan ein gutes Werk, denn sie vertraut meiner Lehre und zeuget so ihren Dank, so ihr nichts ist zu teuer.

23. Diese Frau ist weise geworden und lebet nach den Gesetzen der Schöpfung, daher danket sie es mir mit dem köstlichen Wasser.

13. "I fulfilled my mission among this generation but could not teach any reason to the people, because of the fault and false teachings of the Israelites and because they do not think reasonably because of confusing and deceptive teachings against reason; therefore, I will leave, because the teaching of the truth shall be brought also to two other human races in the North and East.

14. "Just as these people, who are the legitimate owners of the land under powerful Israelite rule, stand under the leadership of god, so also the other two peoples stand under him, namely, the race in the high North, where cold and ice reign on the highest mountains and at the end of the earth, and the race in the land of India, because he, god, is the master over these three human races.

15. "As a prophet, I have come back into the world from the realm of Arahat Athersata [a highly evolved group of spiritual guardians], sent here by god's will, so that I should teach the three human races the newly brought teaching of truth.

16. "Therefore, I must walk in the path that was destined by Arahat Athersata and requested by god, since I also serve his will and laws, as god himself serves the laws of Creation."

IN BETHANY

17. Jmmanuel finished speaking and left for Bethany and the house of Simon, the leper.

18. Behold, a woman came up to him, who had a glass of precious water, which she poured on his head as he sat at the table.

19. When his disciples saw that, they became angry and disturbed and said, "What is this waste good for?

20. "This water could have been sold at a high price and the proceeds used for the poor."

21. But when Jmmanuel heard this, he scolded his disciples and said, "Why are you upset by the woman?

22. "She did a good deed to me because she trusts in my teaching. In this way she shows her gratitude, and nothing is too expensive for her.

23. "This woman has become wise and lives according to the laws of Creation. Therefore she thanks me with the precious water.

24. Ihr Dank aber wird von Dauer sein, und ihre Tat soll fortan genennet sein in aller Welt.

25. Wahrlich, ich sage euch: Wo meine Lehre gepredigt wird in aller Welt, ob sie verfälschet sei oder wahr, da wird man auch sagen zu ihrem Gedächtnis, was sie getan hat.

26. So aber ihr Gedächtnis erhalten bleibet lange Zeit, wird erhalten bleiben eine irre Lehre also, die einer unter euch des Verrates schimpft an mir.

27. Allso wir hier zusammen sind, schmiedet der Pharisäersohn Juda Iharioth in Jerusalem böse Ränke wider mich, so er mich den Hohenpriestern verrate.

28. Zur selbigen Zeit wir hier versammelt sind, fragt er die Hohenpriester nach dem Blutgeld, das sie für mich bieten.

29. Und dreissig Silberlinge werden ihm geboten, so sie mich durch ihn fangen werden.

30. So sie gerade dieses Komplott schmieden, hegen sie auch Ränke wider einen unter euch, so sie einen Schuldigen vor dem Volke haben.

31. Allso der Pharisäersohn Juda Iharioth mich den Schergen ausliefern wird, soll mein Jünger Judas Ischarioth als Verräter gelten.

32. Dies darum, so es vor dem Volke heissen soll: ‹Siehe, diese Irren sind uneins unter sich selbst, daher der eine den andern verrät; wie kann da die Lehre Jmmanuels eine Wahrheit sein›?

33. Da aber der Pharisäersohn Juda Iharioth und mein Jünger Judas Ischarioth fast gleichen Namens sind, so gelingt die Lüge den Hohenpriestern von Anfang also.»

DAS LETZTE MAHL

34. Es geschah aber am ersten Tage der ungesäuerten Brote, dass Jmmanuel sprach zu seinen Jüngern: «Gehet hin in die Stadt zu einem mir guten Freund namens Aaron und sprecht zu ihm: ‹Jmmanuel lässt dir sagen: Ich will bei dir ein letztes Mahl halten mit meinen Jüngern, denn siehe, das Passahfest ist nahe›».

35. Und die Jünger taten, wie ihnen Jmmanuel befohlen hatte; und sie bereiteten das Mahl, zusammen mit Aaron und dessen Weib in deren Haus.

36. Und da sie sassen und assen, sprach er: «Sehet, die Zeit ist nahe, da ich meine schwere Last auf mich nehmen muss.

24. "Her gratitude will be lasting, and from now on her deed shall be known throughout the world.

25. "Truly, I say to you: Wherever my teaching will be preached in all the world, whether falsified or true, people will remember what she has done.

26. "Just as she will be remembered for a long time, so a false teaching about which one of you betrayed me will also be remembered.

27. "While we are here together, Juda Ihariot, the son of the Pharisee in Jerusalem, is hatching a plot against me as to how he can betray me to the chief priests.

28. "While we are gathered here, he is asking the chief priests for the blood money that they offer for my capture.

29. "Thirty pieces of silver are offered to him if they catch me through his help.

30. "While they are forging this plan, they are also hatching the plot against one among you, since they want to present a culprit to the people.

31. "Thus Juda Ihariot, the son of the Pharisee, will turn me over to the soldiers, and my disciple, Judas Iscariot, is supposed to be considered the traitor,

32. "so that the people will say, 'Behold, these confused people are divided among themselves and therefore one betrays the other. So, how can the teaching of Jmmanuel be the truth?'

33. "But since Juda Ihariot, the son of the Pharisee, and my disciple, Judas Iscariot, have almost identical names, the lie of the chief priests will be accepted from the beginning."

THE LAST SUPPER

34. On the first day of the Unleavened Bread, Jmmanuel spoke to his disciples, "Go into the city to a good friend of mine named Aaron and say to him, 'Jmmanuel says to you: I want to have a last meal with my disciples at your house, for behold, the Feast of the Passover is near.'"

35. The disciples did as Jmmanuel had told them, and they prepared the meal, together with Aaron and his wife, in their house.

36. When they sat down and ate, he said, "Behold, the time is near when I will have to take my heavy burden upon myself.

37. Ich gehe zwar dahin, wie von mir geschrieben steht von den Propheten, doch aber werde ich nur im Halbtode sein und viel Schmerz ertragen, so ihr um mich nicht fürchten und nicht ängstigen sollt also.

38. Wahrlich, ich sage euch: Ich werde von nun an nicht mehr vom Gewächs des Weinstockes trinken und nicht vom Brotkorn essen bis an den Tag, da ich's nach meiner Prüfung neu trinken und essen werde mit euch.

39. So wird es sein, wenn ich aus dem Halbtode auferstanden bin, so ich dann drei Tage und drei Nächte im Grabe gelegen habe».

40. Da sie aber assen, nahm Jmmanuel das Brot und brach's und gab's den Jüngern und sprach: «Nehmet und esset; der Leib bedarf der Nahrung in Not und Trauer also».

41. Und er nahm den Kelch, gab ihnen den und sprach: «Trinket alle daraus; die Kehle dürstet auch dann, so ein Tag voller Regen ist und kalt.

42. Wahrlich, ich sage euch: Nicht hungert und dürstet ein Weiser wegen irgendwelcher Dinge, die geschehen müssen.

43. Ein Narr aber hungert und dürstet durch Unvernunft und Hader wider Dinge, die geschehen müssen.

44. Und wahrlich, ich sage euch: So ihr jetzt meine Worte nicht verstehet und deswegen an mir Ärgernis nehmt, so werdet ihr in dieser Nacht an mir Ärgernis nehmen, weil euch euer Verstand noch immer nicht in Erkenntnis erleuchtet ist.

45. Wenn ich aber aus dem Halbtode und also aus dem Grabe scheinbar auferstehe, will ich vor euch hingehen nach Galiläa, so ihr erkennen möget die Wahrheit meiner Worte.

46. Wissen habe ich euch gelehret und die Wahrheit, doch aber seid ihr in Zweifel und vertraut mir nicht.

47. Ihr Kleinmütigen und ihr Kleinvertrauenden; wie werdet ihr erschrecken und verwirret sein, so ich euch nach dem Halbtode wieder begegne».

48. Petrus aber antwortete und sprach zu ihm: «Wenn sie auch alle Ärgernis nähmen an dir, so würde ich dies doch nie tun».

49. Jmmanuel aber sprach zu ihm: «Wahrlich, ich sage dir: Du bist der Schlimmsten einer, denn in dieser Nacht, ehe der Hahn kräht, wirst du mich dreimal verleugnen».

50. Und Petrus widersprach: «Nie wird es so sein; und wenn ich mit dir sterben müsste, so will ich dich nie verleugnen».

51. Und so sprachen sie alle seine Jünger, und also vertrauten sie nicht Jmmanuels Worten.

37. "But I go only where I am supposed to go according to the prophets; however, I will only seem to be dead and suffer much pain, so you do not have to be afraid or worried about me.

38. "Truly, I say to you: From now on I will no longer drink of the fruit of the vineyard nor eat of the bread until I drink and eat again with you after my affliction.

39. "I shall lie in the tomb for three days and three nights and then rise from near-death."

40. When they ate, Jmmanuel took the bread, broke it, and gave it to the disciples, saying, "Take and eat; the body needs nourishment also in times of need and grief."

41. And he took the cup, gave it to them, and said, "All of you drink from this cup; your throats are thirsty on rainy and cold days, too.

42. "Truly, I say to you: A wise person does not hunger and thirst because of things that have to happen.

43. "But a fool hungers and thirsts through lack of understanding and anger against things that have to come about.

44. "Truly, I say to you: Just as you do not understand my words now and are angry with me because of them, so will you be angry with me tonight, because your minds still have not been enlightened.

45. "But when I apparently rise from the dead, from my near-death out of the tomb, I will walk in front of you to Galilee, so that you may recognize the truth of my words.

46. "I have taught you knowledge and truth, but you doubt and don't trust me.

47. "Oh you who are fainthearted and of little trust, how startled and confused you will be, when I meet you again after having appeared to be dead."

48. But Peter answered him, "Even if they all were angry with you, I would never be angry."

49. However, Jmmanuel replied, "Truly, I say to you: You are one of the worst, because tonight before the rooster crows you will deny me three times."

50. But Peter contradicted him, saying, "This will never come about, and even if I had to die with you, I would never deny you."

51. All of his disciples agreed and did not trust the words of Jmmanuel.

Das 28. Kapitel

IM GETHSEMANE

1. So sie dann verliessen das Haus Aarons und dessen Weib in Jerusalem, ging Jmmanuel mit seinen Jüngern zum Hofe Gethsemane; der gehörte einem Manne namens Joshua, der Jmmanuel wohl gesinnet war.

2. Im weiten Garten des Hofes sprach er zu seinen Jüngern: «Setzet euch hierhin, bis dass ich dorthin gehe und mich meinen Gedanken hingebe».

3. Und er nahm zu sich Petrus und die zwei Söhne des Zebedäus und fing an zu sinnen und zu zagen, denn er fürchtete und ängstigte sich ob dessen, was ihm dräute.

4. Und er sprach zu ihnen: «Sehet, wohl bin ich weise und besitze grosses Wissen, doch aber ängstige ich mich vor dem mir Bekannten und doch unbekannten Kommenden, denn so ist es dem Menschen eigen, auch wenn er wissend und weise ist.

5. Mein Sinn ist betrübt bis an den Tod; daher bleibet bei mir und wachet mit mir, dass ich mich nicht so allein fühle.

6. Leichter ist ein Übel in der Zweisamkeit oder in der Dreisamkeit zu tragen, als in der Einsamkeit.

7. So die Bestimmung es wollte, würde dieser Kelch an mir vorübergehen; doch nicht wie ich will, sondern mein Wille geschehe nach der Bestimmung, denn so ist es für mich bestimmt».

8. Da er aber so sprach, gesellte sich zu ihnen Judas Ischarioth und sprach: «Höret, was ich zu sagen habe: Drüben an der Stadtmauer tun sich Dinge im Schatten der Mauer, wo ich eben verdeckte Lichter gesehen habe».

9. Jmmanuel aber sprach: «Wohl sind es die Schergen, die Juda Iharioth führet, denn heimlich war er uns hierher gefolget, so er mich verrate».

10. Und er ging hin ein wenig, fiel nieder auf sein Angesicht und sann und sprach: «Ist's möglich, so gehe dieser Kelch an mir vorüber; doch nicht wie ich will, sondern das Gesetz der Bestimmung geschehe, so ich erleuchtet werde in diesem Geheimnis, das ich ergründen muss».

Chapter 28

IN GETHSEMANE

1. When they left the house of Aaron and his wife in Jerusalem, Jmmanuel went with his disciples to a courtyard called Gethsemane, which belonged to a man named Joshua, who thought well of Jmmanuel.

2. In the large garden of the farm he spoke to his disciples, "Sit down here while I go over there and have a chance to ponder."

3. He took with him Peter and the two sons of Zebedee and started to mourn and think, because he was afraid and alarmed about what would happen to him.

4. And he spoke to them, "Behold, certainly I am wise and have great knowledge, but I am afraid of things to come, both known and unknown. However, this is the nature of a human, even though he is knowing and wise.

5. "My mind is grieved to death; therefore, stay with me and watch with me, so that I do not feel so lonesome.

6. "It is easier to bear a hardship with one or two other persons than by oneself.

7. "If destiny wanted it to, this cup would pass me by, but not my will but destiny's be done, because this is what has been planned for me."

8. When he spoke thus, Judas Iscariot joined them and said, "Listen to what I have to say. Over there things are taking place in the shadow of the city walls, where I just noticed covered lights."

9. Jmmanuel said, "These are probably the henchmen that Juda Ihariot is bringing, because he has secretly followed us here in order to betray me."

10. He walked away, fell on his face and reflected, saying, "If it is possible, may this cup pass me by, not according to my will, but may the law of destiny be fulfilled, so that I will be enlightened in this secret, which I must fathom."

11. Und er kam zurück zu seinen Jüngern und fand sie schlafend, und also sprach er zu Petrus: «Könnet ihr denn nicht eine Stunde mit mir wachen, so ich in meiner schweren Stunde nicht alleine sei?

12. Wachet und seid gross im Geiste und im Bewusstsein, dass ihr nicht in Anfechtung fallet: Der Geist ist wohl willig, aber das Fleisch ist schwach»!

13. Zum andern Mal ging er wieder hin, fiel auf sein Angesicht und sprach: «Ist's nicht möglich, dass dieser Kelch an mir vorübergehe, so trinke ich ihn denn, so ich erleuchtet werde in diesem Geheimnis und meine Mission in fernem Lande und in alle Zukunft erfülle».

14. Und er kam und fand die Jünger abermals schlafend, und nur Judas Ischarioth wachte mit ihm.

15. Und so liess er sie und ging abermals hin, und fiel auf sein Angesicht zum dritten Mal und sann in Bitternis und sprach: «Wie ängstigt und fürchtet mich doch, obwohl ich weiss, dass ich meinen Weg gehen muss, der mir bestimmet ist.

16. Wie willig ist doch der Geist, und wie schwach ist das Fleisch, so es sich vor dem Schmerz fürchtet».

17. Und er zitterte am ganzen Leibe, und feines Schweissblut ergoss sich über ihn, da er so sehr fürchtete und ängstigte.

18. Rot im Angesicht kam er zurück zu seinen Jüngern und sprach zu ihnen: «Wollt ihr nun schlafen und ruhen, oder wollt ihr mit mir wachen, denn sehet, die Stunde ist da, dass ich in die Hände der Schergen überantwortet werde.

19. Steht auf also und lasset uns gehen, denn sehet, die Schergen kommen».

GEFANGENNAHME

20. Und als er noch redete, siehe, da kam Juda Iharioth, des Pharisäers Sohn, und mit ihm eine grosse Schar von Hohenpriestern und den Ältesten des Volkes, bewaffnet mit Schwertern und mit Stangen.

21. Und Juda Iharioth hatte ihnen ein Zeichen gegeben und gesagt: «Sehet, ich schmeichle ihm und führe ihn irre, als ob mich mein Leben gereuen würde.

22. Als Zeichen des falschen Schmeichelns gelte ein Kuss; und sehet, welchen ich küssen werde, der ist's; den greifet».

11. Returning to his disciples he found them sleeping and so he said to Peter, "Can't you watch with me for one hour, so I'm not alone in my difficult hour?

12. "Be awake and great in spirit and in consciousness so that you will not be tempted: The spirit is willing but the flesh is weak!"

13. A second time he walked, fell on his face and said, "If it isn't possible for this cup to pass me by, I will drink it, so that I may be enlightened in this secret and fulfill for all time my mission in a faraway country."

14. He returned and found the disciples sleeping again, and only Judas Iscariot stayed awake with him.

15. He walked away again, fell on his face a third time, brooded in bitterness and said, "I am so afraid even though I know that I have to follow my path which is destined for me.

16. "How willing is the spirit and how weak is the flesh when it is so frightened of pain!"

17. His body trembled, and fine drops of sweaty blood flowed all over him because he was so afraid and anxious.

18. With his face flushed, he came back to his disciples and said to them, "Do you want to sleep or rest now, or do you want to watch with me? Behold, the hour has come that I will be turned over to the hands of the henchmen.

19. "So get up and let us go; for behold, the henchmen are coming."

THE CAPTURE

20. As he was still talking, behold, there came Juda Ihariot, the son of the Pharisee, and with him a great number of chief priests and elders of the people, carrying swords and poles.

21. Juda Ihariot had given them a sign and said, "Behold, I will flatter him and confuse him as if I repented the sins of my life.

22. "And as a sign of false flattery there will be a kiss; and behold, you shall seize whomever I kiss."

23. Und alsbald trat er zu Jmmanuel und sprach: «Gegrüsset seist du, Meister, der du mich das alte Leben reuig sein lässt, so ich nunmehr deine Lehre befolgen will».

24. Und alsdann berührte er Jmmanuel und tat den Verräterkuss.

25. Jmmanuel aber sprach zu ihm: «Mein Freund, warum bist du gekommen mir in Lüge zu reden, denn in deinem Sinne und in deinem Tun brennet der Verrat».

26. Da traten sie hinzu, die Schergen, und legten die Hände an Jmmanuel und griffen ihn.

27. Und siehe, einer aus der Schar der Schergen besann sich, war schnell andern Sinnes und war mit Jmmanuel, so ihn gereute.

28. Seine Hand reckte er aus, zog sein Schwert und schlug nach eines Hohenpriesters Knecht und hieb ihm ein Ohr ab.

29. Da sprach Jmmanuel zu ihm: «Stecke dein Schwert an seinen Ort, denn wer das Schwert nimmt und ist nicht in Not, der soll durch das Schwert umkommen.

30. Oder meinst du, dass ich nicht hätte können fliehen, ehe eure Schar gekommen ist?

31. Wie könnte ich aber meinen Weg gehen, wenn ich dem so getan hätte»?

32. Und der eine wandte sich weg und weinte und floh von dannen und ward niemehr gesehen.

33. Dann aber sprach Jmmanuel zu den Schergen: «Ihr seid ausgegangen wie zu einem Mörder, mit Schwertern und mit Stangen, mich zu fangen.

34. Ein leichtes wäre es euch doch gewesen mich in der Stadt zu fangen; habe ich doch täglich im Tempel gesessen und habe gelehret, und ihr habt mich nicht gegriffen.

35. Ihr Heuchler, wohl habt ihr euch gefürchtet vor dem Volke, daher ihr wie Diebe nun zu mir kommt, so ihr mich in der Dunkelheit und hinter den Augen des Volkes in den Kerker werfen wollt.

36. Wahrlich, ich sage euch: Die Dunkelheit wird Licht sein, und in aller Munde wird die Rede über euer Tun sein, so ihr angeprangert werdet über alle Zeit».

37. Da aber erhob das Wort Simeon, der Pharisäer, und sprach: «Wie dumm ist doch deine Rede und voller Lüge, denn wie sollten wir uns fürchten vor dem Volke?

23. He then stepped up to Jmmanuel and said, "I greet you, Master. Now I will follow your teaching, since you allow me to repent my old life."

24. Then he touched Jmmanuel and gave him the kiss of treason.

25. But Jmmanuel said to him, "My friend, why have you come to tell me a lie, when treason burns in your mind and in your actions?"

26. The henchmen came up to Jmmanuel, put their hands on him and seized him.

27. And behold, one of the henchmen pondered, had a quick change of mind and joined Jmmanuel, because he felt remorse.

28. He stretched out his hand, pulled out his sword, and hit a servant of a chief priest, cutting off his ear.

29. Then Jmmanuel said to the man, "Put your sword back into its sheath, because those who take a sword without need will perish by the sword.

30. "Or do you think that I could not have fled before your group arrived?

31. "But how could I fulfill my destiny if I had done so?"

32. And the man turned away crying, fled and was never seen again.

33. Then Jmmanuel talked to the henchmen, "You came here with swords and poles in order to capture me as if I were a murderer.

34. "It would have been easy for you to capture me in the city; daily I sat there teaching in the temple, yet you did not seize me.

35. "You hypocrites, you must have been afraid of the people, and therefore you come to me like thieves in darkness to throw me into prison and out of the sight of the people.

36. "Truly, I say to you: Darkness will be light, and every-one will talk of your deed for which you will be denounced for all time to come."

37. Then Simeon, the Pharisee, stood up and said, "Your sayings are stupid and full of lies; why should we be afraid of the people?

38. Irre hast du das Volk gelehret und unsere Gesetze missachtet und sie Lüge genannt, so du dafür nun büssen musst.

39. Wohl dachtest du, dass man dich nicht fange und nicht vor die Gerichte bringe, doch aber hast du dich geirret darin.

40. Einer unter denen nämlich, die mit dir waren, war nicht deines Sinnes und hat dich verraten für dreissig Silberlinge; so nämlich der Judas Ischarioth».

41. Jmmanuel aber antwortete und sprach: «Wahrlich, ich sage dir: Wohl mag es dir gelingen, Judas Ischarioth vor dem Volke für lange Zeit des Verrates zu beschuldigen an mir, doch aber wird die Wahrheit kommen und in aller Welt in aller Leute Munde sein.

42. Nämlich, dass Judas Ischarioth nicht ist der Verräter an mir, sondern dass es ist dein Sohn, der Juda Iharioth, der seines Pharisäervaters Namen trägt».

43. Da war Simeon Iharioth der Pharisäer zornig, trat zu Jmmanuel und schlug die Faust ihm ins Gesicht, weil er seine wahrheitlichen Worte fürchtete.

44. Da dies also geschah, wichen die Jünger furchtvoll und entmutigt von Jmmanuel und flüchteten.

45. Die aber Jmmanuel gegriffen hatten, führten ihn zu dem Hohenpriester Kaiphas, wo die Schriftgelehrten und Pharisäer und die Ältesten des Volkes sich versammelt hatten, so sie über ihn richten wollten.

JMMANUEL VOR DEM HOHEN RAT

46. Die Hohenpriester aber und die Hohen Räte suchten falsches Zeugnis wider Jmmanuel, auf dass sie ihn töteten.

47. Und wiewohl viele falsche und gekaufte Zeugen hinzutraten, fanden sie doch keins.

48. Zuletzt traten zwei herzu und sprachen: «Er hat gesagt, dass Gott nicht die Schöpfung sei, sondern ein Mensch wie du und ich.

49. Er sagte auch, dass er gezeuget sei von einem Wächterengel Gottes; von einem mit dem Namen Gabriel».

50. Und der Hohepriester Kaiphas stand auf und sprach zu Jmmanuel: «Antwortest du nicht zu dem, was diese beiden wider dich zeugen»?

38. "You taught the people falsely, despised our laws and called them lies, and for that you have to suffer.

39. "You thought we would not catch you and bring you to trial, but you were mistaken,

40. "because one of your followers was not of your persuasion and betrayed you for thirty pieces of silver. And that is Judas Iscariot."

41. Jmmanuel answered, "Truly, I say to you: You may succeed for a long time in accusing Judas Iscariot of treason in front of the people, but the truth will come out and be known by all in the whole world,

42. "namely, that my traitor is not Judas Iscariot but is your son, Juda Ihariot, who bears the name of his father, the Pharisee."

43. Simeon, the Pharisee, was furious, stepped up and hit Jmmanuel in the face with his fist because he was afraid of his true words.

44. When this happened, the disciples, full of fear and discouraged, abandoned Jmmanuel and fled.

45. Those who had seized Jmmanuel took him to the high priest, Caiaphas, where the scribes, Pharisees, and elders of the people had gathered to pass sentence on him.

JMMANUEL BEFORE THE HIGH COUNCIL

46. The chief priests and the high councilors were looking for false testimony against Jmmanuel so that they could kill him.

47. And even though many false and bribed witnesses appeared, they could not find any false testimony.

48. At last, two witnesses stepped up and said, "He has said that God is not the Creator, but a man like you and me.

49. "He also said that he was begotten by a guardian angel of God, by the name of Gabriel."

50. Caiaphas, the high priest, arose and said to Jmmanuel, "Will you not reply to what these two are witnessing against you?"

51. Aber Jmmanuel schwieg stille und lächelte sanft, und so also der Hohepriester sprach zu ihm: «Ich beschwöre dich bei dem lebendigen Gott, dass du uns sagest, ob du seiest gezeuget vom Engel Gabriel, der ist ein Engel Gottes, wie die Schriften überliefern»!

52. Jmmanuel sprach zu ihm: «Du sagst es, aber ich sage dir auch, dass nicht Gott die Schöpfung ist, sondern er ist der Herr über die drei Menschengeschlechter, die durch seinen Willen gezeuget wurden auf Erden.

53. Gott ist gekommen aus den Weiten des Universums und hat die Welt unter seinen Willen gebracht, so er ist der oberste Kaiser dieser drei Menschengeschlechter.

54. Diese sind da hier in diesem Land das eine, das ihr entrechtet habt und unterjochet, das andere im Osten bis Indienland, und wieder das andere im Norden, vom Land des gehörnten Königs bis zum Meer, wo eisige Berge im Wasser treiben.

55. Sieben Menschengeschlechter sind es aber, die in allen Winden wohnen, von einem Ende der Erde zum anderen Ende.

56. Und Gott ist auch Herr über sie, wiewohl sie anderen Göttern dienen, die auch nicht von dieser Erde sind.

57. So ihr aber Gott als die Schöpfung erachtet, so irret ihr und frevelt an der Wahrheit.

58. So ihr Mensch seid wie ich, so ist Gott Mensch also, geistig und im Bewusstsein nur sehr viel höher stehend als die von ihm gezeugten Menschengeschlechter.

59. Gott und seine Himmelssöhne sind andere Menschengeschlechter, die gekommen sind in ihren metallenen Maschinen von den Sternen aus den Weiten des Weltenraumes.

60. Über Gott und seinen Himmelssöhnen, die da sind die Wächterengel, stehet die Schöpfung unmessbar viel höher als sie.

61. Allein die Schöpfung ist das unmessbare Geheimnis, die das Leben zeuget, und sie stehet unmessbar weit über Gott und allem Leben also.

62. Erkennet die Wahrheit dieser Lehre, so ihr Wissen erlanget und Weisheit in Wahrheit».

63. Da zerriss der Hohepriester Kaiphas seine Kleider und sprach im Zorn: «Er hat Gott gelästert, den Schöpfer; was bedürfen wir weiter Zeugnis wider ihn?, denn sehet, jetzt habt ihr eigens gehört seine Gotteslästerung.

51. But Jmmanuel kept quiet and smiled softly, and so the high priest said to him, "I swear by the living God that you told us you were begotten by the angel Gabriel, who is an angel of God, as foretold by the scriptures."

52. Jmmanuel spoke to him, "You say so. But I also tell you that god is not Creation, but he is the lord over the three human races that were begotten on earth through his will.

53. "God has come from the far distances of the universe and brought the world under his will, so he is the supreme emperor of these three human races,

54. "one of which is here in this country, which you have deprived of its rights and subjugated, another in the East as far as the land of India, and the third in the North from the land of the king with horns to the sea where icy mountains drift in the water.

55. "There are seven human races living in all the directions of the wind, from one end of the earth to the other.

56. "God is also lord over them, even though they serve other gods who are also not of this earth.

57. "If you consider god as Creation, you are mistaken, and violating the truth.

58. "Just as you and I are human, so god is human too, except he is spiritually and in his consciousness more advanced than the human races created by him.

59. "God and his celestial sons are other human races that have come from the far distances of the universe in their machines made of metal.

60. "Creation alone stands immeasurably higher than god and his celestial sons, who are the guardian angels.

61. "Alone Creation is the incalculable secret that begets life and thus stands immeasurably higher above god and all life.

62. "Understand the truth of this teaching, so that you may attain knowledge and wisdom in truth."

63. Then Caiaphas, the high priest, tore his clothes and spoke furiously, "He blasphemed God, the Creator. Why should we need further testimony against him? Behold, now you yourselves have heard his blasphemy.

64. Was dünket euch, wessen er schuldig ist»?

65. Sie antworteten und sprachen: «Des Todes ist er schuldig».

66. Da schlugen sie ihn mit Fäusten und spien ihn an in sein Angesicht.

67. Und etliche schlugen ihn von hinten und sprachen: «Weissage uns, du grosser Weisheitskönig und du Sohn eines Himmelssohnes, wer ist's, der dich schlägt»?

68. Petrus aber war Jmmanuel und der Schar nachgefolget und versteckte sich unter den Leuten, die da durch die Tore und Fenster sahen, so er also sah, was Jmmanuel widerfuhr.

69. Da aber trat eine Magd zu ihm und sprach: «Bist du nicht einer unter ihnen, die da sind die Jünger dieses Jmmanuel aus Galiläa»?

VERLEUGNUNG DURCH PETRUS

70. Da Petrus gefraget war von der Magd, leugnete er aber und sprach: «Wessen Unvernunft beschuldigst du mich, denn ich weiss nicht, was du sagst»!

71. So er aber durch die Frage der Magd geängstigt war, wollte er der Stätte entfliehn, denn er fürchtete für sein Leben.

72. Als er aber zur Tür hinausging, siehe, da sah ihn eine andere und sprach zum Volke: «Dieser war auch zusammen mit dem Gotteslästerer aus Nazareth»!

73. Petrus aber leugnete ein andermal und hob die Hand zum Schwur: «Wahrlich, ich kenne diesen irren Menschen nicht»!

74. Da Petrus aber das Haus verliess, traten weitere hinzu, die da standen, und sprachen zu ihm: «Bist du nicht auch einer von denen, die da diesem Jmmanuel dienen?, denn du verrätst dich, deine Sprache sagt es».

75. Da hob er an und lästerte wider Jmmanuel und verfluchte sich und schwor: «Ich kenne diesen irren Menschen nicht, und so auch nicht seine Lehre der Gotteslästerung»!

76. Alsbald aber krähte dreimal der Hahn, und da gedachte er der Worte Jmmanuels; und eilig lief er von dannen und weinte bitterlich.

64. "What punishment do you think he deserves?"

65. They answered, "He deserves death."

66. They beat him with their fists and spat into his face.

67. Some of them hit him from the back and said, "Prophesy, you great king of wisdom and son of a celestial son, who is it that is beating you?"

68. Peter had followed Jmmanuel and the group, and hid among the people who looked through the doors and windows. Thus he saw what was done to Jmmanuel.

69. Then a maid came up to him and said, "Aren't you one of the disciples of this Jmmanuel from Galilee?"

THE DENIAL BY PETER

70. When Peter was asked by the maid, he denied it and said, "What kind of nonsense do you accuse me of? I don't know what you are saying."

71. But because of the maid's question, he was fearful and wanted to escape from there, because he was afraid for his life.

72 When he went out the door, another woman saw him and said to the people, "This man, too, was together with the blasphemer from Nazareth."

73. But Peter lied a second time, raised his hand to swear and said, "Truly, I don't know this confused person!"

74. And when Peter left the house, those who had been standing there came up to him, saying, "Aren't you one of those who serve this Jmmanuel? You are giving yourself away through your speech."

75. Peter started to revile Jmmanuel, cursed himself and swore, "I don't know this crazy person nor his blasphemous teachings of god!"

76. Soon thereafter a rooster crowed three times and Peter thought of the words of Jmmanuel, and he hurriedly ran away and cried bitterly.

Das 29. Kapitel

SELBSTTÖTUNG DES JUDA IHARIOTH

1. Juda Iharioth, der Verräter an Jmmanuel, war unter dem Rat, der Jmmanuel töten wollte.

2. So er nun aber sah, wie Jmmanuel böses Unrecht und Folter widerfuhr und dessen Angesicht blutend war, gereute es ihn und in ihm war jäh grosse Not und Elend.

3. Uneins mit sich, griff er seinen Beutel und warf ihn vor die Hohenpriester und die Ältesten des Rates und sprach:

4. «Ich habe Übel getan an diesem Menschen, weil mein Sinn nur nach Gold und Silber und nach Gütern und Reichtum war.

5. Ich gereue, dass ich unschuldig Blut verraten habe, denn seine Lehre scheinet mir nicht übel».

6. Die Hohenpriester und Ältesten aber sprachen: «Was gehet uns das an?

7. Siehe, es ist dein Tun, was du unternehmen mögest, so du mit dir zurecht kommest».

8. Juda Iharioth aber weinte und floh von dannen, und alsbald erhängte er sich an einem Ast eines Baumes hinter der Stadtmauer im Töpfersacker.

9. Die Hohenpriester aber nahmen die Silberlinge und sprachen: «Es tauget nicht, dass wir sie in den Gotteskasten legen, denn es ist Blutgeld; was sollen wir damit tun»?

10. Da kam aber der Ältesten Söhne einer und sprach: «Ich bin gefolgt Juda Iharioth, und er hat sich erhänget am Ast des Baumes im Töpfersacker».

11. Da sprach Kaiphas, der Hohepriester: «Wohl denn, so soll das Blutgeld dem Töpfer gegeben werden, so er uns verkaufe den Töpfersacker dafür zum Begräbnis für die Fremden».

CHAPTER 29

THE SUICIDE OF JUDA IHARIOT

1. Juda Ihariot, the betrayer of Jmmanuel, was among the councilors who wanted to kill Jmmanuel.

2. But when he saw what bad injustice and torture were done to Jmmanuel, and that his face was bleeding, he felt repentant, and great distress and misery were in him.

3. At odds with himself, he took his money bag, threw it in front of the chief priests and elders of the council and said,

4. "I did an evil thing to this person because I was thinking only of gold and silver and goods and wealth.

5. "I repent that I betrayed innocent blood, because his teaching does not seem evil to me."

6. But the chief priests and elders said, "How does that concern us?

7. "Behold, it is up to you what you want to do to live in peace with yourself."

8. And Juda Ihariot cried and fled, and soon he hanged himself from a tree branch behind the walls of the city in the field of the potter.

9. The chief priests took the pieces of silver and said, "It is useless to put them into the collection box, because it is blood money. What shall we do with it?"

10. Then one of the sons of the elders came and said, "I followed Juda Ihariot and he has hanged himself from a branch of a tree in the field of the potter."

11. Caiaphas, the high priest said, "Well then, give the blood money to the potter and buy his field with it for the burial of strangers."

12. Und als kam der neue Tag, war das Geschäft getan, und als erster war begraben in dem Acker Juda Iharioth, der Verräter an Jmmanuel.

13. Die Hohenpriester aber und die Ältesten im Rat verbreiteten im Volke die Kunde, Judas Ischarioth, des Jmmanuels Jünger, habe sich als Verräter Jmmanuels erhänget und sei im Töpfersacker zum Begräbnis verscharret.

14. So das Volk dem Gerede glaubte, sprach es: «Verraten hat er seinen Freund um der Silberlinge willen und recht ist ihm geschehen also, so er sich erhänget hat.

15. Eine Blutschuld hat er auf sich genommen, und so soll fortan sein genennet der Töpfersacker als Blutacker also».

VOR PILATUS

16. Jmmanuel aber war gebracht vor den Landpfleger Pilatus, und der fragte ihn und sprach: «Bist du Jmmanuel, den man nennt den Weisheitskönig»?

17. Er sprach: «Du sagst es, so bin ich genannt im Munde des Volkes».

18. Und Pilatus fragte und sprach: «Es ist auch gesagt, dass du gezeuget wärest vom Engel Gabriel, der da sei ein Gottesengel»?

19. Er aber sprach: «Du sagst es».

20. Und Pilatus fragte abermals und sprach: «Lasse hören deine Weisheit, denn sie ist mir neu, deine Lehre».

21. Und Jmmanuel sprach: «Siehe, vor Urzeiten bin ich zurückgekehret aus dem Reiche einer höheren Welt, um eine schwere Aufgabe zu erfüllen; und jetzt ich bin gezeuget für dieses Leben zum Propheten von einem Himmelssohne, so geschehen durch eine Bestimmung und nach dem Begehr Gottes, des Herrschers über die drei von ihm gezeugten Menschengeschlechter der Erde.

22. Durch seine Güte habe ich nebst meinem Wissen in diesem Wiederleben gelernet grosse Erkenntnis und ein rechtes Wissen, das mir beigebracht war in vierzig Tagen und vierzig Nächten durch seine Lehrer.

12. At dawn the next day the business was completed, and Juda Ihariot, the traitor of Jmmanuel, was the first to be buried in the field.

13. But the chief priests and elders of the council spread the news among the people that Judas Iscariot, the disciple of Jmmanuel, had hanged himself as a traitor and was buried in the field of the potter.

14. The people believed this talk, and they said, "He betrayed his friend for pieces of silver, and it serves him right that he hanged himself.

15. "He committed a capital crime, and from now on the field of the potter shall be named the Field of Blood."

BEFORE PILATE

16. Jmmanuel was brought before Pilate, the governor, who asked him, "Are you Jmmanuel, whom they call the 'king of wisdom?'"

17. He said, "You have said it. That is what I am called by the people."

18. And Pilate said, "Is it also said that you were begotten by the angel Gabriel, who is an angel of God?"

19. Jmmanuel said, "You have said it."

20. Pilate said, "Let us hear your wisdom, because your teaching is new to me."

21. Jmmanuel replied, "Behold, eons ago, I returned from the realm of a higher world in order to fulfill a difficult task; and now I was begotten by a celestial son to be a prophet in this life. It happened according to destiny and the desire of god, the ruler over the human races of earth that were created by him.

22. "In addition to my knowledge of this next life, through his kindness I learned great insight and the right knowledge, which was imparted to me during forty days and forty nights by his teachers.

23. Weiter aber bin ich viel gereiset in ferne Lande, und lange Jahre lebte ich in Indienland; dort ich mich belehren liess in viel Wissen und Geheimnissen, durch die grossen Weisen und Wissenden, die da sind genannt als Meister.

24. Und wieder werde ich gehen dorthin, so ich hier habe erfüllet meine Mission, in Begleitung meines Bruders Thomas, der mir ist ein treuer Jünger».

25. Und als sie hörten die Rede Jmmanuels, die Ältesten und Hohenpriester, erregten sie sich sehr und schrien vor Pilatus: «Hörest du seine Gotteslästerung»?

26. Da sprach Pilatus zu ihm: «Hörest du nicht, wie hart sie dich verklagen, willst du dazu nicht rechtfertigen dich»?

27. Jmmanuel aber antwortete und sprach zu ihm: «Siehe, so mir bestimmet ist, werde ich meine Last tragen.

28. Also ist es aber auch so, dass viele gegen mich stehen und falsch wider mich zeugen, woraus ich keine Gerechtigkeit finden werde.

29. Wahrlich, ich sage dir: Viele Hunde sind des Hasen Tod, so er auch viele Haken schlagen mag.

30. Es ist aber auch üblich unter den Menschen, dass der Gerechteste nicht sein Recht findet, so viele wider ihn zeugen oder auch wenige wider ihn zeugen, wenn sie nur von hohem Ansehen sind.

31. Gerechtigkeit herrschet nur in den Gesetzen der Natur, weil sie die Gesetze der Schöpfung sind.

32. Unter den Menschen aber mangelt die Gerechtigkeit, und sie wird von ihnen festgelegt je nach dem Stand ihres Ansehens und nach den Werten, die sie besitzen.

33. So frage ich dich: Wie könnte ich so erwarten nach diesem Stand Gerechtigkeit»?

34. Pilatus aber sprach: «So du sprichst, bist du sehr weise und ich seh darin kein Fehl an dir.

35. Fraglich scheint mir zu sein die Lehre, die du eben vorgebracht, doch mag ich auch darin keine Schuld erkennen, denn selig werde jeder mit seinem Glauben.

23. "Furthermore, I traveled much to faraway places and lived for many years in India. There I was taught much knowledge and many secrets by the great gurus and wise men, who are called masters.

24. "When I have fulfilled my mission here, I will go back there with my brother Thomas, who is a faithful disciple of mine."

25. When they heard Jmmanuel's speech, the elders and chief priests became very agitated and shouted in front of Pilate, "Do you hear his blasphemy?"

26. Pilate asked, "Don't you hear how severely they accuse you? Don't you wish to justify yourself?"

27. Jmmanuel answered, "Behold, I will carry my burden as it is destined.

28 "But it is also a fact that many are against me and will testify falsely; I will not find justice in this process.

29. "Truly, I say to you: Many dogs kill a hare, no matter how many turns it makes.

30. "It is also customary among people that the most just person does not find justice, because it does not matter whether many or few testify against him, as long as they are highly regarded.

31. "Justice rules only in the laws of nature, because they are the laws of Creation.

32. "But among people there is little justice, and they determine justice according to their social status and their wealth.

33. "Therefore I ask you, how could I expect justice by this standard?"

34. Pilate said, "Judging by the way you speak, you are very wise and I see no guilt in you.

35. "I question the teaching you just uttered, but in this, too, I see no evil, because all people should be blessed according to their faith.

36. So du aber keine Worte zu deiner Unschuld hast, die dich der Verklagung der Hohenpriester und der Ältesten entheben würden, sehe ich wohl nicht gut für dich, denn ihr Wille ist Befehl, dem ich beugsam sein muss».

37. Aber Jmmanuel antwortete ihm nicht auf sein Wort, so dass sich der Landpfleger sehr verwunderte.

VERURTEILUNG JMMANUELS

38. Auf das Passahfest aber hatte der Landpfleger Pilatus die Gewohnheit, dem Volke einen und stets jenen Gefangenen freizugeben, welchen sie wollten, ausser, wenn einer des Mordes oder des Todes schuldig war.

39. Zu der Zeit hatte er einen besonderen Gefangenen, der hiess Barabbas.

40. Und da das Volk versammelt war, sprach Pilatus zu ihnen: «Welchen wollt ihr, dass ich euch freigebe, Barabbas den Verbrecher oder Jmmanuel, von dem gesagt wird, er sei ein Weisheitskönig und der Sohn eines Engels»?

41. Er wusste aber wohl, dass die Hohenpriester und die Ältesten überredeten das Volk und ihnen Kupfer, Gold und Silber gaben, dass sie um Barabbas bitten sollten und Jmmanuel umbrächten.

42. Denn er wusste wohl, dass sie ihn aus Neid und aus Hass überantwortet hatten, da seine Lehre Gefallen fand bei dem Volke.

43. Und so auch sein Weib Pilatus beschworen hatte: «Habe du nichts zu schaffen mit diesem Gerechten, denn ich habe heute viel gelitten im Traume seinetwegen und finde, dass seine Lehre gut ist», so war er guten Sinnes für Jmmanuel.

44. Im Volke aber war grosses Geschrei und er fragte ein andermal: «Welchen wollt ihr, dass ich euch freigebe»?

45. Langsam aber verebbte das Geschrei und so hob der Landpfleger an ein drittes Mal und fragte sie und sprach: «Welchen wollt ihr unter diesen zweien, den ich euch soll freigeben»?

46. Das Volk aber schrie und sprach: «Barabbas sollst du uns freigeben»!

36. "But since you have nothing to say regarding your innocence that would counter the denunciation of the chief priests and the elders, I have no hope for you, because their will is my command, which I have to obey."

37. Jmmanuel didn't answer him, which surprised the governor very much.

THE CONVICTION OF JMMANUEL

38. At the time of the Passover feast, governor Pilate was accustomed to releasing to the people whichever one of the prisoners they wanted, except those guilty of murder or causing death.

39. At this time he had a special prisoner named Barabbas.

40. When the people were gathered, Pilate asked them, "Which one do you want me to release, Barabbas, the criminal, or Jmmanuel, who is said to be a king of wisdom and the son of an angel?"

41. But he knew that the chief priests and elders had bribed the people by giving them copper, gold and silver for them to ask for the release of Barabbas and the death of Jmmanuel.

42. He knew very well that they had turned him over because of envy and hatred, since his teaching appealed to the people.

43. His wife also influenced Pilate by saying, "Don't have any dealings with this just man, because today I suffered greatly in my dreams on account of him, and I find his teaching to be good." Therefore, he was favorably inclined toward Jmmanuel.

44. But among the people there was much screaming and he asked again, "Which one shall I release?"

45. Slowly the screaming stopped, and the governor asked a third time, "Which one of these two shall I release?"

46. The people screamed, "Release Barabbas!"

47. Pilatus aber fragte sie und sprach: «So soll es sein, doch was soll ich machen mit dem hier, von dem gesaget ist, er sei Jmmanuel, ein Weisheitskönig»!

48. Das Volk aber schrie und sprach: «Kreuzige ihn; lass ihn kreuzigen»!

49. Der Landpfleger aber war unwillig und fragte im Zorn: «Was hat er denn Übles getan, so ihr ihn kreuzigen lassen wollt?

50. Er hat nur gelehret eine neue Lehre und soll büssen dafür nun mit dem Tode; wo ist da denn gegeben die Freiheit für das Wort und die Gedanken und die Meinung»?

51. Das Volk schrie aber noch mehr und sprach: «Lass ihn kreuzigen, lass ihn kreuzigen»!

52. Da aber Pilatus sah, dass er wider das überredete Volk nichts ausrichtete, sondern eine grosse Unruhe entstand und ein Getümmel, nahm er einen Krug mit Wasser und wusch die Hände vor dem Volke und sprach:

53. «Sehet ihr zu, was ihr mit ihm machet.

54. Er ist der Gefangene der Ältesten und der Hohenpriester, so sie über ihn urteilen mögen.

55. Ich habe mit diesem Gerechten nichts zu schaffen, denn ich bin unschuldig an ihm und wasche meine Hände vor euch in Unschuld».

56. Da aber tümmelte das Volk und schrie: «Er soll gekreuzigt werden, er soll gekreuzigt werden»!

57. Pilatus aber überliess Jmmanuel den Hohenpriestern und den Ältesten, und den Barabbas gab er dem Volke frei.

58. Die Hohenpriester und die Ältesten aber liessen Jmmanuel geisseln und überantworteten ihn, dass er gekreuziget würde.

59. Das Volk aber heulte und schrie und fluchte Jmmanuel.

60. Die Hohenpriester aber und die Ältesten ergingen sich im Eigenlobe und waren guten Mutes ob ihrer gewonnenen Hinterlist.

47. And Pilate asked them, "Thus it shall be, but what shall I do with him who is said to be Jmmanuel, a king of wisdom?"

48. The people shouted, "Crucify him! Have him crucified!"

49. But the governor was not willing and asked very angrily, "What evil thing has he done that you want him crucified?

50. "He only taught a new doctrine, and for this he shall suffer death? Where then is the freedom of speech, thought and opinion?"

51. However, the people screamed even louder, "Have him crucified! Have him crucified!"

52. When Pilate realized there was great unrest and turmoil and that nothing could be done against these people who had been bribed, he took a pitcher of water and washed his hands before the people, saying,

53. "You know what you want to happen to him.

54. "He is the captive of the elders and chief priests, so let them judge him.

55. "I have nothing to do with this just man. I am not responsible for him, and I wash my hands before you in innocence."

56. But the people milled about, shouting, "He shall be crucified! He shall be crucified!"

57. Then Pilate turned Jmmanuel over to the chief priests and elders and released Barabbas to the people.

58. And the chief priests and elders had Jmmanuel whipped and handed him over to be crucified.

59. The people screamed and shouted and cursed Jmmanuel.

60. But the chief priests and elders indulged themselves in self-praise and were in good spirits because of the intrigue they had perpetrated.

Das 30. Kapitel

SCHMÄHUNG JMMANUELS
PROPHETISCHE ANKÜNDIGUNG
DIE KREUZSCHLAGUNG

1. Und die Kriegsknechte des Landpflegers waren eins mit den Hohenpriestern und den Ältesten und schleppten Jmmanuel mit sich in das Richthaus und holten die ganze Schar zu ihm her.

2. Und sie zogen ihn aus und hängten ihm einen Purpurmantel um.

3. Und flochten eine Dornenkrone und setzten sie auf sein Haupt und gaben ihm ein Rohr in seine rechte Hand und beugten die Knie vor ihm und sprachen:

4. «Gegrüsset seist du, oh grosser Weisheitskönig der Juden».

5. Und sie spien ihn an und nahmen das Rohr aus seiner Hand und schlugen ihn auf das Haupt damit, und das Blut lief ihm über das Angesicht.

6. So er elend war und blutend, fragte Kaiphas, der Hohepriester, und sprach: «Wie lässt du dich an nun, als grosser Weisheitskönig»?

7. Jmmanuel aber schwieg stille und gab ihm kein Wort.

8. Da schlugen sie ihn abermals auf sein Haupt, so er seufzte in Schmerz, und hob an zu reden: «Wahrlich, wie geschrieben steht durch die alten Propheten, dass ich der Juden Weisheitskönig sei, so treffet das die Wahrheit, also aber bin ich auch der wahre Prophet aller Menschengeschlechter auf Erden; wahrheitlich aber bin ich nicht der Prophet jener wirren Israeliten, die sich Söhne und Töchter Zions nennen.

9. Wahrlich, ich sage euch: So ihr mich schlaget und spottet, sollet ihr geschlagen und gespottet werden von denen, die ihr seit alters her knechtet und denen ihr und eure Urväter das Land geraubet habt.

CHAPTER 30

DEFAMATION OF JMMANUEL
PROPHETIC DECLARATION
THE CRUCIFIXION

1. The soldiers of the governor agreed with the chief priests and the elders and, dragging Jmmanuel with them into the court house, they brought the entire crowd with them.

2. They undressed him and put a purple coat on him,

3. made a wreath of thorns, placed it on his head, put a cane into his right hand, bent their knees before him and said,

4. "We greet you, great king of wisdom of the Jews."

5. And they spat on him, took the cane out of his hand, and beat him with it on the head until blood ran over his face.

6. When he was miserable and bleeding, Caiaphas, the high priest, asked, "What are you going to do now, great king of wisdom?"

7. But Jmmanuel was quiet, saying not a word.

8. They hit him again on the head, and he sighed in pain and started to speak: "As it is written in the old prophets, that I am the king of wisdom of the Jews, it hits the truth; so I am the true prophet of all human races on earth; but in all truth I am not the prophet of those confused Israelites who call themselves sons and daughters of Zion.

9. "Truly, I say to you, if you beat and mock me, you shall be beaten and mocked by those whom you, since ancient times, have enslaved and whose land you and your forefathers have plundered.

10. Und die Zeit wird kommen in fünfmal hundert Jahren, so ihr dafür büssen werdet, wenn sich die von euch Entrechteten und von euch Geknechteten rechtmässigen Besitzer des Landes wider euch zu erheben beginnen und euch bekämpfen bis in ferne Zukunft.

11. Ein neuer Mann nämlich wird in diesem Lande als Prophet erstehen und euch rechtens durch Gesetze geisseln und verfolgen, und mit eurem Blute werdet ihr zahlen müssen.

12. Einen eigens zur Rettung der wahrheitlichen Lehre zwingenden, neuen Kult wird der Mann erstellen und sich als Prophet erkennen lassen, wodurch er euch verfolgen wird in alle Zeit.

13. So er nach eurer Behauptung ein falscher Prophet sein wird, wie ihr mich dessen beschimpft, und er eine neue und euch irre erscheinende Lehre bringen wird, so ist er doch ein wahrer Prophet, und er hat grosse Gewalt und wird euer Geschlecht verfolgen lassen in alle Zeit der Zukunft.

14. Sein Name wird sein Muhammed, und sein Name wird für euer Geschlecht sein Schrecken und Elend und Tod, so ihr es verdienet.

15. Wahrlich, wahrlich, ich sage euch: Sein Name wird für euch mit Blut geschrieben sein, und der durch eure Schuld geschürte Hass wider euer Geschlecht wird endlos sein.

16. So er dadurch als wahrer Prophet doch aber nach eurer Rede ein falscher Prophet sein wird und teilens eine euch wirre erscheinende und von euch nicht zu verstehende Lehre bringt, soll auch sein entstehender Kult dereinst beendet werden, wenn sein Geschlecht und euer Geschlecht den Grundstein legen zum blutigen Ende also, denn auch seine Lehre wird böse verdrehet und verfälschet werden und in einem bösen und irren Kult enden».

17. Und da er so redete, erwallten die Hohenpriester und die des Ältestenrates in Zorn und schlugen ihn gar arg, so er zusammenbrach und wimmerte.

18. Und da sie ihn geschlagen hatten und verspottet hatten, zogen sie ihm den Mantel aus, und nur seine Hautkleider zogen sie ihm wieder an und führten ihn hin, um ihn zu kreuzigen.

10. "And the time will come in five times 100 years when you will have to atone for this, when the legitimate owners of the land enslaved by you will begin to rise against you and fight against you into the distant future.

11. "A new man will rise up in this land as a prophet and will rightfully condemn and persecute you and you will have to pay with your blood.

12. "This man will create a forceful new sect especially for preserving the truthful teaching and will have himself recognized as a prophet and in so doing persecute you through all times.

13. "Even though, according to your claim, he will be a false prophet and you will revile him, he will nevertheless be a true prophet, and he will have great power, and he will have your race persecuted throughout all time in the future.

14. "His name will be Mohammed, and his name will bring horror, misery and death to your kind, which you deserve.

15. "Truly, truly, I say to you: His name will be written for you with blood, and his hatred against your kind will be endless.

16. "Since he will be a true prophet, but according to you a false one, he will bring you a doctrine that will seem to you confusing and unintelligible, and his rising sect will eventually be finished when his and your followers will lay the foundation for a bloody end, because his teaching will be distorted and falsified and end in an evil and wrong sect."

17. And as he talked that way, the chief priests and members of the council of elders seethed in rage and beat him so hard that he collapsed and whimpered.

18. After they had beaten and mocked him, they took off his coat, put only his garments back on and led him away to crucify him.

19. Sie aber luden ihm auf die rechte Schulter ein schweres Kreuz aus Holz, so er es selbst trage zu seiner Todesstätte als grosse Last.

20. Das Kreuz aber war schwer, und Jmmanuel stöhnte unter der Last; und sein Blut vermischte sich mit Schweiss und war eine üble Masse.

21. Jmmanuel aber brach zusammen unter der schweren Last, denn seine Kraft verliess ihn.

22. Als aber des Weges kam ein Fremder, namens Simon von Kyrene, zwangen sie ihn, dass er ihm sein Kreuz tragen helfe.

23. Alsbald kamen sie an die Stätte, die da heisst Golgatha.

24. Sein Weg dahin war hart, da er geschlagen wurde, beschimpft und verspottet.

25. Und sie gaben ihm Wein zu trinken, vermischt mit Galle von Tieren.

26. Da er's aber schmeckte, wollte er's nicht trinken, und also schlugen sie ihn, dass er's trinke.

27. Dann aber zwangen sie ihn unter Hieben auf das Kreuz nieder, und nagelten ihm die Hände und die Füsse auf das Holz, so sie es erstmals taten wie es nicht der Brauch war, denn bis anhin waren die Gekreuzigten festgebunden worden.

28. So sie ihn aber genagelt hatten und das Kreuz aufstellten, teilten sie seine Kleider und warfen das Los darum.

29. Und sie sassen allda und bewachten ihn, so nicht einer komme und ihn vom Kreuze hole.

30. Und auch zwei Mörder wurden mit ihm gekreuzigt, einer zu seiner Rechten und einer zu seiner Linken, so er mitten unter ihnen war.

31. Die aber rundherum waren, lästerten ihn und lachten über ihn und spotteten ihn.

32. Und sie schrien und sprachen: «Der du doch ein Weisheitskönig bist, so hilf dir selber.

33. Und der du ein Sohn eines Himmelssohnes bist und du grosse Kraft besitzest, so steig herab vom Kreuze».

19. They placed upon his right shoulder a heavy wooden cross, so that he himself would carry this great burden to the place of his death.

20. But the cross was heavy, and Jmmanuel moaned under this burden, and his blood combined with his sweat into a vile mixture.

21. Jmmanuel collapsed under the heavy burden, because his strength left him.

22. But when a stranger came along named Simon of Cyrene, they forced him to help carry the cross.

23. Soon they came to the place called Golgotha.

24. His path there was difficult, because he was reviled, beaten and mocked.

25. They gave him wine to drink mixed with gall taken from animals.

26. When he tasted it, he did not want to drink it, so they beat him to make him drink.

27. Then they forced him down on the cross, beating him. They nailed his hands and feet onto the wood. They did it this way for the first time, contrary to custom, because until then the crucified were tied to the cross.

28. After they had nailed him on and put the cross upright, they shared his clothing among themselves by casting a lot.

29. They sat there and watched him so that no one would come and take him off the cross.

30. Two murderers were crucified with him, one to his right and one to his left, with him in the middle.

31. Those who were around him blasphemed, mocked and ridiculed him.

32. They shouted, "Since you are the king of wisdom, help yourself!

33. "Since you are the son of a celestial son and possess great power, why don't you get off the cross?"

34. Desgleichen spotteten auch die Schriftgelehrten und Pharisäer und die Hohenpriester und Ältesten des Volkes und sprachen:

35. «Andern hast du geholfen und kannst dir selber nicht helfen.

36. So du ein Weisheitskönig bist, so steige nun vom Kreuze und helfe dir selbst.

37. So du es tuest, wollen wir an dich und deine Lehre glauben.

38. Er hat auf seine Weisheit vertrauet und darauf, dass er des Engel Gabriels Sohn sei.

39. So erlöse ihn nun seine Weisheit oder der Engel Gabriel, so er Lust zu ihm hat».

40. Desgleichen spotteten und schmähten ihn aber auch die Mörder, die gekreuzigt waren zu seiner Rechten und zu seiner Linken.

41. Es geschah aber, dass sich der Himmel bedeckte und sich die Sonne verdunkelte und grosser Sturm das Land ergriff, was nicht oft, doch dann und wann war zu dieser Zeit.

42. Also herrschte das Unwetter drei Stunden, ehe die Sonne wieder durch die Wolken kam.

43. Zu der Zeit schrie Jmmanuel und sprach: «Ich dürste, gebet mir zu trinken».

44. Und alsbald lief einer von den Hohenpriestern, nahm einen Schwamm und füllte ihn mit Essig und steckte ihn auf eine Lanze und tränkte ihn.

45. Da aber die andern das sahen, beschimpften sie den Mann und sprachen: «Halt, tränke ihn nicht weiter, lasse uns eher sehen, wie lange er es macht».

46. Und siehe, ein letzter gewaltiger Donner löste den Sturm auf, und es erzitterte darob das ganze Land, so die Erde erbebte.

47. Also mit dem gewaltigen Donner schrie Jmmanuel ein andermal, doch keiner verstand ihn, denn seine Rede war wirr.

48. Danach aber fiel sein Haupt vornüber und er versank im Halbtode, so sie dachten er wäre tot.

34. The scribes, Pharisees, chief priests and elders of the people likewise mocked him, saying,

35. "You helped others, but you cannot help yourself.

36. "Since you are a king of wisdom, get down from the cross and help yourself.

37. "If you do that, we will believe in you and your teaching.

38. "He trusted in his wisdom and in being the son of the angel Gabriel.

39. "Thus, may his wisdom or the angel Gabriel save him now if he so fancies."

40. Likewise, the murderers crucified to his right and left mocked and reviled him.

41. Then the sky clouded over, the sun became dark, and a great storm arose across the land, which happened not often at that time of year, but only occasionally.

42. The terrible storm roared for three hours before the sun broke through the clouds again.

43. At that time Jmmanuel cried out, "I'm thirsty! Give me something to drink."

44. Then one of the chief priests got a sponge, soaked it in vinegar, put it on a pole and gave it to him to drink.

45. When the others saw that, they scolded the man, saying, "Stop! Do not give him any more to drink. Let us see how long he can bear this."

46. Behold, a last great thunder clap ended the storm, the whole land trembled, and the earth shook.

47. With the tremendous thunder clap all about, Jmmanuel cried out again, but nobody understood him, because his speech was confused.

48. Then his head fell forward, he slipped into near-death, and they thought he was dead.

49. Es geschah aber, dass ein Kriegsknecht seine Lanze nahm und ihm stach in die Lende, so er sehe, dass Jmmanuel tot sei.

50. Es floss aus der Wunde aber Blut mit Wasser vermischet, so es im Tode oder im Halbtode bei einem Menschen erscheint.

51. Also dachte der Kriegsknecht, dass Jmmanuel tot sei und tat dies den andern kund.

52. Und sie wunderten sich alle darüber, denn es war nicht üblich, dass die Gekreuzigten so schnell des Todes starben.

53. So es der Kriegsknecht aber sagte, glaubten sie ihm und gingen von dannen.

54. Unter ihnen waren aber auch viele Frauen und sonstige, die von Ferne zusahen, da sie waren Anhänger des Jmmanuel und hatten ihm gedient und waren ihm nachgefolgt aus Galiläa.

55. Unter ihnen waren auch Maria, die Mutter Jmmanuels, und Maria Magdalena und andere.

56. Da das Volk aber nun von dannen ging, so kamen sie her und knieten vor dem Kreuze und weinten bitterlich, denn auch sie wähnten Jmmanuel tot.

57. Unter ihnen aber war auch Joseph von Arimathia, welcher war ein Anhänger von Jmmanuel.

58. Er aber sah nach kurzer Zeit, dass Jmmanuel nur im Halbtode war, was er aber niemandem sagte.

GRABLEGUNG

59. Eilig ging er in die Stadt und zu Pilatus und bat ihn um den Leib Jmmanuels, so er ihn begraben könne.

60. Da befahl Pilatus, man solle ihn ihm geben.

61. Und es ging mit ihm viel Volk und sie nahmen Jmmanuel vom Kreuz, und Joseph wickelte den Leib in reine Leinwand, die er zuvor bestrichen hatte, so es ein Abbild von Jmmanuel gebe.

62. Joseph von Arimathia aber trug den Leib Jmmanuels den weiten Weg bis nach Jerusalem, und legte ihn ausserhalb der Stadt in sein eigenes Grab, welches er in einen Felsen hatte hauen lassen für sich, so er einmal tot sei.

49. A soldier took his lance and stabbed Jmmanuel in his loin to ensure that he was dead.

50. Blood mixed with water came from the wound, as is the case when a person is dead or near-dead.

51. Since the soldier thought that Jmmanuel was dead, he informed the others.

52. They were all astonished, because it was unusual for those crucified to die so quickly.

53. But since the soldier told them, they believed him and went away.

54. Among them were also many women and others who watched from the distance, because they were followers of Jmmanuel and had served him and followed him from Galilee.

55. Among them were Mary, the mother of Jmmanuel, Mary Magdalene and others.

56. After the soldiers had left, they went to him, knelt before the cross and cried bitterly, because they, too, thought Jmmanuel was dead.

57. Also among them was Joseph of Arimathea, a follower of Jmmanuel.

58. After a little while, he noticed that Jmmanuel was only half dead, but he told no one.

ENTOMBMENT

59. He quickly went into the city to see Pilate, and he asked for the body of Jmmanuel so that he could bury him.

60. Pilate ordered that Jmmanuel be turned over to Joseph.

61. Many people went with him and they took Jmmanuel off the cross. Joseph wrapped the body in pure linen that he had previously painted so as to form an image of Jmmanuel.

62. Joseph of Arimathea carried the body of Jmmanuel all the way to Jerusalem and placed him outside the city in his own tomb, which he had cut into a rock for his own future burial.

63. Und er wälzte einen grossen Stein vor die Tür des Grabes und ging davon, dass er Heilmittel besorge, um Jmmanuel zu pflegen.

64. Der Eingang des Grabes aber war bewacht von Kriegsknechten und der Mutter Jmmanuels, so niemand zu ihm hineingehe oder den Leichnam stehle.

65. Joseph von Arimathia aber suchte Jmmanuels Freunde aus Indienland und ging mit ihnen zurück zum Grabe, da sie durch den geheimen und den Schergen und Kriegsknechten nicht bekannten zweiten Eingang zu ihm gingen und ihn pflegten während drei Tagen und drei Nächten, so dass er bald wieder bei besserer Gesundheit war und wieder bei guter Kraft.

66. Das Grab aber war bewacht auf der andern Seite durch die Kriegsknechte, weil die Hohenpriester und die Pharisäer waren gegangen zu Pilatus und sprachen:

67. «Herr, wir haben bedacht, dass dieser Irre sprach zu dem Volke, da er noch lebte: ‹Ich werde nach drei Tagen und drei Nächten wiederkommen und auferstehen also, denn ich werde nur im Halbtode sein›.

68. So aber festgestellt wurde durch einen Kriegsknecht, dass er tot ist in Wirklichkeit, so möge man sein Grab bewachen, so nicht welche kommen und den Leichnam stehlen und sagen: ‹Sehet, er ist nun doch auferstanden›.

69. Darum befiehl, dass man das Grab verwahre bis an den dritten Tag, so der letzte Betrug nicht schlimmer werde als der erste».

70. Pilatus aber sprach zu ihnen: «So nehmet meine Kriegsknechte als Hüter; gehet hin und verwahret es, so gut ihr's könnt».

71. Und sie gingen hin und verwahrten das Grab und versiegelten den Stein vor der Türe.

72. Nicht kannten sie aber das Geheimnis des Grabes, dass es zwei Ausgänge und Eingänge hatte, so Jmmanuels Helfer unbewacht zu ihm gingen und ihm heilende Salben und Kräuter auflegten und er am dritten Tage wieder kräftig war zu gehen.

63. He rolled a big stone in front of the door of the tomb and went to obtain some medicine in order to nurse Jmmanuel.

64. The entrance of the tomb was guarded by soldiers and Jmmanuel's mother so no one could enter and steal the body.

65. Joseph of Arimathea sought out Jmmanuel's friends from India and went back with them to the tomb. They went in through a secret second entrance unknown to the henchmen and to the soldiers and nursed him for three days and three nights, so that he was soon in better health again and his strength was restored.

66. The tomb was guarded on the other side by the soldiers, because the chief priests and Pharisees had gone to Pilate, saying,

67. "Governor, we considered that when this crazy man was still alive, he said to the people, 'I shall return after three days and three nights and rise, because I will be only half dead.'

68. "But, since it was established through a soldier that he was really dead, his tomb should be guarded so that no one can come, steal the body and say, 'Behold, he has risen from the dead after all!'

69. "Therefore, command that the tomb be guarded for three days so that the last deception may not be worse than the first."

70. Pilate said, "Take my soldiers as guardians. Go and watch the tomb as well as possible."

71. They went away, watched the tomb, and sealed the stone in front of the door.

72. But they did not know the secret of the grave, namely, that it had two exits and entrances, so that Jmmanuel's helpers could, without being seen, go to him to apply healing salves and herbs, so that on the third day he was again strong enough to walk.

Das 31. Kapitel

JMMANUELS FLUCHT AUS DEM GRABE

1. Und da das Passahfest aber vorbei war und der erste Tag der Woche anbrach, so waren die drei Tage und drei Nächte um, da Jmmanuel sagte, dass er aus dem Halbtode wieder leben werde.

2. Und siehe, ein grosser Donner erhob sich in der Luft und vom Himmel kam ein strahlendes Licht und setzte unweit des Grabes auf die Erde.

3. Dann aber trat hervor aus dem Lichte ein Wächterengel, und seine Erscheinung war wie der Blitz und sein Kleid weiss wie Schnee.

4. Und er ging zum Grabe und vor ihm wichen weg die Kriegsknechte voller Furcht.

5. Er aber hob die Hand und aus ihr hervor ging ein heller Blitz und traf die Kriegsknechte, einen nach dem andern.

6. Und sie fielen zur Erde und rührten sich nicht für lange Zeit.

7. Alsdann trat der Wächterengel zum Grabe und wälzte den Stein von der Türe und sprach zu Maria, der Mutter Jmmanuels, und zu Maria Magdalena, die beide da waren:

8. «Fürchtet euch nicht, ich weiss, dass ihr Jmmanuel, den Gekreuzigten, suchet.

9. Er ist aber nicht hier, denn er lebet, wie er gesagt hat; kommet her und sehet die Stätte, da er gelegen hat.

10. Gehet eilends hin und saget es seinen Jüngern, dass er wiedererstanden sei aus dem Halbtode.

11. Und saget ihnen: Er wird vor euch hergehen nach Galiläa, da werdet ihr ihn sehen; sehet, ich habe es euch gesagt».

12. Maria aber fragte und sprach: «Aber er war doch tot und hat hier als tot gelegen, wie kann er denn auferstehen»?

13. Da aber antwortete der Wächterengel und sprach: «Was suchet ihr einen Lebendigen unter den Toten?

14. Gehet nun hin und verbreitet die Kunde unter seinen Jüngern, doch hütet euch, es anderweitig zu sagen».

Chapter 31

JMMANUEL'S FLIGHT FROM THE TOMB

1. When the first day of the week had come after Passover, the three days and nights had passed following which Jmmanuel would live again after near-death, as he had foretold.

2. Behold, a great thunder arose in the air, and a radiant light came down from the sky and landed on the earth, not far from the tomb.

3. Then a guardian angel came out of the light, and his appearance was like lightning and his garment was as white as snow.

4. He went to the tomb, and the soldiers got out of his way because they feared him.

5. He lifted his hand from which came bright lightning that hit the soldiers one after the other.

6. And they fell to the ground and did not stir for a long time.

7. Then the guardian angel stepped up to the tomb, rolled the stone away from the door and said to Mary, the mother of Jmmanuel, and to Mary Magdalene, who were both there,

8. "Do not be afraid. I know that you are seeking Jmmanuel, the crucified.

9. "But he is not here. He lives, as he said. Come here and behold the place where he lay.

10. "Go quickly and tell his disciples that he has risen from near-death.

11. "Also tell them he will walk ahead of you to Galilee, and there you will see him. Behold, I have told you."

12. But Mary asked, "Yet he was dead and lay here dead, how can he rise?"

13. The guardian angel answered, "Why are you seeking someone alive among the dead?

14. "Go now and spread the news among his disciples, but beware, and do not tell anyone else."

15. Und der Wächterengel ging hin zu dem strahlenden Licht und verschwand darin; und alsbald ging daraus hervor wieder ein grosser Donner und es hob sich in die Luft und schoss in den Himmel.

16. Die Mutter Jmmanuels aber und Maria Magdalena gingen hin und verliessen das Grab.

17. Die Kriegsknechte aber fielen aus ihrer Starre und sie wunderten sich sehr, so sie hingingen in die Stadt und die Kunde verbreiteten von dem, was geschehen war.

18. Und sie kamen zusammen mit den Hohenpriestern und Ältesten des Rates und hielten eine geheime Rede, was sie dem Volke sagen sollten.

19. Und die Hohenpriester und Ältesten gaben den Kriegsknechten Geld genug und sprachen: «Saget dem Volke, seine Jünger kamen des Nachts, so wir schliefen, und stahlen seinen Leichnam».

20. Und die Kriegsknechte nahmen das Geld und taten, wie sie gewiesen waren.

21. Maria und Maria Magdalena aber gingen hin, so sie taten, wie ihnen vom Wächterengel befohlen war.

22. Aber siehe, auf dem Wege dahin begegnete ihnen ein andermal ein Wächterengel und sprach: «Ihr wisset, was euch aufgetragen, seid behutsam und verredet euch nicht beim Volke».

23. Maria Magdalena aber ging auf den Wächterengel zu, der da war in strahlendem weissen Gewand, und wollte ihn greifen an der Hand.

24. Er aber wich vor ihr und sprach: «Berühre mich nicht, denn ich bin von anderer Art als du, und mein Kleid ist mir Schutz gegen diese Welt.

25. So du mich aber berührest, wäre es dein Tod, und du würdest im Feuer vergehen.

26. Weiche von mir und gehe hin, wie dir war befohlen».

27. Und sie gingen hin und trafen Petrus und einen andern Jünger und berichteten, was war geschehen.

28. Petrus aber und der andere Jünger gingen hinaus zum Grabe, und der andere Jünger war zuerst am Grabe.

29. Und er schaute hinein und sah die leinenen Binden gelegt fein säuberlich am Boden und ging nicht hinein in das Grab.

15. The guardian angel went to the bright light and disappeared into it; soon a great thunder came out of it again, and it rose up into the air, shooting straight into the sky.

16. Jmmanuel's mother and Mary Magdalene went away, leaving the tomb.

17. The soldiers recovered from their paralysis and were surprised; so they went into the city and spread the news of what had happened.

18. And they came together with the chief priests and elders of the council for a secret meeting to decide what to tell the people.

19. The chief priests and elders gave a lot of money to the soldiers and said, "Tell the people his disciples came at night while we were sleeping and stole his body."

20. And the soldiers took the money and did as they had been instructed.

21. Mary and Mary Magdalene went away and did as they had been told by the guardian angel.

22. Behold, a guardian angel met them again on their way and said, "Remember what you have been told. Be careful not to make a mistake when talking to the people."

23. Mary Magdalene approached the guardian angel, who wore a brilliant white garment, and she wanted to grasp his hand.

24. But he stepped back from her and said, "Don't touch me, because I am of a kind different than you and my garment is a protection against this world.

25. "If you touch me, you will die and be consumed by fire.

26. "Get away from me, and do as you have been told."

27. So they went away, met Peter and another disciple and told them what had happened.

28. Peter and the other disciple went to the tomb, the other disciple arriving there first.

29. He looked into the tomb and saw the linen shrouds lying neatly on the ground, but he did not enter.

30. Aber also kam Petrus und ging in das Grab hinein und fand alles wie der andere.

31. Die Binden waren fein säuberlich gewickelt und geleget auf den Boden, und das Schweisstuch, das Jmmanuel geleget war um das Haupt, und Salben und Heilkräuter, die alle geleget waren an einen besonderen Ort, zusammen mit tönernen Figuren von eigenartigem Aussehen, wie er sie noch nie gesehen und so sie ihm fremd waren.

JMMANUELS BEGEGNUNGEN MIT SEINEN JÜNGERN

32. An diesem Tage aber, am Abend, waren die Jünger versammelt in einem Raume in der Stadt, da sie vor Passah das letzte Mahl mit Jmmanuel hielten.

33. Und da sie im Raume waren und untereinander redeten über das Geschehen des Tages, siehe, da tat sich die Tür auf und herbei trat ein Fremder, den sie noch nie gesehen.

34. Und sie ängstigten, dass es wäre der Israeliten einer, der sie verraten wolle.

35. Da aber sprach der Fremde und sagte: «Friede sei mit euch»; und er nahm das Tuch von seinem Gesicht und sie erkannten ihn, und es war Jmmanuel.

36. Und da er das gesagt hatte, zeigte er ihnen die Hände und seine Lende und die Füsse, und da sie sahen die Wunden, da wurden sie froh, dass er unter ihnen war.

37. Thomas aber glaubte einen Geist vor sich zu haben so er sprach: «Könnte ich deine Wunden berühren so wüsste ich, dass du kein Geist bist».

38. Da sprach Jmmanuel zu ihm: «Reiche deine Hand her und lege sie an meine Wunden, so du Kleindenkender erkennen mögest die Wahrheit».

39. Also tat Thomas, wie ihm befohlen, und berührte seine Wundmale und sprach: «Wahrlich, du bist es».

40. Danach aber ging Jmmanuel von dannen und sprach: «Hütet das Geheimnis meiner Wiederkehr, so es nicht ruchbar werde, dass ich lebe».

41. Und siehe, am andern Tage machten sich die Jünger auf, dass sie nach Galiläa gingen und die frohe Kunde unter den Anhängern Jmmanuels verbreiteten.

30. Peter also came, went into the tomb and found everything just as the other disciple had.

31. The shrouds had been carefully folded and placed on the ground, and the sweat cloth that had been on Jmmanuel's head had been placed on a particular spot, together with the salves and herbs and peculiar figures of clay such as he had never seen before, and so they were strange to him.

JMMANUEL'S MEETINGS WITH HIS DISCIPLES

32. In the evening of the same day, the disciples were gathered in a room in the city where they had taken their last meal with Jmmanuel before Passover.

33. When they were speaking to each other about what had happened during the day, behold, the door opened and a stranger whom they had never seen before entered.

34. And they were afraid that he might be one of the Israelites wanting to betray them.

35. But then the stranger said, "Peace be with you," and when he took the cloth from his face, they recognized him as Jmmanuel.

36. When he had said that, he showed them his hands, loin and feet. They saw his wounds and were happy that he was among them.

37. But Thomas believed a ghost to be in front of him. So he said, "If I could touch your wounds, I would know that you are not a ghost."

38. Then Jmmanuel said to him, "Reach out and place your hand on my wounds, so that you of little minds may recognize the truth."

39. So Thomas did as he had been told, and he touched his wounds and said, "Truly, it is you."

40. Then Jmmanuel went away, saying, "Keep the secret of my return, so it will not become known that I am alive."

41. Behold, the next day the disciples set out for Galilee to spread the joyful news among the followers of Jmmanuel.

42. Wie aber andere Jünger des Weges gingen, siehe, da gesellte sich zu ihnen ein Wanderer und ging mit ihnen ein Stück Weges.

43. Und sie waren traurig und redeten untereinander, wie Jmmanuel war zu Tode gebracht worden am Kreuze.

44. Da aber redete der fremde Wanderer und sprach: «Was trauert ihr?», und sie sagten ihm, was sie kümmerte.

45. Da aber sprach der Wanderer: «Wie kleinwissend seid ihr doch; hat euch doch Jmmanuel gesagt, dass er aus dem Halbtode wiedererstehen werde nach drei Tagen und drei Nächten.

46. So er dies gesaget hat, ist es auch geschehen».

47. Und wie er gesprochen hatte, nahm er das Tuch von seinem Angesichte, und sie erkannten ihn, und es war Jmmanuel.

48. Er aber redete nicht mehr ein Wort und verhüllte sein Angesicht wieder und wich von dannen, und also war er lange nicht mehr gesehen.

49. Es begab sich aber, dass die Jünger fischten am See Tiberias, lange nachdem Jmmanuel verschwunden war.

50. Und sie fingen nichts die ganze Nacht, so sie waren verärgert am Morgen, als der Tag grauete.

51. Als sie aber ans Ufer kamen, stand da ein Fremder und sagte und sprach: «Habt ihr nichts zu essen, denn mich hungert»?

52. Sie aber antworteten und sprachen: «Nein, denn wir haben in unseren Netzen gefangen nicht einen Fisch».

53. Da aber sagte der Fremde und sprach: «Werfet das Netz aus zur Rechten des Schiffs, so werdet ihr reichen Fang haben».

54. Und sie wunderten sich ob seiner Rede und warfen aber doch das Netz aus; und siehe, sie konnten's nicht einziehen wegen der grossen Menge Fische.

55. Und sie kamen ans Ufer und bereiteten ein Mahl, denn es hungerte sie wie den Fremden.

56. Er aber machte sein Angesicht frei und siehe, es war Jmmanuel.

57. So sie aber assen und frohen Mutes waren, sagte er zu ihnen und sprach: «Gehet hin nach Galiläa zu dem und dem Berg, so ich dort zu euch kommen werde, denn unsere Zeit zusammen ist beendet, und jeder möge gehen seiner Wege».

42. As other followers went along the way, behold, an itinerant joined them and walked with them part of the way.

43. They were sad and talked among themselves about how Jmmanuel had been forced to die on the cross.

44. Then the itinerant, a stranger, said to them, "Why are you mourning?" And they told him what grieved them.

45. But he said to them, "You of such little faith, Jmmanuel told you he would rise from near-death after three days and nights,

46. "and so it happened as he said."

47. After he had spoken he took the cloth from his face and they recognized him as Jmmanuel.

48. But he said nothing more, covered his face again and went away. And he was not seen for a long time.

49. Long after Jmmanuel had disappeared, it happened that the disciples were fishing on the Sea of Tiberias,

50. and they caught nothing the whole night, so by daybreak they were exasperated.

51. When they came to the shore, there stood a stranger who asked, "Haven't you anything to eat? I am hungry."

52. They answered, "No, we have not caught one fish in our nets."

53. Then the stranger said, "Throw the net out to the right side of the boat, and you will bring in a large haul."

54. The disciples were astonished by what he said and threw out the net. And behold, they could not pull it in because of the multitude of fish.

55. They came ashore and prepared a meal, because, like the stranger, they were hungry.

56. He uncovered his face, and, behold, it was Jmmanuel.

57. And while they were eating and in good spirits, he said to them, "Go to Galilee to such and such mountain; there I will join you, because our time together has ended and each one may go his own way."

Das 32. Kapitel

JMMANUELS ABSCHIED

1. Und sie gingen hin und kamen auf den Berg, dahin sie Jmmanuel beschieden hatte.

2. So sie aber versammelt waren, redete er mit ihnen und sprach: «Sehet, ein letztes Mal werde ich zu euch reden; so ich dann von dannen gehe und niemehr wiederkehre.

3. Mein Weg führet mich nach Indienland, da auch viele dieses hier lebenden Menschengeschlechtes wohnen, weil sie aus diesem Lande ausgezogen sind, um dort zu wohnen.

4. Meine Mission führet mich zu ihnen und zu dem Menschengeschlecht, das dort geboren ist.

5. Lange wird mein Weg sein dorthin, denn in vielen Landen habe ich noch zu bringen meine alte neue Lehre, so also auch am grossen schwarzen Wasser im Norden von hier.

6. Ehe ich aber scheide von euch, soll euch noch zuteil werden meine letzte Weisung der Lehre also:

7. So der Mensch lebet nach den Gesetzen der Schöpfung, so lebet er recht in Wahrheit, doch sei das endliche Ziel dies:

8. Alles Menschliche im Menschen muss sterben, aber alles Schöpferische muss aufstehen und die Schöpfung umarmen.

9. Betrachtet das Universum als den Ort, da die Schöpfung wohnet im Unendlichen.

10. Alles, was der Mensch besitzet, ist Ursprung der Schöpfung und das Eigentum der Schöpfung also.

11. Sein ganzes geistiges Leben soll der Mensch umwandeln und vervollkommnen, so es eins werde mit der Schöpfung.

12. So der Mensch etwas tuet, soll er's im Bewusstsein der Nähe der Schöpfung tun.

13. Ein Mensch versuche aber niemals einem andern die Wahrheit aufzudrängen, denn von halbem Wert wäre dies nur.

14. Erst achte der Mensch auf seinen eigenen Fortschritt im Bewusstsein und im Geiste, so er in sich schaffe die schöpferische Harmonie.

15. Keine grössere Dunkelheit herrschet im Menschen, denn das Nichtwissen und die Nichtweisheit.

CHAPTER 32

JMMANUEL'S FAREWELL

1. They went to the mountain to which Jmmanuel had directed them.

2. When they had gathered there, he said to them, "Behold, I will talk to you one last time; then I will leave and never return.

3. "My path leads me to India where many of this human race also dwell, because they left this land to live there.

4. "My mission leads me to them and to the human race that was born there.

5. "My path there will be long, because I have yet to bring my old teaching, newly presented, to many countries, likewise to the shores of the great black waters to the north of here.

6. "Before I leave you, I will give you my last instruction of the teaching, as follows:

7. "If people live according to the laws of Creation, they live correctly in truth, but here is the final goal:

8. "Everything human in people has to die, but everything creative in them has to rise and embrace Creation.

9. "Consider the universe as the place where Creation lives in infinity.

10. "Everything that people possess has its origin in Creation; therefore it belongs to Creation.

11. "People shall change their entire spiritual lives and perfect them, so that they will become one with Creation.

12. "Whatever people do, they shall do it with the awareness of the presence of Creation.

13. "But they shall never try to force truth onto another, because it would be only half its worth.

14. "First, people shall watch their own progress in consciousness and spirit so as to produce creative harmony within themselves.

15. "No greater darkness rules in people than ignorance and lack of wisdom.

16. Der Sieg eines Menschen bestehet in seiner Grösse darin, jede Macht, die entgegentritt dem Schöpferischen, auszureissen und zu vernichten, so das Schöpferische siege.

17. In sich entwickle der Mensch die Urteilskraft über das Gute und das Böse und die richtige Schau aller Dinge, so er weise sei und gerecht und die Gesetze befolge.

18. Erkennung ist von Not; was wirklich ist und was unwirklich ist, und was wertvoll ist und was unwertvoll ist, und was von der Schöpfung ist und was nicht von der Schöpfung ist.

19. Der Mensch hat zu werden eine universale Einheit, so er eins werde mit der Schöpfung.

20. Machet euer Leben gleich den Gesetzen; lebet nach den Gesetzen der Natur, dann lebet ihr nach den Gesetzen der Schöpfung also.

21. Möge das Leid im Menschen noch so gross sein, so also ist die Kraft der Schöpfung in ihm aber unmessbar grösser, so sie alles Übel besieget.

22. Lebet der Mensch nur in seinem Bewusstsein als Mensch, so ist er unnahbar von seinem Geiste fern und von der Schöpfung und ihren Gesetzen also.

23. Je grösser die Hingabe des Menschen ist an die Gesetze der Schöpfung, desto tieferen Frieden wird er in sich bergen.

24. Des Menschen Glück bestehet darin, dass er suchet und findet die Wahrheit, so er daraus Wissen sammle und Weisheit erlange und im Sinne der Schöpfung denke und handle also.

25. Durch die Umstände des menschlichen Lebens nur kann der Mensch seine schöpferischen Kräfte im Bewusstsein und im Geiste entwickeln und gebrauchen.

26. Der Mensch versuche täglich seine Kräfte und Fähigkeiten zu entfalten, denn nur dadurch erlanget er Erfahrung in ihrem Gebrauch.

27. Solange der Mensch nicht eins wird mit der Schöpfung, so wird er niemals imstande sein, über den Tod oder den Halbtod erhaben zu sein, denn die Angst sitzet in ihm vor dem Ungewissen; und erst wenn er die Vollkommenheit und Einheit der Schöpfung zu erkennen vermag, kann er in langsamer Folge Erhabenheit gewinnen.

16. "The victory of humanity in its greatness consists of destroying and removing each power opposing the creative spirit, so that the creative spirit may win.

17. "People should develop their power to judge good and evil and to understand correctly all things, so that they may be wise and fair and follow the laws.

18. "It is necessary to understand what is real and unreal, what is valuable and not valuable, what is of Creation and not of Creation.

19. "People have to become a universal oneness, so that they become one with Creation.

20. "Make your lives equal to the laws of nature, then you will live according to the laws of Creation.

21. "No matter how great the suffering of people, the power of Creation in them to conquer all that is evil is immeasurably greater.

22. "If people live only in their consciousness as humans, they are inaccessibly far from their spirits, from Creation and hence its laws.

23. "The greater people's dedication is to the laws of Creation, the deeper shall be the peace within themselves.

24. "People's happiness consists in seeking and finding the truth, so that they may gather knowledge and wisdom and think and act in accord with Creation.

25. "Only through the conditions of human life can they develop and use their creative powers in consciousness and spirit.

26. "People obtain experience in the use of their powers and capabilities only by trying daily to unfold them.

27. "So long as people do not become one with Creation, they will never be able to rise above death or near-death, since fear of the unknown is in them; and only when they can fully recognize the perfection and unity of Creation can they slowly gain eminence.

28. Statt dass der Mensch sich durch Instinkte und Selbstimpulse leiten lasse, lebe er nach Erkenntnis und Weisheit, so er den Gesetzen und Geboten gerecht lebe.

29. Nicht verirre sich der Mensch im Walde von Begrenzungen, sondern er weite sein Bewusstsein und suche und finde das Wissen, die Logik und die Wahrheit und lerne daraus die Weisheit.

30. So darum, dass er seinem Lebensziele näher komme und das schöpferische Prinzip in allen Dingen erkenne.

31. Tausende Lichter werden dem Menschen auf seinem Wege helfen, so er sie beachtet und ihnen folget.

32. All sein Wissen und die Weisheit wird der Mensch erlangen, so er ernstlich nach der Vollkommenheit trachtet.

33. Die Gesetze dienen allen denjenigen, die da bereit sind, in unbegrenztem Masse zu suchen die Wahrheit und zu lernen die Weisheit daraus.

34. So darum, dass sie in sich alle nur möglichen Richtungen meistern und ihre geistigen Kräfte immer höher entwickeln und dadurch sich vervollkommnen.

35. Nicht versuche der Mensch seine körperlichen Übel zu betrachten, sondern die Wirklichkeit des Geistes und das Sein der Schöpfung.

36. Eine stete Ruhelosigkeit ist im Menschen darum, weil die Ahnung in ihm liegt, dass die Schöpfung sein Schicksal und seine Bestimmung ist.

37. Der Mensch möge gross und weise und gut sein, doch aber das genüget nicht, denn stets kann er noch grösser und weiser und besser werden.

38. So mag es keine Grenzen geben für die Liebe und den Frieden und die Freude, denn das Gegenwärtige muss immer überschritten werden.

39. Wahrlich, ich sage euch: Eine Liebe, die unbegrenzt und fortwährend und unfehlbar ist, sie ist bedingungslos und eine reine Liebe, in deren Feuer alles verbrennet, was unrein ist und übel.

40. Eine solche Liebe ist die Liebe der Schöpfung und ihrer Gesetze also, zu der der Mensch vorbestimmet ist seit Urbeginn.

41. So dies das Endziel des Menschen ist, sorge er sich darum, dass dem so sei und werde, denn das ist seine Bestimmung.

28. "Instead of being guided by instincts and impulses, people should live according to knowledge and wisdom so that they may live justly according to the laws and commandments.

29. "People shall not lose their way in the forest of limitations, but shall expand their consciousness and seek and find knowledge, logic and truth, and from it learn wisdom,

30. "so that they may come closer to their lives' goal and recognize the creative principle in all things.

31. "Thousands of lights will guide them on their paths, if they watch and follow them.

32. "People will attain all their knowledge and wisdom, if they seriously strive for perfection.

33. "The laws serve all those who are willing to seek truth in unlimited measure and to learn wisdom from it,

34. "inasmuch as they master within themselves all possible dimensions, develop their spiritual powers higher and higher and in so doing perfect themselves.

35. "People should try not to dwell upon their physical misery, but upon the reality of the spirit and the existence of Creation.

36. "There is a constant restlessness in people, because they have a premonition that Creation is their fate and destination.

37. "They may be great, wise and good, yet that is not sufficient, because they can always become greater, wiser and better;

38. "there may not be any limits to love, peace and joy, because the present has to be constantly exceeded.

39. "Truly, I say to you: A love that is unlimited, lasting and infallible is without conditions and pure and will burn in its fire all that is unclean and evil,

40. "for such a love is the love of Creation and hence its laws, for which humanity has been predestined since the beginning of time.

41. "Since this is the final goal of humanity, people must take care that this must and shall be so, for this is their destiny.

42. Noch aber verstehet der Mensch die Weisheit dieser Lehre nicht, so sie auch verfälschet wird in alle Enden der Erde.

43. In seinem Unverstand verfälschet sie der Mensch in viele Arten und Formen, so sie weitläufig wird und unverständlich.

44. In zweimal tausend Jahren aber soll sie neu gelehret werden und also unverfälschet, so der Mensch verständig geworden ist und wissend und ein neues Zeitalter grosse Umwälzungen kündet.

45. Und in den Sternen stehet es zu lesen, dass die dem neuen Zeitalter gleichlaufenden Menschen grosse Umwälzer sein werden, und so auch einige spezielle Vorbestimmte, die die neuen Künder meiner Lehre sein werden also, die sie aber unverfälschet und mit grossem Mut werden predigen.

46. Ihr aber, gehet darum hin und seiet die Wegbereiter meiner Lehre und machet zu ihrer Jünger alle Völker.

47. Hütet euch aber vor irren Lehren, die ihr in eurem Unverstande könnt lassen aufkommen, so einige unter euch dazu neigen.

48. Lehret zu halten alles was ich euch befohlen habe, so ihr meine Lehre nicht verfälschet».

49. Und es geschah, als er so zu ihnen redete, dass ein Donner kam vom Himmel und ein grosses Licht, das niederfiel.

50. Unweit von ihnen setzte das Licht auf die Erde und glitzerte metallen im Lichte der Sonne.

51. Jmmanuel aber sprach nicht mehr und ging von dannen zu dem metallenen Licht, und er trat hinein in das metallene Licht.

52. Es geschah aber so, dass sich nun rundherum ein Nebel erhob und abermals ein Donner anhob und das Licht sich wieder in den Himmel erhob.

53. Die Jünger aber kehrten wieder zurück nach Jerusalem heimlich und verkündeten das Geschehen unter ihresgleichen.

42. "But as yet people do not understand the wisdom of this teaching, so it is being adulterated everywhere on earth.

43. "In their ignorance people falsify it in various ways and forms so that it becomes diffused and unintelligible.

44. "But in two thousand years it will be taught anew and unfalsified, when people have become reasonable and knowledgeable, and a new age foretells great upheavals.

45. "It can be read in the stars that the people of the new era will be great revolutionaries. Therefore, a few special selected people, the new proclaimers of my teaching, will preach it unfalsified and with great courage.

46. "But you, go and prepare the way for my teaching and make all peoples its disciples.

47. "However, beware of false teachings, which you might allow to arise because of your ignorance, since some of you are inclined that way.

48. "Teach them to follow everything that I have commanded you, so that you do not falsify my teaching."

49. After he talked to them that way, a thundering came from the sky, and a great light descended.

50. The light landed on the ground not far from them, and it had a metallic glitter in the sunshine.

51. Jmmanuel no longer spoke, but went away to the metallic light and entered into it.

52. Then a haze arose all around it. Once again, a thundering occurred and the light ascended back into the sky.

53. And the disciples secretly returned to Jerusalem and announced to like-minded people what had happened.

Das 33. Kapitel

JMMANUEL IN DAMASKUS

1. Jmmanuel aber war abgesetzt von dem grossen Lichte in Syrienland und lebte da in Damaskus zwei Jahre lang und unerkannt.

2. Nach dieser Zeit sandte er aus einen Boten nach Galiläa, so er suchen möge seinen Bruder Thomas und seinen Jünger Judas Ischarioth.

3. Und es vergingen aber zwei Monate, ehe sie bei Jmmanuel eintrafen und böse Kunde brachten.

4. So redete sein Bruder Thomas und sprach: «Sehr verfälschet haben deine Jünger deine Lehre, so sie dich als Gottes Sohn beschimpfen und dich aber auch der Schöpfung gleichstellen.

5. Die Hohenpriester aber und die Ältesten verfolgen deine Anhänger und lassen steinigen sie, so sie ihrer habhaft sind.

6. Thomas aber, deiner Jünger einer, ist geflohen und die Kunde geht von ihm, dass er gegangen sei mit einer Karawane nach Indienland.

7. Ein grosser Feind ist dir entstanden aber in einem Manne namens Saulus.

8. Mit Drohen und Morden schnaubet er wider deine Jünger und die, die deiner Lehre vertrauend sind.

9. Briefe lasset er schreiben an die Synagogen in allen Landen, auf dass, wenn sich welche Anhänger deiner neuen Lehre fänden, sie gebunden geführet würden nach Jerusalem.

10. Kein Unterschied sei gemachet darin, ob es ein Weib sei oder Mann oder Kind, denn alle sollen sein des Todes schuldig».

11. Jmmanuel aber sprach: «Nicht fürchte dich, bald wird die Zeit sein, da Saulus seines bösen Sinnes belehret wird.

Chapter 33

JMMANUEL IN DAMASCUS

1. Jmmanuel was let off by the great light in Syria and lived in Damascus for two years without being recognized.

2. After this time, he sent a messenger to Galilee to look for his brother Thomas and his disciple Judas Iscariot.

3. Two months passed before they joined Jmmanuel and brought bad news.

4. Thomas said, "Your disciples greatly falsified your teachings, insulting you as the son of god and at the same time making you equal to Creation.

5. "The chief priests and elders persecute your followers and stone them when they can catch them.

6. "Thomas, one of your disciples, fled, and it is reported that he left for the land of India with a caravan.

7. "A great enemy of yours has arisen in a man named Saul.

8. "He is fuming with rage and utters death threats against your disciples and those who trust in your teaching.

9. "He is having letters written to the synagogues in all countries in order to find those who follow your new teaching, bind them and take them to Jerusalem.

10. "No distinction is to be made among women, men and children, because they will all be found guilty and put to death."

11. But Jmmanuel said, "Don't be afraid, the time will soon come when Saul will be apprised of his evil thinking.

12. Denn schon ist er auf dem Wege nach Damaskus, dahin er dir und Judas Ischarioth folget nun, so er euch gebunden nach Jerusalem führe.

13. Doch werde ich vor ihn treten, ehe er erreichet Damaskus; und so er mich tot glaubet, wird er wähnen einen Geist vor sich zu haben».

14. Und Jmmanuel machte sich auf zu einem Freunde, der ihm dienlich war mit geheimen Dingen in Pulver und Salben und Flüssigkeiten, die übel rochen.

15. Wohl versehen mit diesen Dingen ging er von dannen und ging aus der Stadt, entlang der Strasse nach Galiläa.

16. Eine Tagesreise vor Damaskus wartete er zwei Tage in den Felsen und bereitete vor sein Machwerk.

17. In der Nacht sah er kommen eine grosse bewaffnete Schar und unter ihnen Saulus, den Verfolger seiner Jünger.

18. Und als sie nahe waren, schlug er Feuer und warf es in sein Machwerk, so ein gewaltig grelles Licht sich breitete und die Schar geblendet war.

19. Und weiter schürte Jmmanuel sein Machwerk mit dem Feuer, so also gewaltige Blitze, Sterne und Feuerkugeln in den Himmel schossen oder von ihm herniederfielen, begleitet von donnerndem Gedröhne und von gewaltigem Zischen wie von riesigen Drachen und Schlangen.

20. Das Donnern und Gedröhne verhallte, und also verebbte das Zischen; und die grellen Blitze und die vielfarbigen Feuer erloschen, doch lag noch beissender Rauch über dem Lande und brachte die Schar zum Husten und Tränen.

21. Es geschah aber, dass dann Jmmanuel laut sagte und sprach: «Saul, Saul, was verfolgst du meine Jünger»?

22. Saulus aber ängstigte und fiel zur Erde und schrie: «Wer bist du, der du so zu mir sprichst»?

23. Jmmanuel aber antwortete und sprach: «Ich bin Jmmanuel, den du verfolgest in deinem Hass, so du auch tuest mit meinen Jüngern.

24. Stehe auf und geh in die Stadt und lasse dich belehren, wonach du leben sollst».

12. "He is already on his way here, following you and Judas Iscariot to Damascus, in order to seize you both and take you to Jerusalem in shackles.

13. "But I will confront him before he reaches Damascus; since he believes me to be dead, he will presume he is seeing a ghost."

14. Jmmanuel set out to see a friend who was helpful to him with secret things involving powders, salves and liquids that smelled bad.

15. Well supplied with these things he departed and left the city along the road to Galilee.

16. A day's trip from Damascus, he waited in the rocks and prepared his concoction.

17. During the night he saw a group of men coming, among them Saul, the persecutor of his disciples.

18. When they were close, he struck a fire and threw it into his concoction, which produced a tremendously bright light that blinded the group.

19. Jmmanuel continued poking the flaring concoction, so that huge lightnings, stars and fireballs shot into the sky or fell down from it, accompanied by thundering booms and strong hissing sounds, as if coming from gigantic dragons and serpents.

20. The thunder bolts and booms subsided and so did the hissing; and the blinding lightnings and the multi-colored fires died down, yet stinging smoke still covered the land and caused the group to cough and shed tears.

21. Then Jmmanuel called out, "Saul, Saul, why do you persecute my disciples?"

22. Saul, however, was afraid and fell onto the ground, crying out, "Who are you who speaks to me like this?"

23. Jmmanuel answered, "I am Jmmanuel whom you persecute in your hatred, along with my disciples.

24. "Get up. Go into the city and let yourself be taught how you should live."

25. Saulus aber ängstigte sehr und sprach: «Aber du bist doch der, den man gekreuzigt hat, so du tot bist also und ein Geist, der zu mir spricht».

26. Jmmanuel aber antwortete nicht auf ihn und wich von dannen und ging nach Damaskus.

27. Die Männer aber, die Saulus' Gefährten waren, standen stille und waren erstarret in Angst, weil auch sie wähnten einen Geist gehört zu haben.

28. Saulus aber erhob sich von der Erde und tat seine Augen auf, doch seine Augen sahen nichts, denn sie waren sehr geblendet durch das grelle Licht, das Jmmanuel erzeuget und in das er, Saulus, direkt gestarret hatte.

29. Seine Gefährten aber nahmen ihn bei der Hand und führten ihn nach Damaskus.

30. Drei Tage war er nicht sehend und ass nicht und trank nicht.

31. Es kam aber zu ihm ein Jünger Jmmanuels, der ihm predigte die neue Lehre, so er langsam sich darin begriff.

32. Leicht aber war verwirret sein Bewusstsein durch das Geschehen bei den Felsen, so er vieles missverstand und irre Reden führte.

33. Im Bewusstsein leicht verwirret machte er sich auf und zog von dannen und predigte dem Volke irres Zeug.

34. Jmmanuel aber verweilte noch dreissig Tage in Damaskus und liess verlauten, dass er nun das Land verliesse und nach Indienland wolle reisen.

35. Seine Mutter Maria aber kam daselbst von Nazareth und machte sich auf mit Jmmanuel und seinem Bruder Thomas und mit Judas Ischarioth, so sie den Weg unter sich nahmen nach Indienland.

36. Jmmanuel aber begann wieder zu predigen und zu lehren das Volk, so er es am Wege fand oder wenn er in einen Ort kam.

37. Neu war die Kraft in ihm und gewaltiger also seine Lehre als zuvor.

25. Saul was very much afraid and said, "But you are the one who was crucified. So you are dead and speak to me as a ghost."

26. Jmmanuel did not answer him. He went away and headed for Damascus.

27. But the men who were Saul's companions stood still, frozen with fear, because they also thought they had heard a ghost.

28. Saul got up from the ground and opened his eyes. However, he saw nothing because his eyes were blinded by the bright light that Jmmanuel had caused.

29. His companions took him by the hand and led him to Damascus,

30. and for three days he did not see, eat or drink anything.

31. A disciple of Jmmanuel came to Saul and preached to him the new teaching, so that he slowly understood it.

32. But because of the events near the rocks, he was slightly dazed in his consciousness, so that he misunderstood much and talked in a confused manner.

33. Somewhat bewildered in his consciousness, he went away and preached incoherently to the people.

34. Jmmanuel stayed another thirty days in Damascus and leaked the news that he would presently leave the country and travel to the land of India.

35. His mother Mary came from Nazareth and set out on the road to the land of India with Jmmanuel, his brother Thomas and Judas Iscariot.

36. And Jmmanuel started to preach again, teaching the people wherever he found them along the way and in any settlement he came to.

37. The strength in him was new and his teaching more powerful than before.

Das 34. Kapitel

DIE SCHÖPFUNGSLEHRE

1. Jmmanuel aber predigte gewaltig und sprach: «Siehe, über dem Menschen und über Gott und über allem steht die Schöpfung.

2. Für den Verstand des Menschen scheinet sie vollkommen zu sein, dem ist aber so nicht.

3. So die Schöpfung Geist ist und lebet also, muss auch sie vervollkommnen sich bis in die Unendlichkeit.

4. Da sie aber eins ist in sich selbst, kann sie vervollkommnen sich durch die eigenen Schöpfungen; durch die Zeugung neuen Geistes, der im Menschen wohnet und ihn belebet und also durch sein Lernen fortschrittlich wird und sich vervollkommnet.

5. Der neu gezeugte Geist aber ist wohl ein Teil der Schöpfung selbst, unwissend jedoch noch bis ins kleinste Jota.

6. So dann ist erschaffen ein neuer Geist, der noch im Kleinsten unwissend ist, lebt er im Leibe eines Menschen und beginnet zu lernen.

7. Unwissender Geist erscheinet dem Menschen dumm und er saget, dass dieser Mensch irre sei.

8. Mitnichten ist er's aber, denn er ist nur unwissend und leer an Wissen und Weisheit.

9. So möge dieser neue Geist leben im Menschen ein Leben, um Wissen zu sammeln also.

10. Gehet dieser Geist dann aber ins Jenseits, ist er nicht mehr so unwissend, wie zu seinem Beginn.

11. Und wieder kommt er zurück in die Welt und lebet als Mensch, doch aber nicht mehr so sehr unwissend wie zu seinem Beginn.

12. Wieder lernet er und sammelt weiteres Wissen und neue Weisheit, so er dem Unwissen immer mehr entfliehet.

13. So kommt aber die Zeit nach vielen Wiederleben, dass der Mensch diesem Geist saget, dass er sei normal und nicht irre.

Chapter 34

THE TEACHING OF CREATION

1. Jmmanuel preached powerfully saying, "Behold, Creation is above humanity, above god and above everything.

2. "Creation seems perfect to people's comprehension, but that is not so.

3. "Since Creation is spirit and thus lives, it also has to perfect itself forever.

4. "But since Creation is one within itself, it can perfect itself only through the creation and generation of new spirit, which lives in people and invigorates them and becomes progressive through its learning and perfects itself.

5. "The newly generated spirit is part of Creation itself, but it is still ignorant in every detail.

6. "When a new spirit has been created, which is still ignorant in every way, it lives in a person's body and begins to learn.

7. "People think the ignorant spirit is stupid, and they say that such persons are confused.

8. "But they are not, because they are only ignorant and devoid of knowledge and wisdom.

9. "So let this new spirit live a life within the person to gather knowledge.

10. "When this spirit goes into the beyond, it is no longer as ignorant as at its beginning.

11. "It comes back into the world and lives as a human being, but no longer quite as ignorant as at its inception.

12. "Again it learns and gathers further knowledge and new wisdom, so it escapes from ignorance more and more.

13. "The time comes after many renewed lives that people view this spirit as normal and not confused.

14. Nicht aber ist das das Ende des Geistes und die Erfüllung, denn wissend geworden suchet er nun die grösste Weisheit.

15. So der Mensch sich vervollkommnet so weit, dass er sich schöpferisch entfalte und allen Endes eins werde mit der Schöpfung, das ihm so bestimmet ist von Anbeginn.

16. Also die Schöpfung einen neuen Geist geschaffen hat und ihn vervollkommnen lassen hat selbständig im Menschenkörper, und der vollkommene Geist zurückkehrt zur Schöpfung und eins werde mit ihr, so vervollkommnet sich die Schöpfung in sich selbst, denn ihr ist das Wissen und die Weisheit, es zu tun.

17. Wahrlich, ich sage euch: Nicht wird eine Zeit kommen, dass die Schöpfung aufhöret neuen Geist zu schaffen und sich selbst zu weiten.

18. Wohl bedarf auch die Schöpfung der Ruhe, so sie zu einer Zeit schlafet und nicht schöpfet, wie es eigen ist allem Lebendigen.

19. So das menschliche Leben Tag und Nacht hat und es in Arbeit und Ruhe teilet, also hat die Schöpfung ihre Zeiten, da sie arbeitet oder ruhet.

20. Ihre Periode dauert aber anders als die der Menschen, denn ihre Gesetze sind die Gesetze des Geistes.

21. Die Gesetze der Menschen sind aber die Gesetze des materiellen Lebens.

22. So das materielle Leben beschränket ist, dauert aber das Leben des Geistes für alle Zeit und kennet kein Ende.

23. Die Schöpfung aber unterliegt den Gesetzen der Urdauer und der Urzeitschöpfung, die da ist das Absolute Absolutum und der Anfang und die Endlosigkeit von allem und erschaffen aus sich selbst.

24. Ihr Geheimnis aber ist das Unmessbare und es liegt in der Zahl Sieben, die da gerechnet wird in Malen.

25. Dies aber gehöret zu den Geheimnissen und den Gesetzen, die der Verstand des Menschen nur wird lösen in der Vollkommenheit.

26. Gesaget sei aber, dass dem Weisen die Gesetze des Lebens nicht verborgen sind, so er sie erkennet und befolget.

14. "But this is neither the end of the spirit nor fulfillment, because, having become knowing, the spirit now seeks the greatest wisdom,

15. "so that the human being may perfect itself to the point of unfolding its creativity, finally becoming one with Creation, as was its destiny from the beginning.

16. "Thus Creation has brought forth a new spirit, allowing it to be perfected independently in the human body, and the perfected spirit returns to Creation to become one with it; in this way Creation perfects itself, because within it is the knowledge and wisdom that enables it to do so.

17. "Truly, I say to you: The time will never come when Creation stops creating new spirits and broadening itself.

18. "Creation also needs rest, and when it is not creating, it sleeps, as is proper for all living things.

19. "As human life is divided into day and night and work and rest, so Creation also has its times of work and rest.

20. "Its period, however, is different from that of people, because its laws are the laws of the spirit,

21. "but human laws are the laws of material life.

22. "Material life is limited, but the life of the spirit lasts forever and knows no end.

23. "Creation is subject to the laws of Original Duration and Original Creation, which is the absolute of absolutes and the beginning and endlessness of everything and created out of itself.

24. "Its secret is that which is immeasurable and is based on the number seven, which is counted in 'times.'

25. "This is one of the secrets and laws that the human mind will solve only in perfection.

26. "But be it said that the laws of life are not hidden from wise persons, hence they can recognize and follow them.

27. So der Weise also die Erkennung hat, dass das Geheimnis der Urzeitschöpfung in der Zahl Sieben lieget und allso gerechnet wird, so er das Wissen erlanget und besitzet, dass auch die Schöpfung ihre Zeiten hat, da sie arbeitet oder ruhet, die da aber wieder werden gerechnet in der Zahl Sieben.

28. Sieben Grosszeitalter ruhete die Schöpfung im Schosse des Schlummers, so nichts war und das Universum auch nicht.

29. Nur die Schöpfung war in sich selbst im Schlummer und schuf keine Kreatur und nichts.

30. Aber sie erwachte aus ihrem Schlummer durch die sieben Perioden der sieben Grosszeiten, und sie begann zu schöpfen Kreatur und alles.

31. So sie aber nun geruhet hat sieben Perioden und sieben Grosszeiten, schöpfet sie nun Kreatur und alles sonst für andere sieben Perioden und sieben Grosszeiten, bis sie wieder bedarf der Ruhe und sich leget erneut in tiefen Schlummer für weitere sieben Grosszeiten.

32. So sie aber wieder ruhen wird und sich in Schlummer leget, wird nichts mehr sein ausser ihr in sich selbst.

33. Alle Kreatur wird nicht mehr sein und auch sonst nichts.

34. Nur die Schöpfung wird sein in sich selbst in den sieben Perioden und den sieben Grosszeiten, denn sie wird haben ihre Ruhe und schlummern also solange, bis sie wieder erwachet und neue Kreatur schaffen wird und alles sonst.

35. So aber die Schöpfung eins ist in sich selbst, so ist alles Leben und Bestehen und Existieren eins in sich selbst.

36. Wie der Mensch und alles Gewächs und alles Getier und alles Leben eins ist in sich selbst, ist es das Gesetz der Schöpfung, dass dem so sei.

37. Glaubet der Mensch, dass alles zwei oder drei sei, so ist dem aber nicht so, denn alles ist eins.

38. Was der Mensch glaubet zwei oder drei zu sein ist eins, so er also alles zwei oder drei zu eins mache.

39. So der Geist im Menschen ein Teil ist von der Schöpfung, er also eins ist mit der Schöpfung, so er also nicht ist zwei.

27. "If the wise understand that the secret of Original Creation lies everywhere in the calculations based upon the number seven, they will obtain and possess the knowledge that Creation has a time for work or rest that is also counted by the number seven.

28. "Creation rested in the lap of slumber for seven great times, so that nothing existed, not even the universe.

29. "Creation only slumbered and did not bring forth a creature or anything.

30. "However, it awakened from its slumber and began to create everything after sleeping through the seven periods of the seven great times.

31. "After having rested for seven periods and seven great times, it now creates everything for seven more periods and seven great times, until it requires rest again and lies down anew in deep slumber for seven great times.

32. "Since it will rest again and lie down to sleep, nothing will exist except Creation itself.

33. "There will be no more creatures or any other thing.

34. "Only Creation will exist in the seven periods and seven great times, because it will rest and slumber until it awakes again and brings forth new creatures and everything else.

35. "Since Creation is one in itself, all life, enduring and existent, will be one in itself.

36. "It is the law of Creation that proves that all humans, plants and animals and all life are one in themselves.

37. "If a person believes everything is two or three, he is wrong, because everything is one.

38. "Whatever a person believes to be two or three is actually one, so he should make everything that is two or three into one.

39. "Since the spirit in a person is part of Creation, it is one with Creation; consequently it is not two.

40. Und so der Leib ist ein Teil des Geistes in anderer Form und Materie, er also eins ist mit dem Geist, so er also nicht zwei ist.

41. Die Lehre ist die, dass eine Einheit ist und nicht eine Zweiheit oder Dreiheit in einer andern Form irgendwie.

42. So dem Menschen also scheinet, dass eine Zweiheit oder Dreiheit sei, lieget er einem Trug unter, weil er in Unlogik und menschlichem Wissen denket.

43. Denket er aber im Wissen des Geistes, so findet er die Logik, die im Gesetze lieget also.

44. Irrig kann nur sein das Denken des Menschen, nicht aber irrig sein können die Gesetze der Schöpfung.

45. Daher ist gesaget also, dass alles ausgehet von einer Einheit und eine Zweiheit nur ist scheinbar, weil der Mensch in seinem kurzen Denken die Wahrheit nicht erfasset.

46. So also alles ist eine Einheit und alles aus ihr hervorgehet, keinerlei Zweiheit oder Dreiheit lebendig sein kann, weil sie verstossen würde wider die Gesetze der Schöpfung.

47. Also aber mache der Mensch die Zwei oder Drei zu eins und denke und handle nach den Gesetzen der Schöpfung.

48. Nur in seinem Unverstande machet der Mensch eine Zweiheit oder Dreiheit und verstosset wider die Gesetze der Schöpfung.

49. Richtet er aber aus alles in die Einheit und machet alles zu eins, und wenn er dann saget zu einem Berg: ‹Hebe dich hinweg›, so hebet er sich hinweg.

50. So also alles eins ist in der Schöpfung und in ihren Gesetzen und in der Kreatur und in der Materie, so ist sie ohne Fehl.

51. So ein Weiser also saget, dass deren Dinge immer zwei sind, so meinet er, dass sie eins sind in sich selbst und eins sind zusammen.

52. Es ist der Schein nur, der die zwei macht, denn in sich selbst und auch zusammen ist es immer eins.

53. So also das Böse in sich eins ist, weil es ebenso in sich gut ist, ist auch das Gute in sich eins, weil es ebensoviel in sich böse ist.

40. "Since the body is a part of the spirit in a different form and matter, it is therefore one with the spirit; consequently it is not two.

41. "The teaching is that somehow there is unity, not duality or trinity in any other form.

42. "If it appears to people that there is a duality or trinity, they are the victims of deception, because they do not think logically but according to human knowledge.

43. "But if they think according to the knowledge of the spirit, they find the logic, which is also in the law.

44. "Only human thinking can be incorrect, not the laws of Creation.

45. "That is why it is said that everything emanates from a unity, and duality is apparent only because people cannot grasp the truth in their limited thinking.

46. "Since everything is unity and everything emanates from it, no duality or trinity whatsoever can exist because it would violate the laws of Creation.

47. "Therefore people should make the two into one and think and act according to the laws of Creation.

48. "Only in his ignorance does man fabricate duality and violate the laws of Creation.

49. "When he aligns everything with unity, making all into one, and then says to a mountain: 'Move away,' it will move away.

50. "Since everything is one in Creation, in its laws, in the creatures and in matter, it is without error.

51. "When a wise man says that there are always two of everything, he means that they are one within themselves and one together.

52. "It is only two in appearance, because in itself and also together it is always one.

53. "Therefore evil is one in itself because it is also good in itself. Likewise, good is one in itself because it is just as much evil in itself.

54. Also sie auch gespaltet eins sind und eine Einheit, sind sie ungespaltet auch eins und eine Einheit, denn so ist das Gesetz der Schöpfung.

55. Es ergibt sich also, dass in Scheinbarkeit zwei Teile sind, die aber in sich eins sind und ungespaltet auch eins sind.

56. So aber Menschen sagen, dass es auch eine Dreiheit gebe, so ist verwirret ihr Bewusstsein durch irgendwelche Kulte oder verfälschte Lehren oder irres Denken.

57. Eine Einheit ist immer gemachet in zwei Teile, die in sich eins sind, so sie nur eine Zweiheit sind in Scheinbarkeit.

58. So also der Mensch eine Einheit in zwei Teilen ist, ist der Geist eine Einheit in zwei Teilen, beide aber eins in sich selbst und eins zusammen.

59. Ohne den Geist vermag der Leib nicht zu leben, so aber auch umgekehrt ist, denn Geist und Leib sind eine Einheit, obwohl sie sind eine scheinbare Zweiheit.

60. Der Geist aber lebet nach dem gleichen Gesetz, denn auch in sich ist er in zwei Teilen und in sich eins in jedem Teil und also eins in sich selbst.

61. Die beiden Teile vom Geiste aber sind Weisheit und Kraft.

62. Ohne die Weisheit des Geistes kann seine Kraft nicht ausgenützet werden, so aber auch kann die Weisheit nicht entstehen ohne die geistige Kraft.

63. Also brauchet es immer zwei Dinge, die in sich sind eins, so eine Einheit ist in der Einheit, nicht aber eine Zweiheit.

64. So besaget also das Gesetz, dass der Mensch ist eine Einheit in sich selbst, die aber bestehet in zwei gleichen Teilen, die in sich auch sind eine Einheit und ungetrennet auch sind eine Einheit.

65. Die zwei gleichen Teile aber im Menschen, die jeder für sich sind eine Einheit, sind der Leib und der Geist.

66. So also gelehret wird von den Schriftgelehrten, dass der Mensch in einer Dreiheit lebe, so ist diese Lehre irrig und verfälschet, denn sie wird nicht gelehret nach den Gesetzen der Schöpfung».

54. "Since they are one and unity apart, they are also one and unity together, because that is the law of Creation.

55. "Thus the result is that there are two parts in appearance, but they are both one in themselves and one when together.

56. "If people say that a trinity also exists, their consciousness is confused by some kinds of sects, wrong teachings or falsified thinking.

57. "A unit always consists of two parts that are one in themselves, but are two only in appearance.

58. "Since a person is a unit of two parts, the spirit is a unit in two parts, but both one in themselves and one together.

59. "The body cannot live without the spirit, and conversely, because spirit and body are a unit despite their seeming duality.

60. "The spirit lives according to the same law, because in itself it consists of two parts and is one in each part; thus it is one in itself.

61. "The two parts of the spirit are wisdom and strength.

62. "Without wisdom, the power of the spirit cannot be utilized, nor can any wisdom emerge without spiritual power.

63. "Thus there are always two things needed which are one in themselves, so there is a oneness in the unity but not a duality.

64. "The law says that persons are unities within themselves consisting of two equal parts that are a unity both in themselves and together.

65. "However, body and spirit, each of which constitutes a unit in itself, are the two equal parts in people.

66. "When the scribes teach that a person lives in a trinity, this teaching is erroneous and falsified, because it is not taught according to the laws of Creation."

Das 35. Kapitel

KULTE UM JMMANUEL

1. Es begab sich aber, dass Jmmanuel mit seiner Mutter Maria und seinem Bruder Thomas dahinzog in die Städte am Meer im Norden, da von alters her kriegerische Weiber hausten, deren Nachkommen aber nun friedfertig waren.

2. Ihnen aber predigte er die neue Lehre nach seinem Wissen und musste fliehen aus ihren Städten, da sie ihn zu töten trachteten.

3. Ihre eigene und wahrheitsfremde Lehre war von einem strengen Kult, und andere Lehren straften sie mit dem Tode.

4. Jmmanuel aber war geächtet bei diesem Volke und floh, und man verfolgte ihn als Aufwiegler wider ihren Kult.

5. Es begab sich aber, dass er auf der Flucht einer grossen Karawane begegnete, so er sich ihr anschloss mit seinem Gefolge und hineinzog in das Land und in die Berge.

6. So sie aber kamen in das Landesinnere und durchquerten es in vielen Wochen, da kamen sie an ein anderes Meer und in die Stadt Ephesus.

7. Jmmanuel aber fürchtete sich sehr und predigte nicht mehr seine neue Lehre, so er nicht erkennet würde von dem einen oder dem anderen, denn in Ephesus waren viele Leute, die da waren Händler und Kaufleute und kamen aus Jerusalem, um hier Handel zu treiben.

8. Und viele waren unter ihnen, die Jmmanuel kannten und ihm nicht friedlich gesinnt waren, so er vor ihnen wich und sein Antlitz verhüllte.

9. Die Händler und Kaufleute aber hatten verbreitet in Ephesus die Geschichte Jmmanuels und das Geschehen seines vermeintlichen Todes, das sich alles zugetragen hatte vor zwei Jahren und einem halben.

10. So er aber wenige Tage in der Stadt gelebet hatte, siehe, da erkannte ihn doch einer unter den Kaufleuten und sagte es seinen Gleichgesinnten, die einem geheimen Bunde angehörten, den sie nannten den Bund der Essäer.

11. So ward Jmmanuel gebracht von ihnen zu einer geheimen Zusammenkunft, denn sie mussten fürchten vor dem Volke, weil ihr geheimer Bund nicht erlaubet war.

Chapter 35

SECTS AROUND JMMANUEL

1. It came to pass that Jmmanuel, his mother Mary and his brother Thomas traveled along to the cities near the sea in the North. Since time immemorial, warlike women lived there whose descendants, however, were now peace-loving.

2. He preached the new teaching to them according to his knowledge but had to flee from their cities because they tried to kill him.

3. Their own teaching, far removed from truth, was from a strict sect, and they punished with death followers of other teachings.

4. These people outlawed Jmmanuel and persecuted him as a rebel against their sect, so he fled.

5. It came to pass during his flight that he met a large caravan. He and his following joined it and went inland and into the mountains.

6. They traveled through the central part of the country for many weeks and came to another sea and into the city of Ephesus.

7. But Jmmanuel was very much afraid and no longer preached his new teaching so that no one would recognize him, because in Ephesus there were many people, dealers and merchants, who came there from Jerusalem to conduct business.

8. There were many among them who knew Jmmanuel but felt hostile toward him; therefore he left them and veiled his face.

9. The dealers and merchants in Ephesus had spread the story of Jmmanuel and his supposed death, which had occurred two and a half years earlier.

10. However, after he had stayed in the city for a few days, behold, one of the merchants recognized him and informed those of like mind who belonged to a secret group called the Association of the Essenes.

11. They took Jmmanuel to a meeting that was secret because their association was not permitted and they feared the people.

12. Unter ihnen aber war einer namens Juthan, und der war der Älteste des geheimen Bundes in Jerusalem, und er redete und sprach also:

13. «Siehe, das Geschehen in deinem Leben ist uns sehr wohl bekannt, doch aber wissen wir nicht, warum du noch unter den Lebenden bist, so sage uns doch dein Geheimnis».

14. Jmmanuel aber fürchtete, dass er gebunden würde und zurückgebracht werden sollte nach Jerusalem, wenn er gegenüber den Verschworenen schweigen würde, weshalb er dem Essäerbunde allso berichtete.

15. Und er sprach zu ihnen all das, was sich zugetragen hatte und wie er flüchtete aus Jerusalem und kam hierher.

16. Juthan, der Älteste aber sprach: «Siehe, wir gehören an einem geheimen Bunde, der sich nennet ‹Bund der Essäer›.

17. Unser Drängen und unser Wissen ist aber nicht ausgerichtet nach den Lehren der Schriftgelehrten, sondern nach den Geheimnisen der Natur und allem, was da ist für den Menschen unerklärlich.

18. Du aber bist in deinem Wissen gross und weit vorangekommen und übertriffest uns und die Schriftgelehrten und so also die Pharisäer, Sternendeuter und gar die Ältesten und Weisen im Wissen in vielen Massen.

19. Trete daher bei unserem Bunde und sei einer der unseren und lehre uns dein Wissen».

20. Jmmanuel aber antwortete und sprach: «So ich euch lehren sollte mein Wissen, würde es sich nicht binden lassen mit euren Lehren, denn so ihr euch richtet nach menschlicher und unvollkommener Weisheit, so halte ich es aber mit der geistigen Weisheit.

21. So denke ich, dass sich unsere unterschiedlichen Lehren feindlich sein werden.

22. Es lieget mir aber auch nicht, dass ich mein Wissen und meine Lehre im geheimen verbreite, was jedoch euer Tun ist, da ihr seid der geheime Essäer-Bund, der nicht erlaubet ist.

23. Lasset mich aber bedenken das Für und das Wider während drei Tagen, so ich euch dann sagen werde ja oder nein, denn alles muss ich erst bedacht haben, ehe ich dazu ein letztes Wort gebe».

24. Juthan aber sagte und sprach: «Es sei so, wie du sagst.

25. Friede sei mit dir.

12. Among them was one named Juthan, the oldest of the secret association in Jerusalem, who said,

13. "Behold, we know very well what happened to you in your life, but we do not know why you are still among the living. So, do tell us your secret."

14. But Jmmanuel was afraid that he would be tied up and returned to Jerusalem if he reported everything to the Association of the Essenes.

15. Yet he told them what had happened and how he fled from Jerusalem and came there.

16. Juthan, the eldest, said, "Behold, we belong to a secret group called the Association of the Essenes.

17. "Our seeking and knowledge are not attuned to the teachings of the scribes, but to the secrets of nature and everything that is inexplicable to people.

18. "You are great in your knowledge, and by all measure you have progressed in knowledge far beyond us and the Pharisees, the astrologers, and even the elders and wise men.

19. "Therefore, join our group, be one of us and teach us your knowledge."

20. But Jmmanuel answered, "Even if I should teach you my knowledge, it would not agree with your teachings because you follow human wisdom, whereas I adhere to spiritual wisdom.

21. "Therefore I think that our different teachings will be incompatible with one another.

22. "It is not my inclination to spread my knowledge and teaching secretly, as you do, because your secret association is not permitted.

23. "But let me think over the pros and cons for three days, because I must think about everything before I give you my last word on it. Then I will tell you yes or no."

24. Juthan said, "Be it as you say.

25. "Peace be with you.

26. Gehe hin und gebe uns Bescheid in drei Tagen, so du dein Wort reden willst».

27. Jmmanuel aber ging von dannen und floh mit seinem Gefolge aus der Stadt und ging nach Osten weit ins Land.

28. Jmmanuel aber sagte zu seinem Gefolge und sprach: «Sehet, der Essäer-Bund lebet in einem irren Kult, doch aber sammeln die Anhänger viel von meiner Lehre.

29. Ihre alte Lehre aber ist nicht die Lehre der Wahrheit, des Wissens, der Liebe, der Logik, der Schöpfungsgesetze und der Weisheit, so sie ist irrig und nicht von gutem und rechtem Wert.

30. Sie aber haben es erkennet und flechten nun hinein in ihre halbwahrheitlichen Lehren auch meine wahrheitliche Lehre, so sie daraus einen neuen Kult machen, um mich als einen der ihren beschimpfen zu können.

31. Sagen werden sie, dass ich ihrem Bunde verbunden sei und hätte Hilfe gehabt von ihnen seit Anbeginn von meinem Leben.

32. Sie werden aber auch sagen, dass meine Lehre aus dem Wissen ihres Kultes sei und dass sie mich als einen der ihren vom Kreuze errettet hätten.

33. Ihre Rede wird aber auch die sein, dass alle meine Anhänger aus ihrem Kulte wären.

34. Und ihre Rede wird auch sein also, dass ich Gottes Sohn wäre.

35. Ich aber sage euch, dass ich nie habe angehöret diesem Essäer-Bund und dass ich nichts habe gemein mit diesem oder den Anhängern, so ich auch nie von ihnen Hilfe hatte.

36. Nicht aber allein wird sein der Essäer-Bund, der sich auf mich berufet, denn viele Kulte werden in meinem Namen entstehen und sich dadurch gross wähnen und damit scheinen wollen vor den Menschen.

37. So werden auch kommen Menschen mit fremdartigen Kulten und mich in ihnen verherrlichen, so es mehr glaubwürdig sei für das Volk, dadurch es mehr versklavet und ausgebeutet werden kann.

38. Viele Kulte aber werden erstellet in meinem Namen, aus dem Grunde aber nur, dass der Mensch versklavet werde in seinem Bewusstsein und in seiner Freiheit und dadurch den Kulten grosse Macht über das Volk und das Land und über das Geld bringe.

26. "Go, and give us your answer in three days, if you want to."

27. But Jmmanuel went away, fleeing from the city with his following, and traveled east, far into the country.

28. Jmmanuel said to his followers, "Behold, the Essenes live in a false sect, though their followers gather much of my teaching.

29. "Their old doctrine, however, is not the teaching of truth, knowledge, love, logic, wisdom and laws of Creation; therefore it is false and worthless.

30. "They have recognized this and are now weaving my doctrine of truth into their teaching of half-truths, to create a new sect, and they demean me by calling me one of them.

31. "They will claim that I am connected with their association and that they had helped me from the beginning of my life.

32. "They will also say that my teaching stemmed from the knowledge of their sect and that they had saved me from the cross as one of them.

33. "They will also claim that all my followers were from their sect

34. "and that I am the Son of God.

35. "But I tell you that I never belonged to this association of Essenes, and that I have nothing in common with it or its followers, and I never received any help from them.

36. "The Association of the Essenes is not the only group that will make use of my name. Many sects will come forth in my name and thereby consider themselves great and want to appear this way before all people.

37. "Thus, strange sects will arise and glorify me to make themselves more credible, so as to enslave more people.

38. "Many sects will be established in my name, but only for the purpose of enslaving the human consciousness and freedom, thereby bringing great power over the people and their land and money.

39. Ich aber sage euch, dass kein Kult gerecht sein wird, so er nicht allein die Schöpfung als Höchstes erkennet und nach ihren Gesetzen und Geboten lebet.

40. Kein Kult aber wird sein, der die wahrheitliche Lehre prediget oder das Wissen oder die Wahrheit.

41. Dies aber wird sein in zweimal tausend Jahren, ehe die Zeit kommen wird, da meine Lehre unverfälschet neu geprediget wird, wenn der Stand der Irrlehren und Irrkulte und der Lug und Betrug und Trug der Totenbeschwörer und Geisterbeschwörer, der Wahrsager und Hellseher sowie aller Scharlatane um die Wahrheit am höchsten sein wird.

42. Bis dahin aber werden der falschen Kulte und der Lügner und Betrüger, der Scharlatane, Toten- und Geisterbeschwörer, falschen Wahrsager, Hellseher und falschen Mittler zu angeblich Überirdischen, Andersdimensionierten und Weithergereisten aus den Tiefen des Weltenraumes so viele sein, dass sie nicht mehr gezählet werden können.

43. Und sie werden aufgebauet sein auf Menschenblut und auf Hass und Gier und Macht, auf Lug und Trug, auf Betrug, Irrung und Selbstbetrug, Bewusstseinsverwirrung und Wahn.

44. So sie aber aufgebauet werden, sollen sie wieder zerstöret werden, denn siegen wird die Wahrheit.

45. Denn es gibt keine Unwahrheit, die nicht der Lüge überführet würde.

46. So gibt es aber auch nichts Verborgenes, das nicht offenbar würde.

47. Es erkenne der Mensch, was vor seinem Angesichte ist; und was ihm verborgen ist, das wird sich ihm offenbaren, wenn er suchet die Wahrheit und die Erklärung der Weisheit.

48. Die Wahrheit aber lieget tief und in den Gesetzen der Schöpfung; dort allein möge sie der Mensch suchen und finden.

49. Wer aber suchet, der soll nicht aufhören zu suchen, bis er findet.

50. Und wenn er findet, wird er erschüttert sein zutiefst und verwundert, doch dann wird er herrschen über das All.

51. Daraus möge der Mensch erkennen, dass das Reich ist in ihm und ausser ihm».

39. "But I tell you that no sect is just unless it recognizes Creation alone as the highest power and lives according to its laws and commandments.

40. "There will be no sect which preaches truth, knowledge and wisdom.

41. "It will be two times a thousand years before the time comes when my teaching will be preached anew, without being falsified, when the condition of false teachings and sects, the lies, cheating and deceit of the conjurers of the dead and spirits, the soothsayers and clairvoyants as well as the charlatans will be at their peak.

42. "Until then, there will be so many false sects, liars, impostors, charlatans, conjurers of the dead and spirits, false soothsayers, clairvoyants and false mediums who claim to be extraterrestrial, from other dimensions and coming from the distant depths of the universe, that they can no longer be counted.

43. "They will be built on human blood, hatred, greed and power, lies, deception, trickery, misunderstanding, self-deceit, confusion of consciousness and mania.

44. "But after they have been established they shall be destroyed, because the truth shall triumph,

45. "for there is no untruth that shall not be denounced as a lie.

46. "There is nothing hidden that shall not become evident.

47. "People shall recognize what is in front of their faces, and what is hidden from them will reveal itself, provided they search for truth and the explanation derived from wisdom.

48. "But the truth lies deep and within the laws of Creation, and mankind shall seek and find it there alone.

49. "Those who seek shall not stop seeking until they find,

50. "and when they find, they will be deeply shocked and astonished, but then they will rule over the universe.

51. "People shall recognize from this that the kingdom is within them and outside of them."

Das 36. Kapitel

MENSCH UND SCHÖPFUNG

1. Es begab sich aber, dass Jmmanuel predigte vom Menschen und von der Schöpfung, als er mit einer Karawane nach Osten ging.

2. Und er sagte und sprach: «Der Mensch möge schauen hinauf zu den Sternen, denn dort herrschet majestätische Ruhe und Erhabenheit.

3. Wie in eherner Ordnung vollziehet sich dort die unendliche und zeitlose Wandlung durch Tage und Monde und Jahre, weggleitend zu Jahrhunderten, Jahrtausenden und Jahrmillionen.

4. Der Mensch aber möge auch schauen hinab auf die Erde, denn auch dort ist schöpferisches Walten und zeitloses Werden und Vergehen und Leben und Sein zu immer neuem Entstehen.

5. Wo die Natur sich selbst ist überlassen, da herrschet Grösse und Würde und Schönheit in Harmonie.

6. Dort aber, wo sind Spuren menschlicher Ordnung am Werke, dort zeuget Kleinheit und Unwürde und Unschönheit von erschreckender Disharmonie.

7. Der Mensch aber, der sich nennet mit erhobener Brust die Krone der Schöpfung, er erkennet die Schöpfung nicht und stellet ihr Menschen gleich.

8. Nicht weit aber wird es dieser Mensch bringen, der das Feuer gebändiget hat und die Erde beherrschet.

9. Wohl wird er lernen Wasser und Luft zu bezwingen, wobei er aber verlernet, die Schöpfung über ihm zu erkennen und ihre Gesetze.

10. So aber vergisset er auch: Die Wahrheit zu suchen, das Wissen, die Liebe, die Ehrfurcht, das Leben, die Logik und wahrliche Freiheit und die Weisheit.

11. Und er verlernet: Friedlich zu leben als Mensch unter Menschen.

12. Sein Schlachtruf wird sein der Kampf, da er Macht will erringen durch Gewalt.

13. So er aber Macht in seinen Händen glaubet, nützet er sie zu Sklaverei und Blutvergiessen, zu Ausbeutung, Unmenschlichkeit, Verbrechen und Ausartung.

14. Er wird sprechen von Ehre und Freiheit und von Wissen, so es aber in Wahrheit nur sein wird Heuchelei und Zwang und irre Lehre.

15. So wird verlieren der Mensch sein Antlitz in Zukunft und tragen eine böse und falsche Maske zur Schau.

Chapter 36

HUMANS AND CREATION

1. It came to pass that Jmmanuel preached of humanity and Creation when he went east with a caravan.

2. He said, "Humanity shall look up to the stars, because majestic peace and grandeur rule there.

3. "There the infinite and timeless change takes place in unchangeable order through days and months and years, running into centuries, millennia and millions of years.

4. "Let humans also look down upon the earth, for there, too, is creative activity and timeless growth, being, passing, life and existence toward ever new developments.

5. "Greatness, dignity and beauty rule in harmony where nature is left to its own devices.

6. "But where traces of human order are active, pettiness, unruliness and ugliness testify to alarming disharmony.

7. "With inflated chest, man calls himself the crown of Creation, does not recognize Creation and sets people equal to it.

8. "But this man who tamed fire and rules the earth will not go very far.

9. "He will no doubt learn to control water and rule the earth, but in the process he will forget to recognize above him Creation and its laws.

10. "Thus, he will also forget to seek truth, knowledge, love, respect, life, logic, true freedom and wisdom,

11. "and will forget to live peacefully as man among men.

12. "His battle cry will be warfare, since he will want to attain power through violence.

13. "But when he thinks that he has the power in his hands, he uses it to enslave people, shed blood, exploit, commit brutality and crime, which ends in decline of morality.

14. "He will speak of honor, freedom and knowledge, but in reality it is nothing but hypocrisy, force and false teaching.

15. "Thus, in the future man will lose his face and display an evil and false mask.

16. Viele werden ausarten zu Bestien und wissenlos und gewissenlos verbringen ihre irdischen Tage.

17. Des Menschen Trachten und Sinnen wird gestellet sein nur auf Erwerb und Macht und Lust und Sucht und Gier.

18. Mit seinem Verstande wird er gliedern die Dinge dieser Welt, damit er sie sich dienstbar mache, ungeachtet dessen, dass er dadurch vielfach zerstöret die Gesetze der Natur und diese selbst.

19. Nicht mehr vertrauen wird er in die zeitlosen Wahrheiten, die in den Gesetzen der Natur verankert sind.

20. Menschliche Wissenschaften werden ihm höherstehen in seiner Selbsttäuschung als alle Werte der Naturgesetze und der Schöpfung.

21. In seiner Irre wird der Mensch glauben an diese irre von ihm selbsterzeugte armselige Lebensauffassung, die gezeuget wird durch irre Lehren der Kulte und durch Bestimmungen menschlicher Gesetze und Änderungen in den Gefügen der Herrschaft in den Ländern.

22. Weil der Mensch verlernet sein Wesen zu kennen von der schöpferischen Seite, wird er zwingen wollen sein Leben mit äusseren Mitteln.

23. So wird er betören und betrügen und ausbeuten unter der Anwendung von falschen Mitteln seine Mitmenschen und die ganze Welt.

24. Und wo noch sein wird ein Rest von Vertrauen und Wahrheit, wird er es wandeln in Misstrauen und Unwahrheit also, so er sich aber vom wahren Leben entfernet mehr und mehr.

25. So wird ihm verlorengehen auch der Grundsatz der ältesten Weisheit; dass für das Leben ist der Mensch das Mass aller Dinge, denn er ist doch ein Teil der Schöpfung.

26. Es wird aber kommen die Zeit für den Menschen, da er Umkehr halten muss und sich wieder heranführe an die zeitlosen Werte des Lebens.

27. Aber es werden nur wenige Menschen wissend sein zu Anbeginn, dass der Mensch nicht nur auf der Erde lebet, sondern auch in den endlosen Weiten des Weltenraumes, und dass der Mensch nicht nur lebet in der materiellen Welt, sondern dass sein Geist hineinraget in eine andere Welt, die nicht erfasset werden kann mit den üblichen groben Sinnen.

16. "Many will degenerate into beasts and spend their earthly days in unconscious ignorance.

17. "Man's striving and thinking will be directed only toward acquisition, power, lust, mania and greed,

18. "and with his intellect he will arrange the things of this world to make them serve him, regardless of the fact that by so doing he destroys the laws of nature and nature itself in many ways.

19. "He will no longer believe in the timeless truths, which are anchored in the laws of nature.

20. "In his self-deception, he will find more meaning in human sciences than in all the values of the laws of nature and Creation.

21. "In their confusion, people will believe in this miserable philosophy of life they produced, which is caused by the false teachings of the sects and determinations of human laws and changes in the power structures in the various countries.

22. "People will want to control their lives by external means because they have forgotten how to become aware of their identities from the creative point of view.

23. "Thus they will delude, cheat and exploit their fellow men and the whole world with false means.

24. "And where there is some trust and truth left, they will change it into distrust and untruth, and in so doing they will get further and further away from the true life.

25. "Thus they will also lose sight of the principle of the oldest wisdom, which says that humans are the measure of all things in life, because they are after all a part of Creation.

26. "But the time will come for them when they must turn around and get back to the timeless values of life.

27. "In the beginning, only a few persons will know that people live not only on earth but also in the endless depths of the universe and that people live not only in the material world but that their spirits reach also into another world that cannot be perceived by the ordinary senses.

28. Die andere, feinstoffliche Welt aber ist die wahre Heimat des Geistes, weshalb ohne Unterlass versuchet werden soll, eine Erweiterung und Vertiefung des Wissens, der Liebe, der Wahrheit, der Logik, der wahrlichen Freiheit, des wirklichen Friedens und der Harmonie und der Weisheit zu erlangen, so sich der Geist vervollkommne und emporgehoben werde in die wahre Heimat und eins werde mit der Schöpfung.

29. Wahrlich, ich sage euch: Wer die Wahrheit dieser Rede verstehet und zur Erkenntnis in Weisheit gelanget, dem erwachet daraus eine Verpflichtung, dass er sein Leben ausrichtet auf seine Bestimmung der zeitlosen Wandlung zur Schöpfung hin.

30. So der Mensch ehrlich ist und suchet also, wird er nicht kennen eine vorgefasste Meinung und dadurch kein Urteil im voraus.

31. Der weise Mensch aber ist wissend und kennet das Gesetz des zeitlosen Flusses der zeitlosen Wandlung und bemühet sich deshalb, sich einzuleben in den grossen Gang der Geschehen und des Fortschrittes, denn er anerkennet die Gesetze der Schöpfung, dass die Kreise des Daseins durch die Bestimmung der Gesetze geschlossen werden müssen.

32. Wo sich Leben offenbaret überall, lieget ihm das Gesetz des unsichtbaren Geheimnisses zugrunde, das bewirket die zeitlose Wandlung.

33. Ein Mensch aber, der zeitlose und unvergängliche Gesetze und Wahrheiten missachtet und nicht anerkennet, muss üble Folgen auf sich nehmen.

34. Lüge und Hass werden blenden einen solchen Menschen und gar ganze Völker, so sie rasen werden in den Abgrund ihres eigenen Verderbens.

35. Es wird kommen über sie eine blinde Zerstörungswut, und unter ihnen werden die Helden sein jene, die die grössten Zerstörer sind.

36. Zwiespalt wird durchziehen alles Leben des Menschen, und da eine Gespaltenheit ist, da ist nicht mehr ein Ganzes und keine Vollkommenheit.

37. Solange aber Unvollkommenheit im Leben herrschet, müssen auch die Folgen getragen werden vom Menschen, und die sind da die Krankheit und das Elend und die Ungerechtigkeit und die Not und der Streit und der Hader und Sklaverei und irre Kulte und die Ausbeutung bis zum Blute und dem Tode.

38. So achte der Mensch dessen und wache auf: Nur was zeitlos ist und unvergänglich, ist von Bestande und Wahrheit und Weisheit, denn ,so sagen es die Gesetze der Schöpfung, und so ist es».

28. "The other finely woven world is the true home of the spirit, and therefore people should try without ceasing to attain a broadening and deepening of knowledge, love, truth, logic, true freedom, real peace, harmony and wisdom, so that the spirit may be perfected and lifted up into the true home, becoming one with Creation.

29. "Truly, I say to you: Those who understand the truth of this speech and attain understanding in wisdom are obliged to align their lives with their destiny of eternal change towards Creation.

30. "When people are honest and search, they will not know any preconceived opinion or prejudice.

31. "But the wise know and are aware of the law of the everlasting river of eternal change; therefore they endeavor to adjust to the great course of happenings, because they recognize the laws of Creation, that the cycles of life have to be closed through the determinations of the laws.

32. "Wherever life reveals itself, it is based upon the law of the invisible secret that brings about the eternal change.

33. "Whoever disregards and fails to recognize timeless and imperishable laws and truths will have to suffer evil consequences.

34. "Lies and hatred will blind such a person and even entire peoples, and they will rush into the abyss of their own destruction.

35. "A blind, destructive mania will come over them, and the heroes among them will be the greatest destroyers.

36. "Discord will permeate people's entire lives, and there is no longer a unity or perfection when there is a split.

37. "As long as there is imperfection in life, people will have to bear these consequences: sickness, misery, injustice, need, fighting, strife, slavery, false sects and exploitation leading to bloodshed and death.

38. "So let the human beware and wake up, because the laws of Creation say that only that which is timeless and everlasting is of permanence, truth and wisdom, and so it is."

Schlusswort und Erklärung

Über lange Zeit hinweg hüllte sich der Übersetzer der Jmmanuel-Schriftrollen in Schweigen, wobei der Herausgeber der Übersetzung nicht wusste, warum er das tat. Das Rätsel löste sich am 19.9.1974, als bei ihm ein Brief eintraf, der vom Übersetzer geschrieben wurde am 14.9.1974 in Bagdad/Irak. Diesem Schlusswort folgend wird der Brief als Fotokopie verzeichnet, woraus die Leser die notwendigen Einzelheiten erfahren.

Durch den unerwarteten Verlust der Originalschriftrollen sind leider die einzigen Beweismittel verlorengegangen. Ausserdem aber ist das Arkanum/Talmud Jmmanuel dadurch nicht mehr vollständig. So kommen nur 36 Kapitel zusammen, also gut ein Viertel dessen, was die Originalschriften beinhaltet haben.

Da dem Herausgeber die restliche Geschichte Jmmanuels einigermassen bekannt ist, so möchte er den Lesern nicht vorenthalten, in groben Zügen das Wichtigste doch noch zu erklären: Mit seiner Mutter Maria, seinem Bruder Thomas und seinem Jünger Judas Ischarioth reiste Jmmanuel nach Nordindien. Dabei predigte er in vielen Ländern und musste oft fliehen, weil seine Reden revoluzzerisch waren. So dauerte sein Weg nach Indien mehrere Jahre, die mit schweren Strapazen verbunden waren. Im heutigen West-Pakistan, hoch oben im Norden und an den letzten Ausläufern des westlichen Himalayagebirges wurde seine Mutter sehr schwer krank und starb, als Jmmanuel an die 38 Jahre alt war. Nach dem Verluste seiner Mutter zog Jmmanuel weiter und ging hinüber in das heutige indische Kashmir, wo er seine Lehre wieder weiter verbreitete. Er bereiste dabei einen sehr grossen Teil Indiens im Norden des Landes, auch aber das heutige Afghanistan und West-Pakistan, da sich dort zehn israelitische Stämme niedergeslaseen hatten, die aus Israel ausgewandert waren.

Als Jmmanuel ca. 45 Jahre alt war, ehelichte er eine junge und hübsche Frau, die ihm zahlreiche Nachkommenschaft gebar. Wie jeder normale Familienvater wurde er sesshaft und siedelte sich an im heutigen Srinagar, in Kashmir/Indien. Von dort aus unternahm er zahlreiche Reisen und predigte weiterhin seine alte neue Lehre. Im Alter von ca. 110 bis 115 Jahren starb er dann eines ganz natürlichen Todes, und man begrub ihn in Srinagar.

Judas Ischarioth aber starb im Alter von ca. 90 Jahren und ward begraben an einem Ort unweit von Srinagar. Der erstgeborene Sohn Jmmanuels aber, genannt Joseph, schrieb Jmmanuels Geschichte weiter und verliess nach dessen Tode Indien. Auf einer dreijährigen Reise kehrte er zurück in das Land seines Vaters und lebte bis zu seinem Tode in Jerusalem. Die Originalschriftrollen aber nahm er von Indien mit und versteckte sie in der Grabhöhle, in der einst Jmmanuel gelegen hatte. Er wähnte diesen Ort am sichersten. Wie bereits im Vorwort erklärt wurde, sind dann diese Schriftrollen dort auch aufgefunden worden, wovon 36 Kapitel hier als Übersetzung wiedergegeben sind.

Hinwil, den 20.9.1974   Eduard ‹Billy› Meier, Der Herausgeber

Epilog and Explanation

Over a long period of time the translator of the Jmmanuel scrolls wrapped himself in silence without the editor of the translation knowing the reason. The mystery was solved on September 19, 1974, when he received a letter written by the translator in Baghdad, Iraq, on September 14, 1974. Following the epilogue is an English translation of the letter, from which the readers will learn the necessary details.

Because of the unexpected loss of the original scrolls the only evidence was lost, unfortunately. Besides, the Arcanum of Talmud Jmmanuel is no longer complete. Thus only 36 chapters are available, about one quarter of what made up the original scrolls.

Since the editor is somewhat familiar with the remainder of the story of Jmmanuel, he would not want to refrain from letting the readers know the most important things: With his mother Mary, his brother Thomas and his disciple Judas Iscariot, Jmmanuel travelled to northern India. On the way he preached in many countries and had to flee frequently because his speeches were revolutionary. Thus his trip to India took him several years which entailed severe hardships. In today's West Pakistan, high up in the north and at the last branches of the western Himalayas, his mother became very sick and died when Jmmanuel was about 38 years old. After the loss of his mother, Jmmanuel moved on and went over to today's Indian Kashmir where he kept spreading his teachings. He covered a vast part of India in the north but also today's Afghanistan and West Pakistan where ten Israeli tribes had settled who had emigrated from Israel.

When Jmmanuel was about 45 years old he married a young and pretty woman, who bore him numerous children. He settled down, like any normal head of a family, in today's Srinagar in Kashmir, India. From there he undertook numerous trips and continued preaching his new doctrine. He died at the age of between 110 and 115 of natural causes and was buried in Srinagar.

Judas Iscariot died at the age of about 90 and was buried near Srinagar. Joseph, Jmmanuel's first-born son, continued writing his father's story and left India after Jmmanuel's death. After a three-year's journey he returned to the land of his father and lived in Jerusalem until his death. From India he took along the original scrolls and hid them in the burial cave in which Jmmanuel had lain. He considered that place the safest. As was explained in the Preface, these scrolls were found there, 36 chapters of which are rendered here in translation.

Hinwil, September 20, 1974   Eduard "Billy" Meier, editor

Brief von Isa Rashid

Poste restante
Headpost-Office
Baghdad

IRAK

Baghdad am 14.9.1974

Lieber Freund Billy !
    Es ist mir sehr leid,lieber Freund,dass ich solange nicht
mehr geschrieben habe und dass ich dir auch die weiteren Ueber -
setzungen der Schriftrollen nicht mehr zusenden konnte.Das hat
aber seinen Grund in meinen Befürchtungen,die sich leider nun be-
wahrheitet haben.
    Wie ich dir ja immer sagte,rechnete ich damit,dass man mich
eines Tages der gefundenen Schriftrollen wegen verfolgen würde.Und
das ist nun wirklich geschehen.Mit knapper Not vermochte ich mit
meiner Familie aus Jerusalem zu entfliehen und befinde mich nun ge-
genwärtig bei guten Freunden in Baghdad,wo   ich aber nicht lange
bleiben kann und bald wieder weiter muss.Wohin steht noch nicht fest,
doch werde ich dich bei Gelegenheit darüber unterrichten.
    Verfolgt werde ich von zwei verschiedenen Gruppen und zwar
von Christen und von Juden,was aber ja vorauszusehen war,denn die
Schriftrollen sind ja beiden Religionen nicht hold.Trotz meiner ge-
glückten Flucht ist mir aber ein Unglück widerfahren,das nicht mehr
gutzumachen ist.Erst flüchtete ich von Jerusalem nach dem Libanon
und hauste da mit meiner Familie in einem Flüchtlingslager.Doch aber
fanden mich dort die Juden und überfielen mit ihren Militärs das
Lager,wobei es zahlreiche Tote gab.Nur mit knapper Not entging meine
Familie und ich dem Massaker und wir konnten weiter-fliehen.Doch das
Unglück wollte es,dass dabei alle Schriftrollen verlustig gingen und
ich sie daher nicht mehr habe.Ich glaube,dass sie alle verbrannt sind,
als die Juden die Häuser zerstörten,vielleicht aber sind sie auch den
Juden in die Hände gefallen ?
    Nun ja,die Israelis liessen dann verlauten,dass sie eine Straf-
aktion gegen palästinesische Freischärler unternommen hätten usw. In
Wirklichkeit jedoch waren sie hinter mir und meinen Schriftrollen her,
zusammen mit irgendwelchen Leuten von der christlichen Kirche.Durch
die angebliche Strafaktion konnten sie nun aber den eigentlichen Grund
und Zweck ihres Unternehmens vertuschen und verfälschen.Und durch das
Verschwinden der Originalschriftrollen fehlt nun jede Beweiskraft,dass
das neue Testament der Bibel eine grauenvolle Lüge ist,wodurch die
Menschheit gegeisselt wird.
    Lieber Freund,das sind leider die neuesten nackten Tatsachen
und ich hoffe nur,dass es dir und deiner Familie nicht so ergehen
wird wie mir.Immerhin hast du ja 36 Kapitel der Jmmanuel-Schrift und
diese stellen eine ungeheure Gefahr dar für das Christentum,das Junden-
tum und auch den Islam und die anderen Religionen.Sei daher bitte sehr
vorsichtig und sehe auch dazu,dass wenigstens diese noch vorhandenen
Lehren Jmmanuel's nicht verlustig gehen.Sie sind wirklich zu wertvoll.
Ich meinerseits ziehe mich von der ganzen Sache zurück,denn ich kann
meine Familie nicht noch mehr gefährden.Halte daher bei einer eventuellen
Veröffentlichung der Uebersetzungen meinen Namen und alles andere ge-
heim,worum ich dich sehr bitten möchte.Ich weiss,dass ich mich auf dich
immer verlassen kann und danke dir dafür.Weiteres wirst du bei Gelegenheit von mir hören und so sende ich dir von meiner Familie und mir die
liebsten Grüsse.

Poste Restante
Head Post Office
Baghdad
IRAQ

Baghdad, September 14, 1974

Dear friend Billy:

I am sorry, dear friend, for not having written so long and for not being able to send you additional translations of the scrolls. That has its reason in my fears which unfortunately have come true now.

As I always told you, I was prepared that one day I would be persecuted on account of the discovered scrolls. That has happened now. Just barely was I able to flee from Jerusalem with my family. Now I am staying with good friends in Baghdad where, however, I cannot stay long and must move on soon. Where to, I don't know yet, but I will notify you as soon as possible.

I have been persecuted by two different groups, both Christians and Jews, which was to be anticipated, because the scrolls are not favorable towards either religion. After my lucky escape a misfortune struck me, which cannot be made undone. First I fled from Jerusalem to Lebanon and stayed there at a refugee camp with my family. But there the Jews located me and, with their military, attacked the camp, which resulted in many deaths. With great difficulty my family and I escaped the massacre and we were able to flee once more. But unfortunately all scrolls got lost and they are no longer in my possession. I believe they all burned when the Jews destroyed the homes by fire, but maybe they fell into the hands of the Jews?

Then the Israelis announced that they had undertaken a punitive action against Palestinian guerrillas. However, in reality, they, together with some people from the Christian church, were after me and my scrolls. By means of the alleged punitive action they were now able to cover up and falsify the actual reason and purpose of their venture. And because of the disappearance of the original scrolls, any proof is missing that the New Testament of the Bible is an outrageous lie whereby mankind is condemned.

Dear friend, unfortunately these are the latest bare facts and I do hope that you and your family will not meet with the same fate as I. After all, you do have 36 chapters of the Talmud Jmmanuel and they do represent an immense danger to Christianity, the Jewish faith, Islam and other religions. Therefore be very cautious and see to it that those few existing teachings of Jmmanuel will not get lost. They are really too valuable. I for my part do withdraw from the whole matter because I cannot endanger my family even more. Therefore keep my name and everything else a secret on the occasion of publication. I entreat you to do so. I know that I can always rely on you and thank you for it. You will hear further news from me on occasion and I am sending you my best regards, also from my family.

signed, Isa Rashid

Die Lehren Jmmanuels

To order other enlightening items from
Wild Flower Press, please **photocopy** this page and fill
in the order form below. Prices as of 1/1/92.
call: (800)-366-0264

❏ *Celestial Teachings (CT)*   ISBN: 0-926524-11-9/$12.95
The Emergence of the True Testament of Jmmanuel (Jesus)
by James W. Deardorff. The essential companion to the Talmud of Jmmanuel. It explores
this ancient Aramaic document that was discovered in 1963. CT establishes a convincing
case that the TJ is the authentic origin of the Gospels of Matthew and Mark.

❏ *The Talmud of Jmmanuel (TJ)*   ISBN: 0-926524-12-7/$15.95
The Clear Translation in English and German
G. trans: I. Rashid and E. Meier. E. trans: J. H. Ziegler and B.L. Greene. Companion book to
CT. In the early 1970s, a German translation of an ancient Aramaic document was given to
Meier. TJ is the authorized translation of what may be the true testament of Jesus, which led
to the Gospels of Matthew and Mark. A UFO story, and perhaps the New Age Testament.

❏ *Celestial Teachings (CT)*   ISBN: 0-926524-11-9
and *The Talmud of Jmmanuel (TJ)*   ISBN: 0-926524-12-7
both books as a matched pair, only $24.95

➤*The TJ Database:* Every English verse in the TJ. Search for patterns or verses.
Macintosh Filemaker Pro 3.5" disk ❏ $10.95
PC Borland Paradox ❏ 3.5" disk; ❏ 5.25" disk $10.95

❏ *Healing Shattered Reality* (HSR) ISBN: 0-926524-16-x/$14.95
Understanding Contactee Trauma
Authors: Alice Bryant and Linda Seebach, M.S.W. HSR offers advice, solace and guidance
to UFO contactees, abductees and professionals who are working with them. Thorough
background on the UFO phenomena, case studies, tools and methods for regaining control
over disrupted lives. A must for every contactee, abductee, and UFO enthusiast.